Weihnachten 2022

DIE WELT DES GESANGS

Gemeinschaftsausgabe der Verlage
J. B. Metzler, Stuttgart und Weimar
und Bärenreiter, Kassel
Die französische Ausgabe erschien unter dem Titel
»La Légende du Chant«
© Flammarion, Paris, 1998

Die Deutsche Bibliothek – CIP-Einheitsaufnahme

Fischer-Dieskau, Dietrich:
Die Welt des Gesangs / Dietrich Fischer-Dieskau.
- Stuttgart ; Weimar : Metzler ; Kassel : Bärenreiter, 1999
ISBN 3-476-01638-2 (Metzler)
ISBN 3-7618-2010-0 (Bärenreiter)

© für die deutschsprachige Ausgabe
1999 J. B. Metzlersche Verlagsbuchhandlung
und Carl Ernst Poeschel Verlag GmbH Stuttgart
Druck: G. Canale & C. S.p.A. Borgaro T.se - Turin
Imprimé en Italie

Verlag J. B. Metzler Stuttgart · Weimar

DIETRICH FISCHER-DIESKAU

DIE WELT DES GESANGS

METZLER
BÄRENREITER

In der Gestalt der Eurydike aus
dem Orpheus-Mythos personifiziert
sich für Gustave Moreau,
gemeinsam mit Cézanne der
Wegbereiter zeitgenössischer Kunst,
das Rätsel des Weiblichen.
Orpheus steht für den Gesang
schlechthin, dem eine ungeheure
Anziehungskraft und starke
Emotionen eigen sind.
Am Grab der Geliebten versagen
die magischen Kräfte seines
Gesangs; Orpheus kann die Geliebte
der Unterwelt nicht entreißen
und ist nur noch in Tränen
aufgelöster Einsamkeit.
Gustave Moreau (1826–1898),
Orphée sur la tombe d'Euridice
(Orpheus am Grab der Eurydike)
Paris, Musée Gustave Moreau

Edith Piaf verfügte über eine
mitreißende Stimme, die
der tiefsten Seele dieser kleinen,
zarten Frau zu entstammen schien
und uns völlig unvermittelt
ansprach. Wir sehen Edith Piaf 1961
in einer Photographie aus dem
Olympia in Paris. Die allein im
Rampenlicht stehende Sängerin
konzentriert sich vor ihrem Auftritt,
wie es alle Sänger tun, ehe sie vor
ihr Publikum treten.

EIN WORT ZUVOR

*W*as sich über Gesang nicht sagen läßt, wird aus
diesen Zeilen leider deutlich werden. Doch
kann es nur nützlich sein, sich seine Gedanken über ihn
zu machen und unbeeinflußt durch die Quantität der
hier angeschnittenen Themen über all jene Gestalten,
Systeme, Kunstwerke nachzudenken, über die zu me-
ditieren auf so engem Raum natürlich unvollständig
bleiben muß.
Der geheime Denkkern, um den sich alle Aspekte des
gegebenen Themas scharen, umschließt den Bezug des
Lebens zur Kunst. Dennoch sollten wir darauf gefaßt
sein, daß im Angesicht einer unbeschreibbaren Kunst
alle ihr zugeschriebenen Ideen Rätselbilder bleiben.
Gesang verklärten die Menschen von je zu etwas
Wunderbarem, und dem Singen sprach man magische
Kraft zu. Den »Göttlichen« nennt Homer den Sänger.

Erinnern wir uns an die Sirenen in der »Odyssee«, deren Gesang die Seeleute unweigerlich vom Kurs ablenkte, oder an Orpheus, dessen Stimme alle Kreatur sich selbst nicht mehr kennen ließ. Es wären unzählige Geschichten und Legenden anzuführen, in denen der Gesang eine Hauptrolle spielt. Historische und überlieferte Mitteilung umgibt den Sänger mit Mythos, Ruhm und Nimbus. Denn keiner rührt wie er an das Gefühlsleben der Menschen.

DIE STIMME

VON DER WIRKUNG DES GESANGS

Lange ersetzten Märchen das Wissen um die Funktionsweise des »Instruments« der Stimme, nicht zuletzt weil es sich in unserem Körper dem Blick entzieht. Kommt es daher, daß Sänger von ihrem Publikum oft wie lebende Legenden verehrt werden? Dabei ist es gleichgültig, ob es sich um Operndiven handelt, deren strahlkräftige, helle Spitzentöne ihre Fans bis zum Ohnmachtstaumel begeistern, oder um Popmusiker, denen die Fans Kleidungsstücke vom Leib reißen und die sich vor der Menge verbergen müssen, um übermäßiger Begeisterung zu entfliehen.

Die vox humana erweckt mehr als jedes andere Instrument konkurrenzlose, zuweilen ekstatische Emotionen. Können wir dies nur für die menschliche Gesangsausstrahlung behaupten? Wohl alle sichtbaren Lebewesen besitzen eine Stimme. Ja, auch den Fischen, den Insekten müssen wir sie zugestehen. Die ursprüngliche Bestimmung gleicht sich beschämend

simpel: Es geht bei der Stimmgebung um den Ausdruck eines erregten Zustandes, um Gattenwahl, um Warnung vor Gefahren, auch um bloßes Prahlen.

Während der menschliche Embryo heranwächst, bilden sich die Stimmbänder früher als das Ohr aus. Ein Grund für die sonnige Kritiklosigkeit vieler Gesangsbeflissener ihrem Stimmorgan gegenüber? Bei uns Menschen tiefer liegend als bei den entfernten Verwandten, den Affen, erlaubt uns der Kehlkopf eine freiere, aber auch kompliziertere Artikulation.

Grundverschieden innerhalb des Gesamtorganismus ist der Sitz des stimmerzeugenden Organs. Schallapparate an den Beinen der Ameise, Heuschrecke oder Wanze entsprechen Schallkanten an vielen Käferflügeln oder Kiemendeckelknochen und Schwingungen des Gases in der Schwimmblase bei Fischen, dem Schwanz der Klapperschlange, der Syrinx der Singvögel und endlich dem Kehlkopf der Säugetiere.

Diese ganz in rot gekleidete Sängerin wird vom Rampenlicht in ein unwirkliches Licht getaucht, sie wirkt wie hoch über ihre Zuschauer hinweggehoben. Und doch wird sie von ihren Verehrern umgeben, deren Reaktionen sich ahnen lassen. Welch großer Unterschied herrscht zwischen diesem kritischen, begeisterten, und doch wohlerzogenen Publikum und den hysterischen Massen, die sich bei Rock- oder Techno-Konzerten vor Enthusiasmus über ihre Lieblingsgruppe heiser schreien. Aus dem unterhalb des Bildausschnitts befindlichen Orchester ragt der Hals eines Kontrabasses ins Bild – so etwas findet man häufig bei Gemälden von Degas.

Edgar Degas (1834–1917), *Das Konzertcafé »Les Ambassadeurs«.* Lyon, Musée des Beaux-Arts

Zwar stellt der Klangerzeuger immer ein sehr spezielles Organ dar, gebrauchsfähig wird er aber nur innerhalb des zugehörigen Gesamtorganismus. Der Qualitätsgrad solchen Gebrauchs hängt von der Organisationshöhe und den durch die Lebensweise gegebenen Bedürfnissen ab. Die höchste Fertigkeit kann das menschliche Organ erreichen, dessen Aktion durch Atmung und Artikulation belebt wird. Zum Glück kann der Mensch wie seine Stimme auch seine Atmung und den Ausdruck seiner Gefühle willentlich kontrollieren. Schließlich hört und macht ja nur der Mensch Musik!

Zuerst absichtslos, dann aber willentlich wurde beim

*D*ie Musikwissenschaft bemüht sich um die Wiederbelebung der lediglich im Bild überlieferten Musik unserer Vorfahren – dieses ägyptische Fresko ist ein Beispiel für solche Zeugnisse. In den Gräbern findet man außer diesem Harfenisten, der zur eigenen Begleitung singt, keinen weiteren sich selbst begleitenden Sänger. Aus der Grabstätte des Anhour Khaou, Theben

Durch Gesang läßt sich eine Idee, ein Gefühl, Liebe oder Haß ausdrücken. Diese Sänger interpretieren vielleicht gerade eine der unzähligen patriotischen »romances«, die zur Zeit der Französischen Revolution entstanden und ein starkes Gemeinschaftsgefühl auslösten. Anonym, *Les Chanteurs patriotes* (1796) (Die patriotischen Sänger) Paris, Musée Carnavalet

Singen die Atmung regulierend beteiligt. Es ist also anzunehmen, die menschliche Stimme sei längst vor jedem anderen Musikinstrument erklungen, früher als die aus einem Schilfrohr geschnitzte Flöte etwa, früher als die zur Trommel gespannte Tierhaut oder jener Bogen, der die erste Violine andeutete.

Auch unsere ältesten Vorfahren mußten Nachrichten weitergeben und ihre Mitmenschen durch Lautstärke erreichen. Es blieb nicht aus, daß die Stimme an Kraft und Tragfähigkeit zunahm, Zuhörer aufhorchen ließ und trennende Distanzen überwand. Dabei kommt uns die aus dem mittelalterlichen Leben nicht wegzudenken Figur des Nachtwächters in den Sinn, wie

sie Richard Wagner in seinen »Meistersingern« beschwor, ein Stimmbetätiger, der die braven Bürger mit
seinen Rufen beruhigte oder weniger Brave damit er-
schreckte. (Der Komponist folgte hier übrigens einem
Singspiel des jungen Mendelssohn, dem 1851 erstmals
öffentlich aufgeführtem Liederspiel »Heimkehr aus
der Fremde«.)

Schon immer beförderte Singen in bestimmten Rhythmen anstrengende, mühsame Arbeiten. Aber es lassen
sich mit Gesang eben auch Gefühle ausdrücken: Liebe,
Schmerz, Zorn, Freude oder Trauer um ein geliebtes
Wesen. In jeder Weise konnte Gesang auf Zuhörende
einwirken: ein Kind in Schlaf wiegen, Krieger zum
Kampf anspornen. Gesang sprach zur Natur wie zur
Gottheit, er pries sie, er erflehte Regen, er beschwor
das Toben der Elemente, er verband die Gemeinschaft
wie durch Zauber. Und immer intensivierte der Gesang mit seinen reicheren emotionalen Möglichkeiten
die Worte.

*I*m Mittelpunkt der Beziehungen
des Menschen zu Gott oder zu den
Göttern steht immer die Musik.
Dieser tibetanische Mönch, einen
großen Gong haltend und ganz in
die Lektüre eines geistlichen Textes
vertieft, wird vielleicht in wenigen
Augenblicken mit seiner tiefen
Stimme »Mantras« singen, heilige
Formeln, die von buddhistischen
Priestern und Gläubigen zur

Erreichung von Konzentration
und Meditation ständig wiederholt
werden. Von den jungen Lamas
wird behauptet, daß sie während
ihrer Ausbildung im Notfall Schnee
essen, um ihren Stimmen ein
tieferes Timbre zu geben und so
dem Klangideal ihrer Religion
zu entsprechen.
Kloster von Shey (?), Ladakh

*W*as unterscheidet das Singen vom Sprechen? Ein gesprochener Satz muß sich logischer Prüfung stellen, während im Anhören von Musik eine
emotionale Entwicklung nachvollzogen wird. Um ge-
sanglichem Ausdruck zu dienen, nutzt die Stimme einen adäquaten Sprachrythmus und strebt danach, Vokale und Konsonanten in seinen Dienst zu stellen.
Dabei geht es nicht ohne Kompromisse in der einen
oder anderen Richtung ab.

In jeder Phase der Kultur spielten und experimentier-
ten die Menschen mit den Möglichkeiten ihrer Stimme.
Überraschend vielfältige Varianten entdeckten sie dabei, gaben sie weiter oder hielten sie in schriftlicher
Form fest. Alle Ausdrucksmöglichkeiten wurden gete-
stet und genutzt: Sprechstimme; Schrei und Gesang;
Klangfarbe und Timbre; Beherrschung des Atmens;
Nachahmung von Instrumenten; Verzierungen; ein-
oder mehrstimmiges Singen.

Jede Kultur bildete ihr eigenes Klangideal aus – vom
unergründlichen Ernst der tibetanischen Mönche hin
zu den Nasallauten der chinesischen Oper, von den
melismatischen Tonfolgen der indischen Ragas, die
auf einer Silbe zu singen waren, bis zur korsischen
oder bulgarischen Polyphonie. Und es entwickelten
sich – schon fast natürlich – aus dem Volksgesang unendlich viele verschieden ausgeformte Kunstgesänge.
Erworbene künstlerische Fähigkeiten und Kenntnisse
harrten der Weitergabe, zunächst durch mündliche
Überlieferung und Nachahmung, bis schließlich jahr-
hundertelange Lehrzeit dazu führte, daß alles bisherige Wissen säuberlich zusammengefaßt und der Sän-
gerberuf professionalisiert wurde.

Werfen wir wenigstens einen kurzen Blick auf die ana-
tomisch-technischen Aspekte der menschlichen Stimme, ohne die irrtümliche Meinung stützen zu wollen,

*D*as alte Haymarket Theatre in
London, hier in einer Photographie
aus dem Jahr 1899, ist zum Bersten
voll. Der abgebildete Saal –
es gibt ihn nicht mehr – wirkt hier
größer, als er in Wirklichkeit war.
Ich habe dort anläßlich eines
Wohltätigkeitsabends für
die damals überflutete Stadt
Florenz Lieder von Schubert und
Wolf gesungen. An dem Abend
traten außerdem berühmte
englische Schauspieler wie
Sir Laurence Olivier und Sir Michael
Redgrave auf.

bei genauer Kenntnis der Anatomie und Physiologie des Stimmorgans könne man auch schon richtig singen oder sprechen. Sind alle Ärzte tüchtige Sprecher oder Sänger?

VOM GEBRAUCH
DES STIMMAPPARATES

*I*st die Atmung die Voraussetzung für unsere Stimmerzeugung, so sorgt die Artikulation dafür, dem hervorgebrachten Laut den jeweils notwendigen Klangcharakter zu geben und ihn im rechten Augenblick und in der gebotenen Kürze durch Geräusche, zumeist Konsonanten, zu unterbrechen. Während also die Genauigkeit und Verständlichkeit des Gesprochenen oder Gesungenen von der Artikulation abhängt, hängt die Tonhöhe ausschließlich von den Spannungsverhältnissen im Kehlkopf ab. Dieser sitzt am oberen Ende der Luftröhre, ja er ist ein Teil derselben. Elastische Knorpelmasse ist sein Material, und – traurig

genug –: verkalkt sie mit zunehmendem Alter, so büßt sie ihre Elastitizität mehr und mehr ein.

Es gibt keine Möglichkeit, auch nur annähernd einen normgebenden Grundriß des stimmlichen Aufbaus herzustellen. Denn auf keinem Gebiete musikalischer Technik diktiert wie hier der Einzelfall. Ihn bestimmt das jeweils völlig eigenartige Strukturgepräge des Kehlkopfes, aber ebenso, wie die Register beschaffen sind, wie die Artikulationswerkzeuge nach Bauart und Gelenkigkeit arbeiten, wie die Resonanzräume im Kopf und in der Brust geformt sind, dies alles und mehr unterscheidet den einen Singenden vom anderen.

$\mathcal{V}$ergessen wir also nicht: nie vollständig gleicht sich bei auch nur zwei Menschen die psychische Spannung, die zerebrale Ordnungs- und Lenkungsfähigkeit des so überaus irritierbaren sogenannten »Stimmapparates«. Irritierbar bleibt er auch deshalb, weil in ihm die Möglichkeit künstlerischer Ausstrahlung verborgen liegt, welche – erstaunlich genug – den erreichbaren Grad stimmlicher Technik mitbestimmt. Also nicht der Kehlkopf allein stellt unser Instrument dar, sondern der ganze Mensch.

Von der Absicht, hier eine anatomische Betrachtung der Stimmwerkzeuge anzustellen, machen wir uns schon deshalb frei, weil wir die Autorität auf diesem Gebiet anderen überlassen sollten. Auch gibt es darüber tief eingehende, reich illustrierte Literatur in Menge.

VOM WERDEN DES GESANGS-SOLISTEN

$\mathcal{E}$s ist der Solist in der Gesangsmusik, der im Mittelpunkt unseres Interesses stehen soll. Welche Aufgaben sind ihm in der neuzeitlichen Musik zugewiesen? Welchen Gegensätzen und Widersprüchlichkeiten sieht er sich ausgesetzt, Widersprüchen, die sich zumeist in der ihm zugewiesenen Musik verbergen? Wir dürfen uns vorstellen, daß der Kunstgesang bereits eine lange Zeit der Entwicklung hinter sich hatte, als sich solistisches Singen, wie wir es heute verstehen, etwa von der Mitte des 16. Jahrhunderts ab, nicht nur in der Oper ästhetische und formale Gegebenheiten schuf, die bis heute gültig blieben. Wie immer die Ursachen dafür beschaffen gewesen sein mögen, sie brachten eine Kunstform hervor.

$\mathcal{T}$oulouse-Lautrec besuchte gerne die Theater, Variétés und Kabaretts seiner unmittelbaren Umgebung in Montmartre. In hervorragenden Bildern hielt der von dieser Welt magisch angezogene Künstler legendäre Sängerinnen wie Jeanne Avril oder Yvette Guilbert fest. Yvette Guilbert wird hier vor den Vorhang gerufen, den sie mit einer behandschuhten Hand zur Seite schiebt. Das Publikum jubelt ihr entgegen, und sie bedankt sich für die Beifallsstürme. Jeder Künstler empfindet am Ende einer Veranstaltung für sein Publikum unendliche Dankbarkeit. Henri de Toulouse-Lautrec (1864–1901), *Yvette Guilbert saluant le public* (1894) (Yvette Guilbert dankt dem Publikum) Albi, Musée Toulouse-Lautrec

*D*ie berühmte Ella Fitzgerald
war 1958, als dieses Photo
aufgenommen wurde, vierzig
Jahre alt. Diese unvergleichliche
Blues- und Jazz-Sängerin ist
hier ganz Konzentration und
Musik. Sooft ich Gelegenheit
hatte, sie in New York zu hören,
bewunderte ich ihre
Improvisationskunst, gratulierte
ihr aber leider nie im Anschluß
an das Konzert im Künstlerzimmer.
Schade!

Immer schon hatte das Verhältnis des Wortes zum gesungenen Ton des Wesen des Gesanges bestimmt, zweier Mittel menschlicher Aussage also, die sich bald stärker an den Verstand, bald stärker an das Gefühl wandten, eine Trennung übrigens, die keineswegs allgültig ist.

Hat das Wort, ob nun mit einem in Tonhöhe oder Tonlänge fixierten Klang verbunden oder nicht, einen bestimmten Sinngehalt, ein semantisches Gepräge, so verhält es sich mit dem lediglich vom Klang ausgehenden Ton anders. Er dient zu allermeist dem Ausdruck der Emotion, einer individuellen, von unterschiedlichstem Charakter bestimmten Gemütsbewegung, die von dem ihr zugrundeliegenden Erlebnis der Außenwelt abhängt.

Auch der Hörer nimmt den reinen Klang vornehmlich emotional auf, auch wenn die Töne knabenhaft schlank, gefühlsunbelastet oder unsinnlich wirken.

Den Grad der Emotion bewirkt sowohl die Qualität als auch die Quantität des Klanges. Wie sie sich zueinander verhalten, legt den Grad der Gemütsbewegung fest, bestimmt die angesprochenen Bereiche des Empfindens, entscheidet über ihre Polarität.

Gleichermaßen an die rationale wie die emotionale Aufnahmefähigkeit des Hörers wendet sich der wortgebundene Gesang. Welche dieser beiden psychischen Kräfte am intensivsten »angesprochen« wird, hängt von der Verteilung der Gewichte Wort und Ton im vokalen Kunstwerk ab, natürlich auch von der Art der Interpretation.

Alle Kreaturen wollen sich mitteilen – eine von immer neuen Erkenntnissen begleitete These. Wiewohl eine reine Verbindung zur Musik in den Tierlauten kaum angenommen wird, so stellt doch schon der Vogelruf in seinen mannigfachen Bedeutungen von Kommunikation ein Zusammentreffen von Laut und Sprache

Schon zur Zeit von Gustav Klimt
(1862 – 1918) verband man mit
Beethovens 9. Symphonie
automatisch den Gedanke an
das Finale »Freude, schöner
Götterfunken«, das zur
europäischen Hymne geworden ist.
Mit dem *Beethoven-Fries* (hier im
Ausschnitt eine Gruppe singender
Frauen), schmückte er 1902
anläßlich einer Ausstellung von Max
Klingers *Beethoven-Monument* im
Rahmen der Wiener »Secession«
den Ausstellungsraum.
Wien, Österreichische Galerie

Schon in jungen Jahren zu singen
bedeutet den Eintritt in eine
wunderbare Tradition; heute stehen
allerdings häufig andere
Unterrichtsinhalte im Vordergrund,
so daß der Gesang leicht verdrängt
wird. Diese Kinder singen nach
dem Gehör, die Melodie wird ihnen
durch Gesten angezeigt.
Ihre Lehrerin folgt einer Vorlage,
vielleicht nur dem Text des Liedes.
Dieser Befund entspricht
der Art und Weise, wie Musik
herkömmlicherweise überliefert
wird.
Chinesisches Gemälde von Mai-Thu,
Der Gesangsunterricht
Paris, Privatsammlung

dar. Einige Komponisten wie Heinz Tiessen (1887–1971) oder Olivier Messiaen (1908–1992) ließen sich bei ihrer musikalischen Sprachfindung davon beeinflussen.

Wir reden vom Klang, und die mit den Methoden und Zielen der Naturwissenschaft arbeitende Lehre von den Sprachlauten, die »Phonetik«, hat das Wort Klang im Namen. Anfänge von Klangforschung lassen sich bis ins fünfte Jahrhundert vor Christi Geburt zurückverfolgen.

GESANGLEHRE

Lassen wir die frühe Lautlehre der Inder einmal beiseits, so verknüpft sich das Entstehen des heutigen Begriffs Phonetik mit den Namen der altgriechischen Philosophen Pythagoras, Hippokrates und Aristoteles. Neu gesehen und weitergeführt ward er von Leonardo da Vinci, der erste, ziemlich exakte Darstellungen des Kehlkopfs verfertigte. Seither vervollkommneten sich die medizinischen Untersuchungsmöglichkeiten im 19. Jahrhundert und die Elektroakustik im 20. Jahrhundert in Richtung auf eine Lehre von der Bewegung, die in einige benachbarte Forschungsgebiete übergreift.

Es leuchtet ein, daß eine Stimmbildung, die es sich zur Aufgabe macht, Vokale wie Konsonanten zu klären, zu entschlacken und zu enthemmen, der Phonetik nahe steht. Aus dem wechselnden Verhältnis der Laute zueinander offenbart sich dem weislich zur Selbstkritik erzogenen Sänger, wo die Vor- oder Nachteile für Art und Qualität des Klanges zu suchen sind.

Daß die Sprachkunst und der Gesang den Menschen gegeben wurden, um zu verbinden und zu beeinflussen, beruhte auf der mitunter schwer nachzuvollziehenden Tatsache, daß er ein denkendes, fühlendes und strebendes Wesen sei. Denn mit dem ersten Aufkeimen von Gedanken wurden auch schon die Worte geboren und mit dem ersten Aufwallen der Gefühle entstand der Ton. Der Stimme als wichtigstem Instrument der Musik verdanke sie allein ihr Leben, so rief es Richard Wagner den Ungläubigen zu.

*O*hne Pflege der Stimme keine vollkommene Gesundheit, kein vollständiges seelisches Reifen, keine Charakterbildung! Noch lange nicht lebhaft genug ist es ins allgemeine Bewußtsein gedrungen, wieviele Krankheiten und seelische Hemmungen aus mangelnder Pflege der Stimme entstehen. Darum ist Stimmbildung nicht Sache der Redner und Stimmbildner allein, sondern geht alle an. Folglich sind auch die Kunst des Gesanges und die pädagogischen und methodischen

*D*er Kiefer dieses aufgeschnittenen Schädels enthält die Zunge, das Gaumensegel, das Zäpfchen und den hinteren Rachenraum, für die Tonbildung wichtige Elemente. Über die Funktionsweise der Stimme konnten sich Wissenschaftler und Gesanglehrer lange Zeit hindurch nur durch anatomische Studien informieren. Auf diesem Gebiet hat es erhebliche Fortschritte gegeben. Aber heute wie damals gilt, daß präzises Wissen um die Geheimnisse des Kehlkopfs für den Sänger bedeutungslos bleibt, wenn er nicht durch die genaue Beobachtung seiner körperlichen Empfindungen zu einer gesunden, schönen und tragenden Tongebung findet. Fabrizio d'Acquapendente (1533–1619), *Anatomische Tafel* Venedig, Biblioteca Marciana

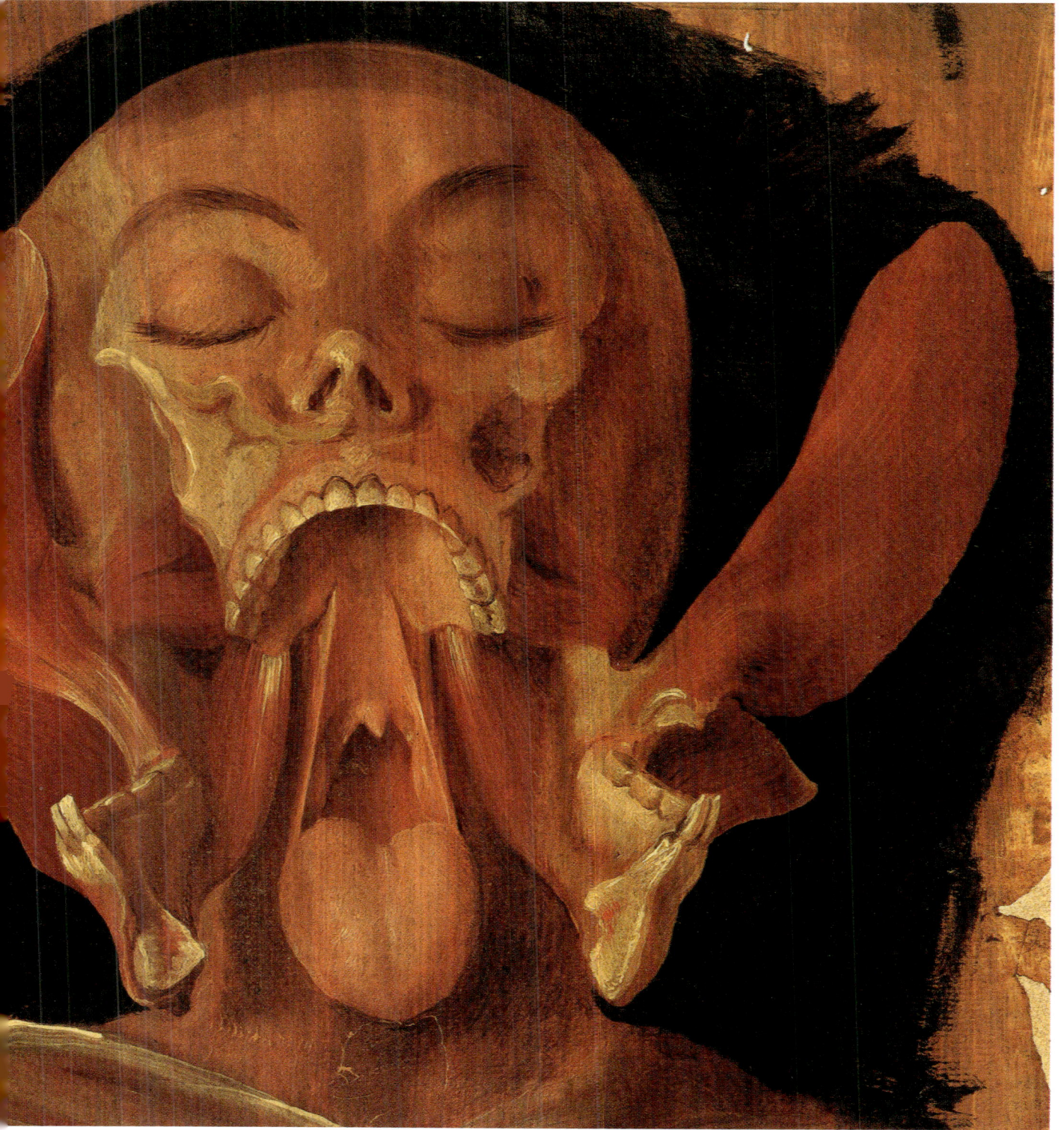

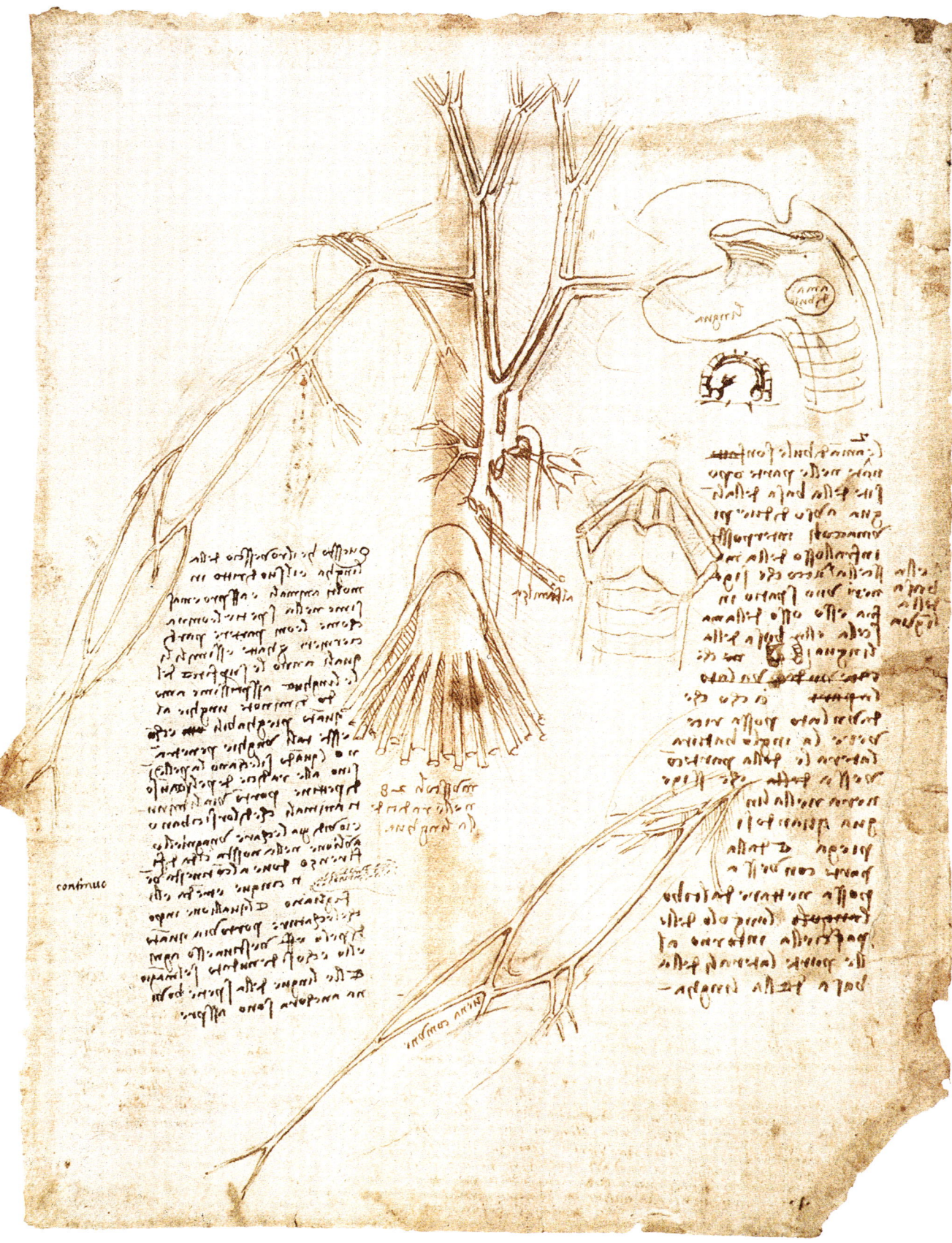

Fertigkeiten unserer Gesanglehrer wie wissenschaftliche Forschung über Stimmphysiologie, Stimmerkrankungen und ihre Heilung Errungenschaften, die allen zugute kommen sollten.

Zugleich wollen wir darauf hinweisen, wie unsicher und im Grunde fragend die Feststellungen der Wissenschaft noch immer sind. Wie wenig wissen wir von den tatsächlichen Vorgängen im Stimmapparat, zu schweigen von der Unwissenheit der meisten HNO-Ärzte in lapidarsten sängerischen Fragen!

Weniger Wissenschaftler als vielmehr Künstler sollte der Stimmbildner sein. Er muß lauschen, horchen, beobachten, um seine Diagnose zu stellen und die Besserungsmittel angeben zu können. Nicht der naiv singende ungeschulte Natursänger (Ausnahmen wie die der Koloratursopranistin Miliza Korjus oder des Tenoristen Julius Patzak bestätigen die Regel), und hätte er die herrlichste Stimme, noch der lediglich technisch geschulte Berufssänger erreichen eine wirkliche Kunstleistung. Die Stimme natürlich zu behandeln,

dieser Widerspruch beherrscht unser Leben, braucht künstlerische Überzeugung, geduldige Überlegung und Übung.

*A*ls fundamental für die gesamte Entwicklung der Gesangspädagogik erwies sich die Arbeit des spanischen Gesangspädagogen Manuel Garcia d. J. (1805–1906), der in Paris und London lehrte. 1855 gelang es ihm mit Hilfe eines Zahnarztspiegels, den er sich an das Gaumensegel hielt, die eigenen Stimmlippen während des Singens in einem zweiten Spiegel zu beobachten. Dies brachte nicht bloß die Einführung des Kehlkopfspiegels in der Medizin mit sich, es bescherte uns auch vielfältige Neuorientierung in der Gesangsausbildung.

Der Sänger lerne, sich kritischer zuzuhören, als irgendeiner seiner Hörer. Wie nötig das ist, erweist die Tatsache, daß wir unsere Stimme zunächst kaum wiedererkennen, wenn wir sie in einer Tonaufzeichnung vernehmen. Der den Ton produziert, nimmt ihn völlig anders, meist nur in Sektoren auf, also unzutreffender als der Hörer. Wobei die tiefsten Bereiche als kreisförmig abstrahlend direkt vom Ohr des Sängers registriert werden.

Anders die hohen Formanten des Tons, die der Länge nach abstrahlen und die der Sänger nur begrenzt wahrnimmt. Kein Wunder also, wenn in akustisch stumpfen, trockenen Aufnahmestudios immer wieder Sänger zu sehen sind, die die Hand vors Ohr halten, um eben diese hochliegenden Obertöne besser zu kontrollieren. Es soll Opern-Diven geben, die ihre Arme kreuzen und die Hände hinter den Ohren placieren, um besser zu hören. (Herren können sich solche Verrenkungen, ihres lächerlichen Aussehens wegen, kaum leisten.)

*D*ieses Blatt, Leonardo da Vincis (1452–1519) anatomischen Studien entnommen, zeigt Aufzeichnungen des Universalgelehrten in seiner berühmten, winzigen Spiegelschrift. Auf der Mitte des Blattes nach rechts hin erkennt man eine Ansicht des Kehlkopfes von hinten, in der die beiden Stimmbänder und einige der sie in Bewegung setzenden Muskel und die Ringe der Luftröhre zu sehen sind. Weiter oben sieht man rechts in einer anderen Skizze über der Luftröhre die aus Dutzenden von Muskeln bestehende Zunge, die vom Gaumensegel überragt wird. Windsor Castle, Royal Library

So zuverlässig das Gehör dem Sänger Hinweise zur Tonhöhe, zur korrekten Aussprache und zur Färbung der Vokale vermittelt, so trügerisch erweist es sich aber bezüglich der Tonstärke und Tragweite der Stimme. Verläßt der Sänger sich einzig auf sein Ohr, vor allem, wenn er in trockener Akustik ohne Nachhall steht, läuft er Gefahr zu forcieren und erschrickt, wenn ihm Gelegenheit zu nachheriger Prüfung einer Aufnahme gegeben wird. Eine in der Nähe sehr starke Stimme muß nicht unbedingt von gut tragender Qualität sein. Erst vom hinteren Ende eines großen Saales her läßt sich das beurteilen.

Bei Vokalisen und nichtssagenden Silben der Solmisation, so dienlich sie dem Blattlesen und der Intonation sein mögen, sollte sich der Unterricht nicht zu behäbig lange aufhalten, sondern bald zu Worten und vor allem Sätzen übergehen. Wer soll an sinnlosen Silben den unendlichen Farbreichtum unserer, aber auch anderer Sprachen üben?

Hält sich der Unterricht zu lange bei Konsonanten und Vokalen auf, gelangt er zu spät an die eigentlichen Probleme der Stimmbildung, an die wesentlichen Schwierigkeiten. Ein einziges unscheinbares Kinderlied bietet mehr Übung als ein Heft voller Vokalisen. Zum stimmungsvollen Text trägt jeder Laut den Ausdruck bei, das müssen auch die meisten »Arrivierten« noch lernen. Und letztlich erziehen sich Konsonanten und Vokale gegenseitig und sind nicht als etwas einander Feindliches aufzufassen.

*S*eit je spielte der Atem eine beherrschende Rolle; er hat zwei Funktionen zu erfüllen: die Sauerstoffzufuhr zum Körper, eine Lebensnotwendigkeit, die automatisch vor sich geht. Außerdem aber kann die Atemluft, meist die ausgeatmete, zur Stimmerzeugung dienen, zum Reden wie zum Singen. So automatisch auch diese Atmung ihren Dienst tut, sie kann mit Willen gesteuert werden und damit zugleich die Aufgabe der Sauerstoffzufuhr auch merklich in den Hintergrund treten lassen.

Für die Einatmung senkt sich das Zwerchfell, der wichtigste Atemmuskel, und durch gleichzeitiges Heben der Rippen vergrößert sich der Hohlraum darunter. Helfend und um den Ausgleich herzustellen, stürzt sich die unter hohem Druck stehende Außenluft in diese nurmehr mit verdünnter Luft gefüllten Hohlräume, in die Lunge. Bei der Ausatmung senken sich die Rippen wieder; und das Volumen verkleinert sich, während das Zwerchfell, Trennpunkt zwischen Brusthöhle und Bauchhöhle, sich in die Ausgangsstellung hebt.

*B*ei diesem eleganten und aufmerksamen jungen Mann handelt es sich vielleicht um einen werdenden Sänger, der im Begriff ist, eine allen Gesanglehrern geläufige Übung durchzuführen: man singt einen lang ausgehaltenen Ton, ohne dadurch das Licht einer dicht vor die Lippen gehaltenen Kerze zum Flackern zu bringen oder auszulöschen. Es bedarf jahrelanger Arbeit, den Atem bis zur Perfektion unter Kontrolle zu haben.
El Greco (1541–1614), *Garçonnet allumant une bougie* (Knabe, eine Kerze anzündend) Neapel, Galleria Nazionale di Capodimonte

Wer die anatomischen Details des Stimmapparats eingehender studiert, wozu wir hier leider außerstande sind, wer erkennt, wie sehr die Kehl- und Stimmbandfunktion an der Atembalance beteiligt ist, der wird das italienische Meisterwort verstehen: »Guten Atem haben heißt den Grund der Kehle öffnen.« In stimmbildnerisches Denken übersetzt, will das heißen: alle Spannungsverhältnisse stehen in einem unlöslichen Zusammenhang, denn die beherrschte Fassung und

Haltung der Kehle reguliert den Atem, so wie ein geschulter Atem eine präzise Kehltätigkeit erst ermöglicht.

Von den Monodisten des frühen Barock an kam die Lehre von der Bildung des Tones einer »Schule ohne Atem« gleich. Das Singen sollte weder dem Sänger noch dem Hörer auf peinliche Weise bewußt werden, vor allem nicht, was den Einsatz von Luftenergie anging. Besonders beim Einatmen werden ja auch durch

zu starke Aktivität Sünden begangen. Bekanntlich umgibt und überragt unseren Körper eine Luftsäule, die mit ihrem Gewicht auf uns lastet und ganz von selbst den Eingang zu unseren Lungen findet, sobald dort Luftbedarf herrscht.

Folglich sollte eine eher passive Art des Atemholens angestrebt werden, ein Luftnehmen ohne falsche Muskelkontraktionen und Verkrampfungen in der Brust, in den Schultern oder im Hals. Ohnedies benötigt der Sänger selten den gänzlichen Luftvorrat. Weder pressen wir beim Singen die Lungen zur Gänze voll, noch entleeren wir sie vollständig.

Großer Ton sollte sich aus zartem Ansatz entwickeln, aus einem piano, das, so es im Werk gefordert wird, in jedem Augenblick der Interpretation wiedergewonnen werden kann. Es gewährleistet auch bei leisestem Ansatz eine reine Intonation. Damit auch die Tiefe klar und rund klingt, sollte der Ton ohne Druck vom Atem-

*R*uft Orpheus, Gesicht und Arme
dem Himmel zugewandt, hier
die Götter an oder aber Eurydike
mit ihrem Gefolge? Nach der
griechischen Mythologie hatte
Orpheus die ihm von Apollon
übergebene siebensaitige Leier
verbessert, die wir hier an seiner
Schulter sehen, und bezauberte
mit seinem Gesang Götter,
Sterbliche, wilde Tiere und sogar
Steine. Der Orpheus-Mythos,
geheimnisvoll und faszinierend
zugleich, wurde in Literatur,
bildender Kunst und Musik
vielfach verarbeitet. Daß Orpheus
im Mittelpunkt einer der ersten
Opern überhaupt stand, ist nur
folgerichtig. Aber nicht nur
Monteverdi wurde vom
Orpheus-Stoff inspiriert, sondern
auch Gluck und Offenbach.
Henri Martin (1860–1943),
Orphée (Orpheus) (1892)
Dijon, Musée des Beaux-Arts

apparat her schwingen. Jede in einem Atem zu singende Phrase wird mit sparsamstem Luftverbrauch begonnen, so daß sie noch am Ende über den vollen Vorrat von Atemkraft zu verfügen scheint. So manchen Könner, besonders romanischer Zunge, befähigt eine solche Atembehandlung zu dynamischer Steigerung gerade am Ende einer Phrase.

Nun wäre es ja bequem, alle begrifflich-stofflichen Punkte zu sortieren, jeden mit einem Übungswegweiser zu versehen und so dem Reiselustigen in die Zonen des Gesangs einen Baedeker an die Hand zu geben. Aber alle technischen Faktoren werden hinfällig, als Aufgabe wie als Ziel irrelevant, wenn über ihnen nicht das Gesetz von der Harmonie der Kräfte waltet, die Wesen und Wahrhaftigkeit jeder Kunst ausmacht. Denn sie verbindet sich gleichsam magisch mit Leib und Leben des Künstlers.

*D*ie Sage von der Lorelei ist von deutschen Dichtern und Musikern immer wieder thematisiert worden. Die langhaarige Sirene, die auf steilem Felsen über dem Rhein thront, verwirrte der Sage nach die Seeleute durch ihren Gesang und ihre Schönheit, so daß deren Schiffe an den Felsen zerbarsten. Zweifellos entstand die Mär aufgrund der Furcht vieler Rheinschiffer vor den im hier schmalen Rheintal gefährlichen Stromschnellen; in Clemens Brentanos Umdichtung fand die Legende weite Verbreitung und wurde von zahlreichen Komponisten, darunter Schumann und Liszt, musikalisch umgesetzt. Ludwig Thiersch (1825–1909), *Loreley* (Lorelei) Aachen, Suermondt-Ludwig-Museum

*E*s sollte also nie versucht werden, einen vorbestimmten Stoff Punkt für Punkt nach ebenso vorbestimmter Reihenfolge zu erarbeiten. Die Glückstreffer fielen nämlich zweifelhaft aus bei den wenigen, auf die der Plan vielleicht und doch nur ungefähr zugetroffen hätte.

Fragen wir nach der gesanglichen »Technik«, so müßte sie sehr verkürzt so zu definieren sein: Arbeit am Atem als Arbeit am Körper. Nicht die Atemmenge, sondern Atemelastizität entscheidet. Erziehung des aktiven Gehörs, die den Auftrag des Gehörs eng mit der gesanglichen Ausführung koppelt. Sauberkeit der gesamten Intonation, sie kann nur möglich werden, wo sich Masse und Spannung in den Stimmlippen für jede Tonhöhe ausbalancieren. Um sauber zu singen, müssen die Register unmerklich gemischt sein.

Die richtige Behandlung des Atemstroms erzieht den Kehlkopf am besten, ihn, den eigentlichen Sitz der Stimme. Aber es ist gefährlich, im Unterricht viel über den Kehlkopf zu sagen. Denn das Wesentliche der Stimmbildung liegt außerhalb seiner Behandlung, vielmehr in der richtigen Funktion peripherer Stellen des Stimmorgans.

Besonders wichtig ist dagegen die Wirkung von Übungen, die der Gestaltung des »Ansatzrohrs« gelten, also solchen, die den Kiefer lockern, den Lippenrand stärken und ihn zugleich unverkrampft belassen, die Zunge schulen und den Gaumen weiten.

Ohne präzis geformte Vokale (geschlossen, offen, lang, kurz) als Träger des Klanges ist ein Gesangston nicht zu erzeugen. Deshalb bilden sie auch den Stoff für die ersten Gehör- und Tonformungsübungen. Unter ihnen geben die offenen Vokale der Stimme einen glänzenderen, metallischeren Klang, die geschlossenen dagegen mehr Weichheit.

Der amerikanische Jazz-Pianist und Dirigent Earl Hines singt und begleitet sich selbst; faszinierend ist der Kontrast zwischen den entspannt auf den Tasten agierenden Fingern und der starken Konzentration, die im Gesicht des Musikers deutlich wird. Schwer zu sagen, ob er ein besserer Pianist oder Sänger ist; das Klavierspiel scheint ihm zumindest selbstverständlicher zu sein, als sich mit der Stimme auszudrücken. Wie dem auch sei, Earl Hines singt aus vollem Herzen.

Wölbt sich die Zunge und nähert sie sich dem harten Gaumen, so entsteht eine schmale Öffnung, besser eine Enge, die den Sänger dazu verführen kann, den Vokal »i« (nur als das häufigste Beispiel herausgegriffen) beim Singen zu verändern. Er formt es nach dem »ü« hin und verdunkelt den reinen Vokal, mit dem Ergebnis, daß sich Sprachverfärbungen einstellen, die bei elastischerem Funktionieren der Mundmuskulatur hätten vermieden werden können.

VON DEN REGISTERN

Als die Sänger der Renaissance dazu ansetzten, die verschiedenen Klangbereiche der Stimme zu beobachten, ergab es sich wie von selbst, den Begriff des Registers von der Orgel zu entlehnen. Die unbezweifelbar vorhandenen Stimmregister, beileibe keine ungünstige oder krankhafte Erscheinung, sondern normalen physiologischen Verhältnissen entsprechende Bereiche

innerhalb eines Stimmumfangs, klangen, wenn sie unverbunden nebeneinander gebraucht wurden, schon damals unbefriedigend. Sie sollten mit der Zeit, einem Gefühl für Schönheit folgend, ausgeglichen werden. Bei den Spannungsänderungen während des Auf- und Abwärtssteigens der Stimme treffen wir also auf bestimmte Bruchstellen, die zu ihrer nahtlosen Überwindung besonderer Aufmerksamkeit bedürfen. Einem tieferen Brustregister, der Bruststimme mit Vibrations-

empfindungen vor allem im Bereich des Brustkorbs, entspricht ein höheres Register, die Kopfstimme, die überwiegend den Kopfbereich zur Vibration nutzt. Zwischen diesen Außenbereichen, in zentraler Lage und so dem Ausgleich leicht dienstbar zu machen, gebrauchen wir die Mittelstimme, die Brust- und Kopfregister mischt. Für geminderte Tonstärken und Farbschattierungen steht das Kopfregister zu Gebote, das aber, wenn nicht ausdrücklich gefordert (wie manchmal bei Mahler) nie ohne Mischung mit der natürlichen Mittelstimme (der mezza voce) angewendet werden sollte.

Daß hierbei die »Voix mixte« stimmlich wie künstlerisch bedeutungsvoll ist, sei unterstrichen. Eine Stimmgebung, die für die Entwicklung und Erhaltung der Stimme, natürlich auch für die besonders im Lied geforderte Vielfarbigkeit des Ausdrucks unabdingbar ist. Weniger häufig angewandt und an den Grenzen der Tessitura nach unten wie nach oben warten zwei weitere Möglichkeiten der Stimmgebung auf ihre Erarbeitung: Unter der Baßstimme der sogenannte »Strohbaß«, wie aus Grabestiefe und der Sprechstimme recht nahe, wir vernehmen ihn aus dem Munde des Sarastro in der »Zauberflöte« von Mozart oder aber von manchen Sängern traditioneller japanischer Musik. Über der Kopfstimme der Frauen lauert das sogenannte Pfeifregister, eine leicht zur Unart allgemeiner Anwendung verführende Hochlage der Sopranstimme, das allerdings für die Ausführung hoher Koloraturen (wie denen der Königin der Nacht in der »Zauberflöte«) unentbehrlich ist.

Am Ziel der Mühen steht für den künstlerischen Sänger das sogenannte »Einregister«, der biblischen Himmelsleiter zu vergleichen, auf der die Engel in jeder Höhe schön und unveränderten Aussehens auf und nieder schreiten. Der unhörbare Übergang von einem zum andern Register bedeutet für jeden Sänger eine Expedition in unbekannte Zonen und macht es verständlich, daß die Ausbildung bei Menschen, die für ihr eigenes Organ wenig Sensibilität besitzen, unmäßig lange dauert. Nicht das Timbre einer Stimme entscheidet also über ihre Zuordnung, sondern ihr Tonumfang und jene Tonhöhen, an denen sich die erwähnten Bruchlagen befinden.

Alles, so auch saubere Intonation, hat mit dem Atem und der Ausgeglichenheit der Register zu tun, von denen wiederum die Stärkegrade abhängen. Ein schwebendes, atemgestütztes Piano in allen Lagen muß schon die Bereitschaft erkennen lassen, eine Mittelstimmfunktion wahrzunehmen.

Das Mezzoforte gehört, die tiefste Lage einmal ausgeklammert, der Mittelstimme an. Das Forte und Fortissimo ist von der Lage her teils an die Mittelstimme, teils an die Bruststimme gebunden. Vom eingestrichenen f an gehört es in allen Stimmgattungen der Mittelstimme an, sofern eine reibungslose Funktion gesi-

*F*arinelli, der berühmteste aller Kastraten, stand kürzlich im Mittelpunkt eines Films (auch einer Oper von Siegfried Matthus). Mit filmischen Mitteln bemühte man sich um Erklärungen für die Faszination, die dieser Sänger und andere Kastraten zur Blütezeit der Barockoper auf ihr Publikum ausübten. Zugegebenermaßen war die Kastration eine grausame Operation, häufig mit tödlichem Ausgang. Die armen, noch nicht geschlechtsreifen Knaben, bei denen man diese Operation vornahm, hatten aber die Chance zu einer grandiosen Karriere, die einen erheblichen kulturellen und sozialen Aufstieg bedeutete. Unter den Damen der besten Gesellschaft waren die Kastraten wegen ihrer Sterilität sogar gesuchte Liebhaber! Die Kastration führte scheinbar zu einer besonders starken Ausprägung des Brustkorbs, wie die Abbildung zeigt. Der Name Farinellis ist noch heute mit einer Atemübung verbunden, die weiterhin gelehrt wird, um Sängern zu größerem Atemvolumen zu verhelfen.
Anonym, *Portrait des Carlo Broschi, genannt Farinelli*
Bologna, Musikakademie

chert werden soll. Auch sollte die Bruststimme keinen selbstherrlichen Alleinauftritt wagen; selbst in äußerster Tonstärke sind die anderen Register zur Mitwirkung aufgerufen.

Es geht für den Sänger zusätzlich um ein Durchtrainieren der Muskulatur des Mundes und des Gaumensegels, um falschen Hals- und Kehldruck, Verengung und Pressen zu vermeiden. Register wie Resonanz lassen sich von der Artikulation günstig oder ungünstig beeinflussen, letzteres vor allem bei naturalistischem Sprechgesang, wobei ich von der Tongebung der Rock- und Pop-Sänger lieber schweige.

*E*inen Schrei aus Angst, Wut
oder Freude auszustoßen
bedeutet, einem ersten Impuls
nachzugeben, in einer heftigen
Situation zu reagieren; man
kann dabei aber leicht einen
Moment lang heiser werden.
Karl Böhm sagte einmal,
daß jeder brüllen könne, aber
nicht lange. Singen, auch das
Singen im Fortissimo, ist etwas
ganz anderes.
Rufino Tamayo (1899–1991),
Le Cri (Der Schrei) (1947)
Rom, Galerie d'Art moderne

VOM LEGATO

*Z*iel für den Künstler muß eine minimale Bewegung von Laut zu Laut bei höchster Deutlichkeit der Lautformung bleiben. Sänger pflegen sich etwas eigentümlich über ihre stimmlichen Erlebnisse und Einsichten zu artikulieren, dergestalt daß ein Bezug zur realen Wirklichkeit im physiologischen Sinne für den Außenstehenden manchmal schwer zu erkennen ist. Wichtig ist aber einzig Sinn und Aufnahmefähigkeit für das Wesen gesanglicher Kunst – besser ihrer Natur –, und ein solches Ziel stehe uns alle Zeit vor Augen.

*A*uf die große Bedeutung des Legato kann gar nicht oft genug hingewiesen werden. Nur vergleichsweise wenige Sänger beherrschen es heute noch. Vielleicht sollten wir uns zunächst darüber klar werden, was Legato nicht ist. Was wird zumeist angeboten? Dauerhaft heftiges Martellato, in der Komposition nicht angegeben, oder aber unbeabsichtigt staccatohaftes Betonen einzelner Silben stehen neben einer Fülle von Abwandlungen vermeintlichen Legatos als bedauerliches Zeugnis des Nichtkönnens. Eine Reihe von Vokalen unbotmäßig zu unterbrechen und das tönende Band durch übertriebene, falsch angewandte Konsonanten aufzuspalten, geschieht ebenso häufig wie das unfreiwillige Flauwerden eines jeden Vokals gegen das Ende seines Erklingens hin.

Es entstehen auf diese Weise tonlose Pausen, unterstrichen durch unscharfe, zu dünne Konsonanten. Einem solchen absichtslos unfreiwilligen Decrescendo gegenüber steht bei anderen ein ebenso unwillkürliches Decrescendo einer jeden Einzelsilbe, die zur Mitte hin plötzlich an- und dann wieder abschwillt und dem Gesang schwerfällige Betonung aufzwingt.

Gesangsideal, das auf Geschmeidigkeit u. Ausgeglichenheit der Stimme und Schönheit des Klanges gerichtet ist

Mit all diesem sei gesagt, daß ein Legato Atemruhe, Tonstärkenkontrolle, Vokalausgleich und elastische Konsonantengestaltung, also – Registereinheit heißt. Italienischer Belcanto gipfelt im Legato, wenn er sich darin auch nicht erschöpft. Weisen doch die alten Lehrmeister trotz Anweisungen für den Zier- und Koloraturgesang, trotz aller Bevorzugung des Virtuosen, der Triller, Sprünge und Staccati darauf hin, daß ein »Cantabile« eigentliches Zentrum des Singens sei.

Was wunder – es wird ja in italienischer Sprache gesungen! Sie bringt dem Sänger ihre trockenen, harten Konsonanten mit, insbesondere p, t, c (K), die keine Aspiration kennen, und sie hilft, die Klangfestigkeit dem Atem gegenüber zu entwickeln, also das berühmte »Auf-dem-Atem-Singen« zu unterstützen. Zum andern eignet sich der Vokalreichtum dieses Idioms, verbunden mit bevorzugt blühender Kantilene in den Kompositionen, dazu, als Beispiel für ununterbrochene Gesangslinie zu gelten.

Aber halt: Als Beispiel? Oft erklären uns Ausländer mit Überzeugung, die deutsche Sprache mit ihren »schweren« Konsonanten eigne sich schlecht zum Gesang. Aber gerade auch für das vokale Legato der deutsch gesungenen Linie hat die Technik des Belcanto ihre Gültigkeit! Wer das Gegenteil konstruieren will, stellt sich damit ein Armutszeugnis aus.

Denn Legato bezeichnet nichts anderes als eine Vokalkette, also einen von Tonhöhe zu Tonhöhe weiterführenden Klangfaden zu spinnen, und dabei wirken die Konsonanten – bei scharfer und klarer Durchbildung – mit: die stimmlosen müssen so schnell gebildet werden, daß kein Abreißen des Vokalklanges dem Hörenden bewußt wird. Und die stimmhaften, klingenden Konsonanten dienen durch Verlängerung und Hervorhebung vom Ausdruck her einem typisch deutschen Legato, das am stärksten gerade in den auf Charakteristik und deklamatorische Intensität gestellten Linien besonders leidenschaftlicher oder schmerzbewegter Kompositionen lebt.

Zugegeben: Oft wird die Grenze von Legato und Martellato kaum mehr auszumachen sein. Wo aber Belcanto das Ziel darstellt, steht unwillkürlich nur noch das vokale Legato in unserer Vorstellung auf.

Zweifellos ist das mit zwei Violinen, Bratsche und Violoncello besetzte Streichquartett aus dem Wunsch heraus entstanden, Chor oder Vokalquartett nachzuahmen, in denen Sopran, Alt, Tenor und Baß zusammengeführt sind. Die für Streichquartett geschriebenen Kompositionen gehören zu den ausgefeiltesten Werken unserer abendländischen Musikkultur. Das hier abgebildete Rosé-Quartett war eine berühmte Formation. Der erste Geiger, Arnold Rosé (links), war der Schwager von Gustav Mahler und zugleich Sologeiger des Wiener Philharmonischen Orchesters. Man spürt bei diesem Gemälde förmlich die beim Quartettspiel verlangte äußerste Konzentration und das genaue Beobachten der Mitspieler. Max Oppenheimer (1885–1954), *Das Rosé-Quartett* (1924) Nürnberg, Stadtgeschichtliches Museum

DIE LAND-SCHAFTEN DES GESANGS

ZIERGESANG

*I*m Idealfall treffen sich in einer Wiedergabe Kantabilität und deutliche Artikulation. Zu Beginn der Neuzeit gehörte der Ziergesang bereits zu den Klangmitteln, die der Ausdeutung des Sinngehaltes einer Dichtung neben der reinen Melodie oder den Textworten dienlich sein konnten. Denn außer Dynamik und Agogik, also den Stärkegrad- und Tempounterschieden, die in den Noten nur andeutungsweise und ziemlich relativ festgelegt werden können, gehört die Auszierung einfacher musikalischer Gedankengänge unter die vielen Möglichkeiten, seelisches Erleben musikalisch auszudrücken.

Sieht man sich das kaum je heute noch gebrauchte Verzierungswesen näher an, so profilieren sich zwei grundsätzliche Arten. Es gibt ausgeschriebene Verzie-

*D*iese in der Mitte zerbrochene Gipsmaske zeigt den Teil des Gesichts, den die Sänger die »Maske« nennen. Bei vollem Stimmklang empfindet der Sänger dort ein besonders intensives Gefühl von Vibration.
Dietrich Fischer-Dieskau, *Maske*

rungen, die der Komponist für nötig hielt. Und es bot sich dem Sänger die Möglichkeit, nach eigenem Ermessen »embellissements« hinzuzufügen, mit denen nicht nur die barocken Opernkomponisten, sondern noch Bellini und Donizetti (»Lucia di Lammermoor«) rechneten. So mancher Solist tat hierin des Guten zu viel, vor allem dort, wo es nicht hingehört, und machte – wie der Schubert-Sänger Michael Vogl – die Komposition mitunter fast unkenntlich.

Dabei ist die Kunst improvisierenden Singens uralt, in allen Kulturen zu finden, wenn auch oft in gegensätzlichem Charakter. Curt Sachs sagt in seiner »Musik des Altertums« (Breslau 1924): »Die uns heute selbstverständliche Heiligkeit des Notenbildes existiert für keine rein melodische Tonkunst, solange sie noch nicht zu lebloser Überlieferung erstarrt ist.« Was nicht bloß für die griechische Gesangskunst gilt!

Dort, wo im europäischen Kunstgesang seit dem 16. Jahrhundert bis heute eine freie, vom Notenwert unabhängige Deklamation Platz findet, fällt entweder jegliche Begleitung fort, oder es stützen lang auszuhaltende Akkorde mit lediglich akkordischer Funktion.

DICHTUNG UND MUSIK

*V*om Minnesang des hohen Mittelalters an, erst recht seit der Renaissance, traten Dichtung und Musik gemeinsam vor die Hörer, nicht ohne sogleich Regeln zu etablieren, die wiederum längst vorbereitet und keineswegs zur Gänze auf den Schultern der Antike ruhten. Vielmehr stellte schon Guido Adler rechtens klar, daß es zumeist die jüdische Tempelweise, zumal an hohen Feiertagen die der persischen Juden, ist, die uns vertraut, ja beinahe mit den Händelschen Koloraturen vergleichbar erscheint.

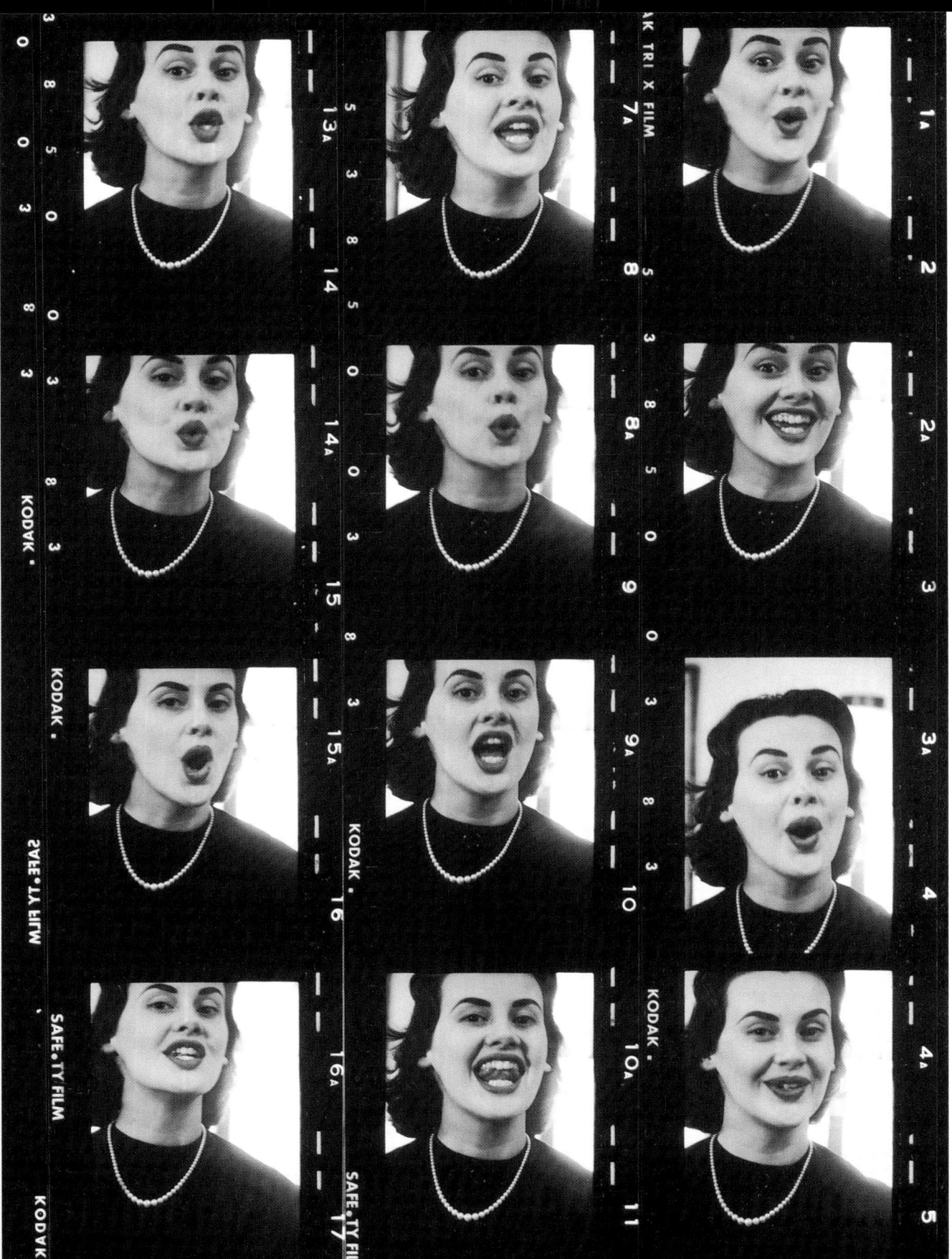

42

Neben den althergebrachten Volkstraditionen erhob sich während der vergangenen vier Jahrhunderte anspruchsvoller Kunstgesang. Er setzt alle virtuosen Fähigkeiten voraus, als da sind: Reinheit des Tones, stimmliche Ausgeglichenheit im gesamten Tonumfang (bei einigen Stimmen bis zu drei Oktaven) sowie ein Volumen, das auch große Säle füllt und begleitende Instrumente durchdringt, ja möglichst überragt. Zudem beanspruchten die Werke für sich, ohne Rücksicht auf Lage oder Lautstärke, verständlich und ausdrucksvoll vorgetragen zu werden.

Solche Fähigkeiten finden sich bei den besten Vertretern des populären Genres in durch Mikrophon-Verstärkung erleichterter Form auch. Gleicher Fleiß, gleiche Konzentration und gleiche Gedächtnisleistung

obliegen ihnen. Manche vermitteln durch ihre Persönlichkeit zugleich ein Charakterbild ihrer Nation. So kann keine Oper von Jules Massenet für sich beanspruchen, das Wesen der Franzosen so nachzuzeichnen wie die Chansons von Yves Montand es taten. Und verbindet der Betrachter von Toulouse-Lautrecs Bildern die Gemälde nicht unwillkürlich mit der Stimme von Yvette Guilbert?

Am Rande sollte sich der Sänger auch mit außereuropäischer Musik auseinandersetzen, um den Klang eines Gamelan, des traditionellen Orchesters von Java und Bali, oder Musiken des Reiches der aufgehenden Sonne kennenzulernen. Die Musik von Debussy oder die Opern von Puccini, die in China (»Turandot«) bzw. in Japan (»Madama Butterfly«) spielen, werden ohne diese Erfahrung anders klingen.

Während eines Japan-Besuchs mag sich die Gelegenheit bieten, die traditionelle kaiserliche Hofmusik Gagaku zu erleben, deren Melodiefragmente zum Klang der Mundorgeln (Shô) erklingen und durch drei zurückhaltend eingesetzte Gongs rhythmisiert werden. Sie evoziert nicht nur den Eindruck von »Sphärenmusik«, sie gibt einen Begriff von dem bei uns anderen Zeitablauf in der Musik. Bei den Sängern des Kabuki-Theaters wird der Interessierte staunen, daß sich die »Evangelisten«-Erzählung ähnlich unseren Oratorien dort wiederfindet.

Auf der anderen Seite des Globus sollte niemand längere Zeit bleiben, ohne Jazzkonzerte zu hören, auch in den Zeiten nach Oscar Peterson, Duke Ellington oder Ella Fitzgerald. Denn Jazz fasziniert als eine populäre Ausdrucksform, einerseits von strengen Regeln bestimmt — etwa die Zahl gleichbleibender Harmoniefolgen unter dem althergebrachten Blues-Thema —, andererseits mit rhythmischer und melodischer Im-

A, e, i, o, u… scheinbar ist es ein Kinderspiel, diese fünf Hauptvokale gut zu singen. Um den Vokalen die beim klassischen Gesang verlangte Reinheit, Rundheit und Tragfähigkeit zu geben, sind bei der Artikulation aber viele unterschiedliche Elemente des Stimmapparats beteiligt, die sorgfältig ausgebildet werden müssen. Und jede weitere Sprache mit ihren spezifischen Vokalen verlangt vom Sänger erneutes

Einarbeiten. Diese Photos zeigen uns, wie sich Lippen und Kiefer bewegen, um die für das Singen wichtige differenzierte Darstellung der Vokale zu ermöglichen. Andere Teile des Rachenraumes, die ebenfalls eine entscheidende Rolle spielen, wie beispielsweise die Zunge, sind hier nicht sichtbar. Der Schüler kann sich unter Zuhilfenahme eines Spiegels kontrollieren und gegebenenfalls verbessern.

*D*iese drei jungen Frauen und
der das Ensemble mit kleinen
Handbewegungen dirigierende
junge Mann, singen aus ihren
Stimmbüchern; inmitten herrlicher
Landschaft haben sie sich auf
eine von einem Flußlauf umgebene
Blumenwiese gelagert. Vokale
Kammermusik gibt es seit
der Renaissance, in Italien in Form
zahlreicher Madrigale, in England
als Consorts. Die geläufigste
Besetzung eines Vokalquartetts
besteht aus zwei Frauenstimmen,
Sopran und Alt, und zwei
Männerstimmen, Tenor und Baß;
Komponisten haben seit dem
16. Jahrhundert für diese und
andere Besetzungen geschrieben
und sich mit ihren Werken
an Amateure oder professionelle
Sänger gerichtet.
Anonym, *Groupe de chanteurs
dans un paysage* (Sängergruppe in
ländlicher Umgebung)
Bourges, Musée du Berry

provisationsmöglichkeit für den Interpreten, natürlich innerhalb eines vorgegebenen Rahmens. Glücklich, wer neben einem älteren Schwarzen sitzt, der sich nicht genug darüber aufregen kann, wenn der Jazzsänger gewisse Regeln nicht beachtet.

Häufig wertet der Außenstehende die Musik des Kunstgesangs als »klassisch« ab, ein Adjektiv, das vielen jungen Menschen heute nicht mehr schmeckt, zumal sie alles Vorbildhafte scheuen. Meist leben sie in der Vorstellung, es handle sich dabei um eine vergangene Welt. Ganz im Gegenteil ist freilich diese Musik sehr lebendig, hat uns gerade heute viel zu sagen und wird ihre Unmittelbarkeit auch künftig nicht verlieren.

VOM ZIEL DES WEGES

*V*om Begrifflichen her läßt sich schwer umschreiben, was die gesangliche Ausstrahlung ihrem innersten Wesen nach ausmacht. Was an der Arbeit so unerhört beglückt, auch schon in niederen Stadien des erst zu Erreichenden, läßt sich allenfalls mit jener Tanzseligkeit vergleichen, die den »Tanzenden« aus dem Kreis der »Gymnastiker« heraushebt. Das spontane Glück des Singens lebendig zu erhalten, wie es als naturgegebener Sangesjubel oder als klangsatte Wohligkeit ins Wahrnehmbare tritt, bleibt conditio sine qua non, bleibt das Geheimnis jeder wahren stimmlichen Erfüllung.

Was kann eine Kunst des Singens ausmachen? Neben dem Kennen und Können umfaßt sie das Bekennen, das Bekenntnis zu dem, was gesungen wird. Aber so ehrlich gemeint dies auch sein mag, zur Sinngebung allein genügt das Bekennen nicht. Wir sollten uns auch zur Form bekennen, zur Schönheit der Darstellung,

zum rechten Weg zwischen nüchternem und übertriebenem Vortrag.

Bei dem Begriff Interpretation, der Kunst des Ausdeutens, haben wir es mit einer Aufgabe zu tun, die zu verschiedenen Zeiten unterschiedlichste Auslegung erfuhr. Eines aber ist sicher: der Kern des Mitgeteilten spottet jeglichem Zeitgeschmack; ohne ihn, dessen Wesen wir gleichsam verinnerlicht haben, könnten wir das Vergangene, das aus anderen Zeiten Überkommene, wohl kaum nachvollziehen.

*D*ie venezianischen Gondoliere waren es, die einst überzeugend demonstrierten, wie sie das aus der Vergangenheit Überlieferte umzusetzen verstanden: auf Bestellung bedienten sie ihre Kunden mit Texten von Tasso oder Ariost und erfanden selbst Melodien dazu. Goethe schreibt 1786 in seinem »Reise-Tagebuch« für Charlotte von Stein: »Wie sich die Melodie gemacht hat, will ich nicht untersuchen, genug, sie paßt trefflich für einen müßigen Menschen, der sich etwas vormoduliert und Gedichte, die er auswendig kann, diesem Gesange unterschiebt. Mit einer durchdringenden Stimme (das Volk schätzt Stärke vor allem) sitzt er am Ufer einer Insel, eines Canals, auf einer Barke, und läßt sein Lied schallen soweit er kann. Über den stillen Spiegel verbreitet sichs weit. In der Ferne vernimmts ein andrer, der die Melodie kennt, die Worte versteht und antwortet mit dem folgenden Verse, der erste diesem wieder, und so ist einer immer das Echo des andern und der Gesang währt Nächte durch, unterhält sie, ohne sie zu ermüden.«

Von den Frauen Venedigs weiß Goethe im ersten Band seiner »Italienischen Reise« zu erzählen: »diese sängen den Tasso auch auf gleiche und ähnliche Melodien ... Menschlich aber und wahr wird der Begriff

dieses Gesangs, lebendig wird die Melodie, über deren tote Buchstaben wir uns sonst den Kopf zerbrochen haben. Gesang ist es eines Einsamen in die Ferne und Weite, damit ein anderer, gleichgestimmter, höre und antworte.«

Daß wir es hier mit einer »kompositorischen« und einer sängerischen Komponente zu tun haben, leuchtet ein. Immer neue Wege hatten die Komponisten zu finden, ihre Melodielinien der Form eines zu vertonenden Textes anzuschmiegen oder ihr vielleicht absichtsvoll zu widersprechen. Sie konnten die Melodik unterschiedlich nach Vorder- wie Nachsatz gliedern oder sich dem widersetzen, dem Text mit rhythmischer Deklamation gerecht werden oder bewußt revoltieren, die Funktion der Harmonik als beziehungsreiches Deutungsmittel verstehen oder eine solche Umsetzung negieren, kurz: den Aufbau der Dichtung nachvollziehen – oder nicht.

Jede Kunst ist erst in ihrer Gesamtheit, als Ausdruck des Gefühls *und* des Verstandes fruchtbar. Sie erzieht, indem sie Körper und Geist verbindet, von Mensch zu Mensch wirkt, Sinnliches und Übersinnliches gestaltet. Versuchen wir immer neu, die Welt des Gesangs zu entdecken! Streifen wir die für die Stimme von der Renaissance bis in unsere Tage komponierte Musik. Betrachten wir auch den Sänger und alle jene, die es ihm ermöglichen, sich in seiner Kunst zu verwirklichen und zu vervollkommnen.

Mit dem, was ihm der Komponist vorgibt, muß der Sänger fertig werden. Er ist gefordert, der Musik Gerechtigkeit zu sichern, muß aber die individuelle Charakteristik seiner Stimme, sein ganzes sängerisches Naturell bei der Selektion der künstlerischen Gestaltungsmittel einbeziehen. Davon soll in der Folge vornehmlich die Rede sein.

Das Flageolett, ein kleines Holzblasinstrument (später wurde es dann auch aus Metall gebaut), ist nicht mehr als elf Zentimeter lang. Man verwendete es ursprünglich, um Vögeln im Käfig das Singen beizubringen. In Analogie zu den extrem hohen Tönen dieses Instruments bezeichnet man die höchste Lage der Frauenstimme als Flageolett-Stimme.
Antonio di Puccio Pisanello (ca. 1395–1455), *Étude d'un buste d'homme jouant du flageolet* (Studie zu einem Brustbild eines jungen Mannes, der Flageolett spielt)
Paris, Louvre

Zu den sowohl dramatisch wie stimmlich eindrucksvollsten Momenten in Mozarts *Zauberflöte* gehören die zwei kurzen Auftritte der Königin der Nacht. Durch die spektakulären Arien, die Mozart dieser Herrscherin über das Schattenreich zudachte, unterstrich er die Bedeutung ihrer Partie. Die Arien liegen einer Stimme mit leichter Höhe, die zugleich über einen dramatischen Ausdruck verfügen, aber auch ohne Anstrengung das dreigestrichene F erreichen muß. Deshalb sollte man diese Partie nicht, wie es häufig geschieht, einer nur leichten Stimme übertragen. Zu den besten Interpretinnen gehörte die deutsche Sopranistin Erna Berger. Der herrliche Bühnenbildentwurf von Simon Quaglio (1795–1878) für das Münchner Hoftheater im Jahr 1818 verdeutlicht die gestalterischen Möglichkeiten, die sich den dramatischen Situationen dieser Oper entnehmen lassen. Die italienische Familie Quaglio brachte sechs Generationen von Bühnenbildner hervor, welche die Ästhetik des Theaters stark beeinflußten.

DIE GEBURT DES GESANGSSOLISTEN

*M*usikalische Gesangsdarbietung läßt sich seit den ersten Opern und Madrigalen auf die Formel bringen: Zunächst schuf ein Poet den Vers, ein Komponist las oder hörte das Gedicht und ließ sich von ihm zu Musik inspirieren. Brauchte das Gedicht unter Umständen keinen Interpreten, so konnte die Musik doch kaum auf ihn verzichten. Der Notentext mußte entziffert werden, und ein vom Komponisten umgewandeltes, in Glücksfällen überhöhtes, in weniger glücklichen Fällen entstelltes Gedicht galt es wiederzufinden, um es in die Klangwelt zu integrieren.

Auf allen Gebieten des öffentlichen wie des geistigen Lebens erneuerte sich die Kultur im Geist der italienischen Renaissance. Sich auf die hellenistische Antike besinnend, die die Neu-Platoniker literarisch und philosophisch weitergereicht hatten, ließ es sich die städtische Aristokratie angelegen sein, ihre Lebenskultur zu verfeinern.

Viel haben Dantes »dolce stile nuovo« und Petrarcas schwärmende Sonette mit den neu entstehenden musikalischen Formen zu tun: Ballata, Madrigal und Caccia. Der Belcanto holte sich seinen Ansatz aus den einstimmigen Gesängen voraufgegangener Epochen, zunächst in monodischer, also von einer Einzelstimme gesungener Sanglichkeit, aus der nicht lange darauf der italienische Operngesang erblühte.

Ehedem hingen die Menschen dem Glauben an, das mehrstimmige weltliche Chorlied sei älter als die einstimmige Monodie. Seit aber erkannt wurde, daß schon die italienische Caccia aus der Frührenaissance im wesentlichen Sologesang mit Instrumentenbegleitung gewesen ist, fühlten sich Dichter aufgerufen, auch zu singen und zu musizieren, was sich natürlich auf die Bildung neuer Formen eben durch die Sprache auswirkte.

Wenn im hohen Norden schon seit vorchristlichen Zeiten der Barde oder Skalde die Harfe zu Urväter-Epen von Göttern und Helden schlug, so leitete sich die Bezeichnung »Ballata« in Italien oder Frankreich vom Tanz her. Der Vorsänger stimmte Tanzgesänge an, der Chor bestätigte im Refrain nach jeder Strophe das Gesungene.

Als Jahrhunderte später der nachmalige Weimarer Superintendent Johann Gottfried von Herder das epische Kunstwerk Ballade mit neuem Interesse aus altem Volksgut sammelte und herausgab, schlossen sich ihm die Weimarer Klassiker schwärmerisch begeistert an. Es war Schiller, der in Anspielung auf Goethe und den Weimarer Großherzog Carl August schrieb: »Drum

---

*D*ie Musik des Flamenco vereinigt maurische Elemente – herrührend aus sechs Jahrzehnten arabischer Okkupation Spaniens – mit Bestandteilen der Zigeunermusik, denn schließlich waren es diese reisenden Musiker, die jene Musik seit ihrer Entstehung ausführten. Der Tanz gleichen Charakters entwickelte sich aus der spannungsreichen, heftigen und dramatischen Musik. Cristina Hoyos, hier in eindrucksvoller, die typischen Armbewegungen hervorhebender Haltung, gehört heute zu den bedeutendsten Interpreten des Flamenco. Zur Kennzeichnung der gutturalen und ohrenbetäubenden Stimmen der Sänger und Sängerinnen des Flamenco sagen wir im Deutschen, sie sängen »auf dem Brustbein«.

soll der Sänger mit dem König gehen, sie beide wohnen auf der Menschheit Höhen!« (»Die Jungfrau von Orleans«).

Einst durften Balladensänger, ob in Gallien, Irland oder Schottland, erbliche Ehrenplätze an fürstlicher Tafel beanspruchen, ja Königsgewänder anlegen. In Sachsen ehrten schon um das Jahr 1000 Könige ihre Sänger, indem sie sie mit der Harfe heiligten, sich zu Gefährten machten und den Barden zum Wettsingen aufreizten. Wagner knüpft in seinem »Tannhäuser« wie in seinen »Meistersingern von Nürnberg« an solche Traditionen an. Unter den kundigen, streitfreudigen Virtuosen begegnen wir etwa Gottfried von Straßburg, Walther von der Vogelweide, Heinrich von Ofterdingen oder Reinmar von Zweter, mochten sie nun singen, das Horn blasen oder die Harfe schlagen.

Bald sangen und sagten sie weniger von Kämpfen im profanen Raum oder von Bibeltexten im sakralen Bereich. Besungen wurden vielmehr Liebe, Wein und Küsse, Rosenlippen und Lilienbusen der Angebeteten, die übrigens in keinem Falle ihre eigene Stimme erheben durfte.

DICHTUNG ALS WEGBEREITERIN

Kein Minnesänger ohne seine Dame, deren Farben er stolz zur Schau stellte und deren fiktive Vorzüge er durch seine Töne verherrlichte. Trieben dabei Aufschneiderei und Überschwang auch üppige Blüten, so begründeten sie doch recht eigentlich die musikalisch-dichterische Poesie.

Zumeist waren die Sänger des Lesens und Schreibens unkundig. (Wolfram diktierte seine Epen.) Also behielten sie die Lieder im Gedächtnis und trugen sie – um vieles wirksamer – auswendig vor. Es geschah am

Der Gesanglehrer und sein Schüler sind durch großes Vertrauen miteinander verbunden. Dieses Gemälde zeigt eine solche enge Verbindung zwischen zwei Frauen. Dem Bildtitel zufolge handelt es sich um eine Gesangsstunde, kann dann aber eigentlich nur der Schluß einer regulären Stunde sein, der der Erarbeitung eines Stückes gewidmet ist. Sofern technische Fertigkeiten geübt werden, muß der Lehrer seinen ihm gegenüberstehenden Schüler nämlich beobachten und kann ihm nicht den Rücken zuwenden. Wahrscheinlich handelt es sich bei der abgebildeten Situation aber um eine Probe mit einer Pianistin. Henri de Toulouse-Lautrec (1864–1901), *La Leçon de chant* (Die Gesangsstunde) (1898) Kairo, Musée de Gezireh

Rhein, daß sich der französische Einfluß auf den deutschen Minnesang zuerst auswirkte. 1184 lud Kaiser Friedrich Barbarossa die Ritter des Reichs nach Mainz, wo seine Söhne Heinrich und Friedrich zu Rittern geschlagen wurden. Während der Abendgelage proklamierte der junge Heinrich von Veldecke das Gesetz vom »reinen Reim«.

Der Blüte höfischer Lyrik im Minnesang entsprach – auch bei den »Sängerkriegen« auf der Wartburg – kein gleich hoher Rang musikalischer Gestaltung. Nach den Kreuzzügen und dem Untergang der Staufer verblaßte das Idealbild eines Jahrhunderts, ohne musikalische Frucht getragen zu haben.

An seine Stelle trat der Meistersang, geübt von zur selbständigen Kunstaussage gereiften Bürgern. Er verwandelte sich erst spät, Mitte des 16. Jahrhunderts, in jenes verstaubte Gewächs der Zunftschule, als das ihn uns Richard Wagner parodistisch vorführt. Hier erst recht fand das Volk durch alle Künstlichkeit hindurch keinen Ausdruck für das, was ihm das Herz zu erheben vermochte. Ausnahmen wie Hans Sachsens »Silberweise« bestätigen nur die Regel.

Von den Minnesängern war die Sangeskunst auf fahrende »Meister« wie Michael Behaim oder auf jenen Barfüßermönch der Limburger Chronik übergegangen, »der die schönsten Lieder machte am Rhein und Main.« In Sang und Widersang aller Spielleute lebten die Gedichte weiter. Bis in die Reformationszeit finden wir Sänger zur Geige oder zur Laute, die vor allem das historisch-politische Zeitlied, eine singbare »Zeitung« gleichsam, durchs Volk trugen.

Im Glücksfall formulierten musikalisch-poetische Genies wie Martin Luther Sprache mit schlagender musikalischer Eingebungskraft, so wenig ihm Wissenschaftler auch die ihm zugeschriebene Musik gönnen mochten. Wir werden ihm aber seine musikgebundene Sprache lassen wollen, deren Ablauf, deren Höhepunkte und Ausklänge so viele Komponisten in Deutschland auf Luthers Bibelfassung zurückgreifen ließen und nicht auf eine der vielen nachfolgenden Übersetzungen.

Was Luther unter Singen verstand, erläuterte er, wie wir es schmunzelnd lesen, in seinen »Tischreden«: »Singen ist die beste Kunst und Übung. Es hat nichts zu tun mit der Welt, ist nicht für Gericht noch in Hadersachen. Sänger sind auch nicht sorgfältig, sondern fröhlich und schlagen die Sorgen aus und hinweg.« Erst die mitsingende Gemeinde, zu der er hier spricht,

Hat der junge Mann nicht soeben einen ganz unerhörten Ton gehört? Das Ohr scheint im Mittelpunkt dieses hervorragenden Portraits zu stehen, vergleichbar der Ausbildung des Gehörs, das Ziel jeder Gesangsausbildung ist. Das Ohr, zugleich der beste Freund und der ärgste Feind des Sängers, erlaubt ihm, Schönheit und Richtigkeit der gesungenen Töne einzuschätzen, ermöglicht die Kontrolle gesungener Vokale nach Reinheit und Klangfarbe und unterstützt schließlich die feinsten interpretatorischen Nuancen. Das Gehör kann dem Sänger aber auch fälschlich suggerieren, daß seine Stimme schwer und kraftvoll sei und ihn so von der jeweiligen Saalakustik abhängig machen, von der er sich eigentlich freimachen sollte. Die Körperwahrnehmungen des Sängers bedeuten deshalb über das Gehörte hinaus eine unersetzliche zusätzliche Kontrolle. Giorgione (1477/78–1510), Bildnis eines jungen Mannes München, Alte Pinakothek

formte den Gottesdienst um, verdrängte kunstvolle Figuralmusiken und führte den Choral einer beherrschenden Rolle zu, die in den Werken Bachs gipfeln sollte.

Bemerkenswert, wie ablehnend sich die Reformation zum Volkslied verhielt. Luther wünschte sich, daß »man die Buhllieder und fleischlichen Gesänge loswürde«. Andere schalten die gesungenen Geschichten vom Herzog Ernst oder dem Gehörnten Siegfried als »unnütze, langwierige und heillose Lieder und Meistersang, damit man nicht allein die Zeit übel angelegt, sondern auch dick bis zu den blutigen Köpfen wider einander gesungen hat.«

Wenn in der zweiten Hälfte des 16. Jahrhunderts das Chorlied über den Sologesang also fast völlig zu obsiegen scheint, so ist nicht zu vergessen, daß bei der Ad-libitum-Besetzung jener Kunst immer auch die Möglichkeit blieb (durch Theoretiker und Bilder belegt), daß nach einer vollchörigen ersten Vokalstrophe in der zweiten ein Knabe auftrat, »so in die Orgel singet«!

Und selbst schon um 1600 (bei Nikolaus Zangius) begegnen vielstimmige Sätze voller Instrumentalismen mit ausdrücklicher Solo-Intonation des Tenors.

DAS LIED

*D*ies führt uns lückenlos zum neuen Sololied mit Generalbaßstütze bei Heinrich Schütz und Johann Hermann Schein. Die Begleitung des Sängers durch Continuo (Tasteninstrument plus Baßunterstützung) wird in den Musikgeschichten gemeinhin als Erfindung des Frühbarock hingestellt. Aber schon Luther rät einem jungen Organistenfreund zur Vertreibung finsterer Stimmungen anno 1534: »Und greift frisch in die claves (Tasten) und singet drein ... und sprecht: Aus Teufel, ich muß itzt meinem Herrn Christo singen und spielen!«

Andere duldeten die Gesänge als das kleinere Übel, da doch mit Singen viel unnützes Geschwätz und andere Laster unterbunden werden konnten. Die Zeit bis zum Ende des Dreißigjährigen Krieges sieht die Masse des Volkes bei dem tragischen Versuch, in oft stürmischer Unrast neue Ziele geistigen Lebens in die Tat umzusetzen und sich dabei bis zur Erschöpfung aufzureiben. Von solchem Boden genährt, trieb das Lied neue Keime. Nicht mehr nur die Spielleute; überall auch schon im Munde der Kinder erklang Jubel, Leid oder Spott zu Melodien. Wobei die neue Buchdruckkunst half, fliegende Blätter mit den neuen Liedstoffen unter die Leute zu bringen.

Generalbaß-Monodien erreichten ihre Höhe, als aus der Lyrik die gelehrten Parnaß-Gottheiten hinausgeworfen werden und sich die Vertoner zur Schlichtheit gezwungen sehen. In zwei Liedsammlungen bewies das studentische Genie des Adam Krieger in kühn-

Gibt es Schöneres, als die Gewölbe einer Kirche oder Kathedrale? Gibt es für den Sänger zugleich aber auch Gefährlicheres als diese Gewölbe, die die Stimme ihrer notwendigen Konzentration berauben, so daß sie sich in den Spitzbogen verliert?

Wegen der vielen Echowirkungen kann ein hier gesungener Text leicht unverständlich sein. Robert Delaunay (1885–1941), *No. 5 époque de Saint-Séverin* (Nr. 5 aus der Epoche Saint-Severin) (1909–1910) Stockholm, Moderna museet

*H*at diese junge Frau gesungen, ist sie im Begriff zu singen? Einer Sängerin gleich wendet sie sich, zur Kommunikation bereit, nach tiefem Einatmen dem anderen zu. Ihre halbgeschlossenen Augen und der in sich gekehrte Blick vermitteln aber einen genau gegenteiligen Eindruck: Fast scheint es so, als höre sie eine Stimme, eine innere oder eine von außen kommende. Singt sie, oder hört sie einer Stimme zu? Wie lassen sich Gehöreindrücke wiedergeben, wie begreifbar machen? Neben Munch haben sich viele Maler des Symbolismus mit diesem Problem beschäftigt. Für einen Musiker oder einen Sänger ist auch die Stille immer von Tönen erfüllt, von einem Motiv oder einer ihm gerade durch den Sinn gehenden musikalischen Phrase durchwirkt. Die in zunehmendem Maße von Klängen erfüllte Welt, in der wir in Zukunft leben müssen, wird uns deshalb gelegentlich unerträglich.
Edvard Munch (1863–1944),
Die Stimme (1893)
Oslo, Munch-Museet

schwungvollen Strophen, was alles sich mit Begleitung eines Collegium musicum für die Hausmusik tun ließ. 100 Jahre später folgt ihm der Schwede Bellman nach.

*Ä*hnlich trug es sich im Bereich italienischer Sprache zu, dem zunächst Petrarca durch seine Sonette ein dichterisches Flair verschaffte, indem er die schöpferische Aussagekraft seiner Worte in ein solches Licht hob, daß ihnen latente Musik innewohnte. Erst die italienischen Madrigalisten des ausgehenden 16. Jahrhunderts haben seine Verse vertont. Später nahm ein Komponist der Goethe-Zeit, Johann Friedrich Reichardt, diesen Faden wieder auf, um ausdruckskräftige Sonette nach Gedichten des Italieners zu schaffen, denen sich dann in großartiger Identifizierung noch einmal Franz Liszt anschloß, als ihm eine gefährlich hoch gelegene Tenorstimme für die erste Fassung seiner Petrarca-Sonette vorschwebte.

Trübe und schwer zu durchlebende Zeit ließ den Gesang unter den Völkern des Nordens kaum aufkommen, was sich auch in Friedenszeiten lange nicht besserte. Anders als in Italien, das sich seine Musik neu formte, fungierten Harmonie und Rhythmus noch nicht als Träger selbständigen Aussingens. Gesang überschritt das Prinzip des Wortakzents kaum als eines Vortrags, bei dem die Textworte wie beim Sprechen metrisch so streng oder frei wie gewollt behandelt werden durften. Immerhin setzte der Gesang statt der Silben eines guten Tages Töne, statt dichterischer Verszeilen sinnvolle Tonreihen. Melodie emanzipierte sich vom Sprachrhythmus, die Tonreihe überdeckte das Wort, bis schließlich die Melodie sich ihre geschlossene Form eroberte. Ihr haben wir die Verbreitung des Liedes zu verdanken.

Von eigentlicher Gesangskunst sollten wir also erst sprechen, seitdem Musik und Poesie, Schöpfung und Wiedergabe sich voneinander lösten, zu beiderseitigem Vorteil, zu fruchtbringender Anreicherung. Durch die im Dienste der christlichen Kirche stehenden Gesangsschulen des frühen Mittelalters, wie die römische Schola cantorum, wie die Schulen von Paris und Cambrai, nicht zuletzt durch den Einfluß der zur Blüte gelangenden Instrumentalmusik konnte sich ein gesangliches Virtuosentum zu früher ungekannter Höhe entfalten.

Während durch das ganze Mittelalter hindurch der Chorgesang das männliche Element bevorzugt und alleinherrschend macht, Sopran und Alt – wenn nicht von Knaben – von im Falsett singenden Männern bestritten wird, den sogenannten Fistulanten, erstreitet sich auch die singende Frau im Sologesang des 15. und 16. Jahrhunderts ihr Recht.

Und schon ist die Gesangsvirtuosin gefeierte Diva der Renaissancehöfe. Sie erprobt ihre Kunstfertigkeit in den melodisch verschnörkelten Madrigalen, die als musikalische Zwischenaktunterhaltung, als »Interme-

dien«, zum Vortrag gelangen. Vor allem und natürlich ist sie der Mittelpunkt der um 1600 entstehenden Oper, mit welcher der schöngeistige Kreis des Grafen Bardi in Florenz ursprünglich eine Wiedererweckung der antiken Tragödie im Sinne hatte.

Zwar gibt es noch nicht die öffentlichen Operntheater des Barock; noch wird die Bühne nicht zum Piedestal des Sängers. Aber daß er nun schon gesellschaftlich herausgehoben zu sein anfängt, berechtigt uns, nunmehr vom eigenständigen Gesangskünstler zu reden. Zu den ersten Diven des 17. Jahrhunderts mit klingendem Namen gehören die beiden Töchter Francesca und Settimia des Mitbegründers eines neuen Rezitativ-Stils, Guilio Caccini, angestellt am florentinischen Mediceerhof. Die »bella Adriana« Basile aus Neapel begeistert das Rom des Borghese-Papstes Paul V. und den kunstsinnigen Herzog von Mantua, Vicenzo Gonzaga, weil sie nicht nur schön singt, sondern auch schön aussieht.

VOM KUNSTLIED

*W*as im bisherigen Sololied noch wie wetterleuchtendes Improvisieren aussah, sänftigt sich am Ende des 17. Jahrhunderts zu fromm gesammelter Innigkeit. Über eine »liederlose« Zeit führen Johann Sebastian Bach mit seinen getragenen Choral-Soli des »Schemellischen Gesangbuchs«, seinem nachdenklich schnurrigen Cantus von der Tobackspfeife, schließlich Georg Friedrich Händel mit seinen »Deutschen Arien« (einer Art musikalischen Stundenbuchs) unsere Hausmusik hinweg. In ihr hatte der italienische Arien-Klavierauszug das Barocklied seiner Stimme beraubt. Was nun 1734 neu hervorkommt, französisiert sich zur Rokoko-Ariette. So die zierlich schwänzelnden

*B*evor Moscheen mit Mikrophonen, Lautsprechern und Tonbandgeräten ausgestattet wurden, legte der Muezzin fünfmal täglich seine Hand zur besseren Kontrolle an sein Ohr, wenn er

die Gläubigen auch im letzten Winkel der Stadt zum Gebet rufen wollte. Junger Muezzin, der auf dem Minaret zu Isphahan zum Gebet ruft.

Polonaisen- und Menuett-Liedchen des Sperontes in seiner »Singenden Muse an der Pleisse«.

In der Residenz des alten Friedrich von Preußen ruft der Advokat Krause die Kammermusiker Philipp Emanuel Bach, Graun und Kirnberger zur »ersten Berliner Liederschule« zusammen. Die massenhaft, gewissermaßen nach Schulrezept gefertigten »Oden« bleiben zwar meist leeres Stroh. Aber wo die friederizianischen Musiker über die Stränge ihrer Liedtheorie schlagen, schaffen sie Bedeutendes. So des Berliner Bachs inbrünstige »Gellert-Oden« oder jenes »Auferstehn, ja auferstehn!« nach Klopstock von Graun, das Gustav Mahler in seiner 2. Symphonie ins allgemeine Bewußtsein hob.

Diese bürgerlichen Liedmeister um 1760 schaffen es, die italienische Prunkarie der Höfe auf dem Wege eines Anschlusses an die knappe, schlichte Vaudeville-Ariette der Franzosen zu popularisieren. Und es sagt ja auch viel, daß Hiller, Neefe und Reichardt vom Singspiel herkommen. Der letztere eröffnet die zweite Berliner Liederschule, die in J. P. A. Schulz und C. F. Zelter starke Helfer findet. Zunächst herrscht noch das reine Strophenlied, den Sänger zu eigenschöpferischer Deutung des Textes aufrufend. Ein solches Einfühlungsvermögen sollte aber von Geschmack und Maß-Empfinden geleitet sein, die einzig vor Übertreibung schützen.

Man beginnt die herrliche Lyrik der Herder, Goethe, Schiller zu vertonen, läßt sich die Phantasie an deren Geistesbrand entzünden und schafft endlich wahre Liedpoesie in Tönen. Zelter gab den im Barock immer wieder »fälligen« Ausdrucksmelismen ihren Sinn und geißelte Komponisten, die den Text »als bloße Unterlage, als eine Art Lerchenspieß für irgendeine Melodie« ansahen. Er suchte die »Totalempfindung«, in jedem

Vers das Hauptwort, »wohin die Melodie geführt werden muß, wenn das Gedicht bleiben soll, was es ist«. Der stets von Goethe als Autorität angesehene Zelter bewegte sich, etwa in seinen »Harfner«-Gesängen, weit in die Richtung Schuberts, eine Tatsache, die den Interpreten seiner Lieder zu denken geben sollte, über Zierrat und Imitation älterer Singart hinaus.

Was immer am Rokokolied noch zu stubengelehrt gewesen war, lüften die Schwaben Schubart und Schillers Jugendfreund Zumsteeg gründlich aus. Sie formen an Dichtern wie Claudius und Bürger ein volksnahes Ideal und sind stolz, wenn man sie »selbst in der Schneiderherberge« ohne Namensnennung singt. Der Auftakt zum Klavierlied ist gegeben! Stichwortartig behandelte auch Goethe in seiner »Tonlehre« die menschliche Stimme und nahm besonderes Interesses an Pubertät, Mutation, Kastration im Hinblick auf die Stimmcharaktere. Leider führte er die Ansätze nicht fort.

*A*ngesichts dieser Seiltänzer, die schwerelos durch die Luft zu schreiten scheinen, kann man sich kaum vorstellen, welch harte Arbeit hinter ihrer Bemühung steht, die Gesetze der Erdanziehung Lügen zu strafen und scheinbar außer Kraft zu setzen. Auch der von der zarten Stimme oder dem kräftigen Organ eines Sängers begeisterte Zuhörer kann sich nicht vorstellen, wieviel Zeit und unablässige Bemühung notwendig waren, um zu dieser Perfektion zu gelangen. Und weder beim Singen noch beim Seiltanzen darf auch nur die geringste Anstrengung sichtbar werden, sonst ist der Zauber dahin.
Francesco Guardi (1712–1793), *Festa di Giovedi Grasso* (Fastnachtsdonnerstag, Ausschnitt) Paris, Louvre

*B*eide Abbildungen – sie stehen
für zwei unterschiedliche Arten
von Gesang – nehmen Bezug
auf künstlerische Ereignisse,
die von der Ästhetik mit dem
Epitheton des »Klassischen«
bezeichnet werden. Und doch
liegen Welten dazwischen. Die
Prozession der Mönche (links)
steht für die mehrstimmige
geistliche Musik des
14. Jahrhunderts, musikalisch
zurückgenommen und im Dienst
der Andacht stehend.
Fresken der Kapelle
Saint-Nicolas in Tolentino
(Italien), dem Meister von
Tolentino zugeschrieben.

*D*ie Königin der Nacht (rechts)
schleudert ihre hohen Spitzentöne
in einer besonders packenden
Umsetzung von Mozarts
Zauberflöte aus dem Dunkel
heraus, nur ein flammendrotes
Tuch ist sichtbar. Diese Abbildung
steht dafür, wie der Solo-Sänger
des 18. Jahrhunderts in
der Bühnengestaltung unseres
Jahrhunderts erlebt wird.
Die Zauberflöte von Wolfgang
Amadeus Mozart, Inszenierung
von Robert Wilson, 14. Februar
1994, Paris, Opéra Bastille

*Z*war beginnt Joseph Haydn noch mit ziemlich altfränkischer Produktion von Oden, erwacht aber
später, schon im Alter, zu den herrlich einfallsreichen
und leidenschaftlichen Englischen Kanzonetten, die
wir als großartige Vorstudien zu seinen beiden gewaltigen Altersoratorien werten dürfen. Haydns Weg ver-
anschaulicht den faszinierenden Vorgang der Lösung
aus der »Empfindsamkeit« in Richtung auf die be-
kenntnishafte Äußerung der sogenannten »Klassik«.
Wurden Gefühlsregungen bisher gleichsam »von
außen her« durch instrumentale Nachahmung der Geste oder durch Lautsymbole als »Affekt«-Schilderung
sinnfällig gemacht, so trat nun das schöpferische Indi-
viduum und mit ihm sein Interpret in das Recht ein,
musikalisch »die Seele auszuhauchen«.
Mozart gibt mit seinem »Veilchen«, ohne den wahren
Dichter zu kennen, die erste geniale Goethe-Verto-
nung. Und Beethoven eröffnet mit seiner »Adelaide«

von 1795 nach Matthisson recht eigentlich die so unendlich reiche Liedgeschichte des 19. Jahrhunderts. Drei Meister, drei Exponenten der Sonate als neuer Beherrscherin der Musik, mit deren Hilfe sich der epochale Wechsel des Musiklebens von den Fürstenhöfen ins Bürgerliche vollzog.

Etwa 20 Jahre später setzt die Lied-Bewegung in reichstem Strom ein: mit Beethoven und seinen Goethe-Gesängen, mit seiner Liederkreis-Neuerung »An die ferne Geliebte«. Bei Schubert löst sie die unbegreiflich frühen Eingebungen des »Erlkönig« und des »Gretchen am Spinnrade« aus.

Mit Beethoven und Schubert gewann die Idee an Substanz, durch Töne über die Andeutung einer Grundstimmung hinaus eine differenzierte Interpretation der Inhalte zu geben. Dazu konnten die musikalischen Mittel des Strophenliedes nicht mehr in jedem Fall genügen. Dies hatte zur Folge, daß erst mannigfachere Formelemente und ein größerer »Farben«-Reichtum

*D*iese Sängerin symbolisiert den Gesang schlechthin: Um sie herum wird auf zahlreichen Instrumenten musiziert, Violine, Blockflöte, Cembalo, Violoncello, aber keines dieser Instrumente, so melodienreich es auch sei, kann mit der Stimme konkurrieren. Die Gesichtszüge der Sängerin drücken Freude an der Mitteilung im Gesang aus; ihr ganzes Wesen vermittelt die Natürlichkeit, um die sich jeder Sänger bemühen sollte, egal welcher technischer Anstrengungen es zur Erreichung dieser Schlichtheit bedarf.
Nicolas Valeta,
Allégorie du chant
(Allegorie des Gesangs) (1755)
Madrid, Académie royale des Beaux-Arts de San Fernando

als Lied verstanden wurden. Das Wechselspiel zwischen großer und kleiner Form erfuhr nach Beethovens bekenntnishafter Liedlyrik immer wieder die Kritik, der Interpret solle nicht als Eigenpersönlichkeit in das Kunstwerk eintreten. Er dürfe nicht verfälschen, nicht einmal durchleuchten. Ein bloßer Konsumenten-Standpunkt wollte solche »Eigenmächtigkeit« nicht dulden. Aber will der Hörer wirklich miterleben, muß er sich verwandeln, sein Leben ändern!

Beethovens Liedschaffen demonstriert auch, wie wichtig es sein kann, die Fixierung auf den Text hinter das Erfassen rein musikalischer Ausdruckstypen zurückzustellen. Es gibt bei ihm kompositorische Gesten des Widerborstigen, des Unterbrochenen, des gegen die guten, tradierten Sitten Verstoßenden: Sforzati, Stauungen der Lautstärke, plötzliche Piani nach Crecendo-Steigerungen. Im Verlauf des 19. Jahrhunderts beanspruchten die Musiker gleiche didaktische Wirkungsmöglichkeiten für ihre Töne wie die Dichter für ihre Sprache.

Sehr verwandelt hat sich auch in diesen wenigen Jahrzehnten die Klavierbegleitung, ehedem auf ein paar mit Ziffern ausgedrückte Stützakkorde beschränkt. In einem schmalen, aber bedeutsamen Heft mit Oden nach Klopstock von Christoph Willibald Gluck steht sie bereits auf hoher Stufe. Aber erst Ludwig van Beethoven zieht im Lied die vollen Register persönlicher Spielweise, wie er sie auch in den Klaviersonaten gebraucht.

Franz Schubert fügt den ganzen harmonischen Klangzauber seiner romantischen Farbigkeit hinzu. Überhaupt dieser Schubert – unerschöpflich die Welt seiner Lieder! Durch alle Formenstufen, also auch durch Strophisches, durch alle Menschenregungen werden wir bei ihm geführt. Allein schon die beiden großen

*D*iese moderne und karge Gestaltung von Florestans Kerker ist einer heutigen Wiedergabe des *Fidelio* angemessen. Die Szene im zweiten Akt, in der Florestan und seine Mitgefangenen das Licht erblicken und die Freiheit zurückerlangen, gehört ganz unabhängig von der jeweiligen Inszenierung zu den stärksten Operneindrücken überhaupt.

Fidelio von Ludwig van Beethoven, Inszenierung von Stéphane Braunschweig, Musikalische Leitung: Daniel Barenboim, 18. April 1995, Paris, Thèâtre du Châtelet

Liednovellen nach Wilhelm Müller: Erst »Die schöne Müllerin«, ein Liederspiel, das volksliednah von höchstem Jubel zu tiefstem Leid führt. Schließlich, im Todesjahr des Frühvollendeten, »Die Winterreise«, ein Seelenabbild, das die Verzweiflung eines Unglücklichen in 24 prismatischen Brechungen bis an die Schwelle selbstzerstörerischen Wahns darstellt. Ein

kühnster Vorstoß in die Bezirke des Pathologischen, der nervösen Moderne vor Wagners »Tristan« und Straussens »Salome«, »Wahrtraumdeuterei« eines Wiener Vorstadtschulgehilfen.

Daß sich in Schuberts Lied Wort und Ton wirklich durchdrangen, ermöglichte das Wunder der Entwicklung bis hin zu Hugo Wolf und einen Zweig der Ge-

sangsmusik, die nie zuvor mit gleicher Kraft aufgeblüht war. »Du bist die Ruh« oder »Du liebst mich nicht«, aber auch der »Prometheus« rufen den Gestalter auf dem Podium zur Beschwörung eines durchaus fühlbaren Gegenübers auf. Und wie steht es um die Versenkung des Monologs, um den Ausdruck des Mitsich Seins, die Kontemplation des Einsamen, die sich

*D*as Singen im Chor ist genau so alt wie die Menschheit selbst. In der griechischen Antike gehörte Musik als wesentlicher Bestandteil zum Leben und begleitete alle religiösen Zeremonien. Zur Zeit der römischen Republik wurde die Musik nicht sehr hoch geachtet, erlangte dann aber zunehmend und unter dem Einfluß anderer Kulturen das »Bürgerrecht«. Die Römer liebten vor allem Ensemblemusik, wie den hier abgebildeten Chor aus Männer- und Frauenstimmen.
Mosaik aus dem der Diana Trifatina geweihten Tempel Capua, Museo Campano

natürlich nicht an die Welt, sondern an das entrückte Ich wendet, dem vor dem Publikum sich restlos anzu-vertrauen eine schier übermächtige Forderung an den Sänger einschließt?

Stilistische Entwicklung gibt es hier während der knapp fünfzehn Jahre von Schuberts Schaffen nur in Grenzen – es begegnen Geniestreiche am Anfang wie am Ende und Schwächeres selbst in der Meisterreife. Dagegen lassen sich stilistische Gruppenzuordnungen je nach den gerade bevorzugten Dichtern abgrenzen –

Musik, Dichtkunst und Theater gehörten in der griechischen wie in der römischen Antike untrennbar zusammen. Dieses Fresko aus Herkulaneum stellt einen Schauspieler dar, der ohne seine Maske spricht oder singt.

Eine Instrumentalistin begleitet ihn auf der Kithara (einer besonders kunstvollen Form der Leier). Sie zupft die Saiten des Instrumentes, das durch eine kleine, am linken Handgelenk befestigte Kordel am Körper gehalten wird. Neapel, Museo Archeologico Nazionale

Goethe neben Mayrhofer etwa. In der Spätzeit steht das neue symphonische Stimmungslied im Zentrum. Gerade am Beispiel Schuberts ist an das systematische Wachhalten des Klanginstinkts bei Interpreten zu erinnern. Denn soviel der Künstler auch von seiner Kunst weiß, sowenig darf dieses Wissen die Einheit des Werks zerstören. – Es ist auch vorgekommen, daß sich eine Abfolge von Schubert-Liedern dem Vorwurf des zu Düsteren aussetzte. Die Hörer merkten nicht, wie weit die späte Kunstmusik vom reinen, schier unerreichbar scheinenden Ausdruck der Freude (in diesem Falle wohl eher des Frohsinns) entfernt liegt. Gesungene Musik gleicht geklärtem Fühlen, deutlich gewordenem Wollen, Erinnerung, Bewahrung, Fortschreiten, aber beileibe nichts Konkretem. Gesang erinnert uns an Werte, die unter Menschen unzerstörbar sind. So gesehen, bedeutet Schuberts »Winterreise« die größte Herausforderung, vor die sich ein Liedsänger gestellt sehen kann. Der Gegensatz von emotionaler Empfindungskraft und einem Sich-Aufgeben vor dem Ausweglosen ist in Müllers Gedichte – so wenig sie zur großen Lyrik gehören – ebenso eingedrungen wie in Schuberts Musik.

*N*och eine andere Form entwickelte sich zu jener Zeit: die musikalische Ballade. Daraus wird zunächst bei Zumsteeg eine kaleidoskopisch illustrierende, sich »am Text entlang« bewegende Musik. Aber der Schüler Reichardts, des ersten gültigen Vertoners von Goethe-Balladen, nämlich Carl Loewe, strafft die Gattung formal, gewinnt den Ursinn des »Tanzliedes« zurück, und aller Reichtum der Epen-Schilderung entfaltet sich durch Kombination von Melodien und Begleitfiguren weniger Strophenelemente. Einst trug Loewe seine ganz auf Wirkung hin konzipierten Balla-

den mit beweglichem Tenor-Bariton selbst vor. Fern sind die Tage der Spezialisten für die Ballade, denn Namen wie Eugen oder Hermann Gura oder Paul Bender, ja selbst des jüngeren Hans Hotter sagen nur den historisch Interessierten etwas. Geradezu wieder entdeckt müssen die Lieder Loewes werden; sie stehen hoch über dem Niveau der zahllosen Gedicht-Vertoner seiner Zeit.

*W*esentlich zwei Äste sind es von nun an, die das Schicksal des deutschen Liedes im 19. Jahrhundert ausmachen. Konservativ mit Bindung an Vorgegebenheit der Formen bei eindeutiger Vorherrschaft der sangbaren Melodie der eine: bei der Berliner Schule knüpft das Lied von Felix Mendelssohn ebenso an wie das reiche Schaffen des Johannes Brahms; der letztere läßt (mit Robert Schumann oder Hugo Wolf) dem Klavier immer eindeutigere schildernde oder stimmungsfördernde Vorrechte und deklamiert selbständig in das Gedicht hinein.

Die Singstimme kann im Kunstlied nicht alles bewirken. Die feinsten Maserungen und Facetten des Gedichts sollen sich musikalisch spiegeln, ohne daß der Gesang darunter leidet. Schumann scheint oft gerade darauf zu bestehen, daß die Komposition auch ohne Gesang für sich lebe. Ihm geht es darum, synchrone Emotionen zu verdeutlichen, hervorzuheben, weshalb er das rhythmische Gefüge oft zugunsten einer synkopischen Wortgebundenheit verschiebt. Der Schumann-Interpret – ob nun bei Eichendorff- oder Heine-Texten – wird eine Gestaltung finden müssen, die sich in freiem rhythmischem Raum auf kurzen Strecken klanglich phantasievoll durch viele ritardandi, durch vorgeschriebene oder auch nicht notierte »a tempi« durchformuliert. Bei Schumann wird sich der Sänger über das Wesen der Zäsur, den Augenblick des Schweigens mitten in einer Phrase klarwerden müssen. Mit einem Innehalten gedanklich oder gefühlsmäßig die Logik innerer Vorgänge zu erläutern, gehört zu den Wesenszügen Schumannscher Musik. So wenig eine Übertreibung durch allzu sehr nach Atem schnappende Einschnitte erstrebenswert ist, so unkünstlerisch wäre ihre Nichtbeachtung.

Bezeichnend, daß Brahms seine Melodien im Freien, beim Gehen sich zurechtsummte, während Wolf zunächst die begleitende Musik ausarbeitete und den Gesangspart nachträglich – nach endlosem Deklamieren – hinzusetzte. Folgerichtig endet die Entwicklung des bei Wolf bewußt nach Wagnerschen Grundsätzen des Sprechgesangs Geformten bei melodramatischen Liedern.

In *beiden* Richtungen erlebt das Lied fortschreitende Literarisierung. Ließ Haydn sich die Texte oft noch von Freunden heraussuchen und gab bei Schubert – mit den Ausnahmen der Schöpfungen Goethes oder Schillers – das musikalische Bedürfnis den Ausschlag, so greift Schumann verändernd in den Wortlaut ein; Brahms genießt es, ausgefallene Texte von Tieck, Alexis, Daumer oder Schack zu wählen; Wolf hingegen vertont die großen Lyriker der Vergangenheit mit Vorliebe zyklisch, während Richard Strauss zwischen dem eleganten Salon und den Sozialdichtern der neunziger Jahre geschickt laviert. Daß, wie oft behauptet, Max Reger wieder auf Schuberts musikantischen Standpunkt zurückgriff, mag nur bruchstückhaft zutreffen. Hans Pfitzner schließlich versucht, Schuberts Melodienseligkeit und Schumanns Stimmungsmalerei miteinander zu verbinden.

Aber kein Schema kann den Reichtum kennzeichnen! Es gibt Lieder von Mendelssohn, die Symmetrien gleichsam abzirkeln, und solche, in denen sich romantische Klüfte auftun. Es gibt bei Schumann Dichtungen fürs Klavier, denen Rezitativisches sich zugesellt, aber ebenso melodienseligen, sich selbst genügenden Gesang.

Wohl tat Brahms den scheinbar stockreaktionären Ausspruch, eine streng strophische Vertonung sei eigentlich die höchste aller Liedformen, und doch hat er unendlich viel Neues an Zwischenfarben, an modern anmutenden Empfindungen ins Lied getragen, auch formell wichtiges Weitergehen gewagt wie die sonatenhaft durchführende Verarbeitung in den »Magelonen«-Romanzen, übrigens ohne Rücksicht auf vokale Grenzen. An vielen Brahms-Texten ließe sich demonstrieren, daß sie überlebten, weil ein Brahms sie vertonte. Und der Sänger wird ihm dankbar sein, daß bei ihm die Musik – wohl zum letzten Mal in der Liedgeschichte – eine dem Wort überlegene Rolle spielen durfte, dank seiner Könnerschaft, die sich um abgeschwächte Traditionen keinen Deut kümmerte.

*D*ie Partitur, die dieser Musiker der Renaissance hält, ist noch in Mensuralnotation, den Vorläufern unserer heutigen Noten, niedergeschrieben.
Die Gattung Oper entstand erst einige Dutzend Jahre später.
Heute wie damals gilt die Maxime, daß jeder Sänger Musiker, wie auch jeder Musiker Sänger sein sollte.
Giovanni Antonio de'Sacchi, genannt Pordenone
(1483/84–1539),
Ein Musiker
Wien, Kunsthistorisches Museum

Und wie falsch sähe man Hugo Wolf, wollte man nur die Nervenkunst des »Italienischen Liederbuchs«, die fiebrige Schwermut der geistlichen spanischen Lieder, die chromatische Zerrissenheit bei Goethes Mignon und dem Harfner, das orchestrale Farbenspiel in Mörikes »Feuerreiter« zur Kenntnis nehmen. Dem steht auch selbstgenügsam sprudelndes Musikantentum gegenüber. Aber seine Melodie bemüht sich stets, dem natürlichen Sprechton zu folgen. Bei ihm schlüpft der Sänger in immer neue Rollen, die monologische Ich-Rede wird durch eine szenisch imaginable Person vermittelt.

Wolfs Art der Liedkomposition ist zartgliedrig, hat Lust an Filigranarbeit, ist geistgeladen, der feinen und leidenschaftlichen Gefühle und ihres Ausdrucks fähig. Und alle Differenziertheit wird ausgeglichen durch gelegentlich drastischen Übermut.

Häufig übersehen wird der Einfluß, den Franz Liszt auf Wolf ausübte. Seine Leistung als Schaffender wie Nachschaffender wurzelt in der Erneuerung durch die innige Verbindung der Musik zur Poesie. Dennoch scheute Liszt sich nicht, dem Wort mitunter Gewalt anzutun, um keine Grenzen für die musikalische Gestaltung anerkennen zu müssen. Auch er ist der Schwäche dieser Zeit nicht entronnen, daß echtes Feuer allzu leicht in Pathos oder Schmachten abglitt.

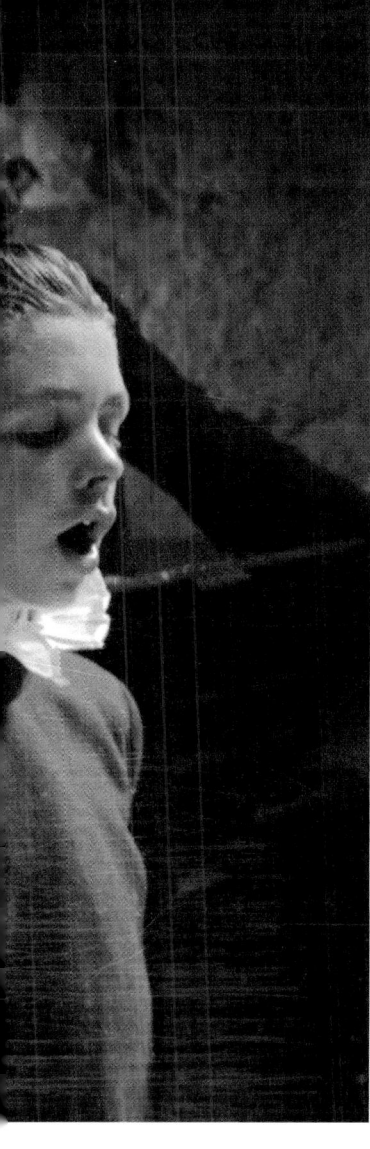

*D*ie hervorragenden englischen Knabenchöre – hier drei kleine Choristen der Kathedrale von Canterbury – sind auf der ganzen Welt wegen ihrer Klangreinheit berühmt. Nach dem Stimmbruch, der den Ausschluß aus den Chören nach sich zieht, haben die fast schon professionell ausgebildeten jungen Männer dann gelegentlich Probleme mit dem Übergang vom Knabensopran zu einer in Oper oder Oratorium einsetzbaren Männerstimme.

*W*ie soll ein Sänger, der nichts als sich selbst kennt, den Wesensunterschied zwischen Brahms und Wolf nachzeichnen? Des letzteren Wortintensität, seine Vorliebe für schillernden Wechsel, für schelmischen Unterton des Innigen, sein Bestreben, den Schleier seiner Geständnisse durchsichtig zu halten, auch die Nervenenden der Verzweiflung bloßzulegen – all dies widerspricht dem Nur-Gefühlvollen oder der Stimmstärke per se. Ohne zuchtvolle, zurückhaltende Gestaltung des Ausdrucks ist der Liedgesang tot. Flach geführte Stimmen, auf Helligkeit beschränkte »weiße« Stimmen werden es mit Wolf schwerhaben, sie dürften die komponierten »Farbwerte« vernachlässigen, Licht und Schatten aus ihrer Wiedergabe ausklammern.

Jede Stichprobe solcher Art trägt das Risiko der Vereinheitlichung in sich. Immer bunter und vielfältiger wird das Liedschaffen mit dem Beginn des 20. Jahrhunderts. Gustav Mahler lehnt sich zunächst an Volksliedhaftes an, um dann bei Rückert oder chinesischer Lyrik zu landen, alles im Dienste eines hochgesteigerten Ausdrucksbedürfnisses. Bedeutend auch der Schweizer Othmar Schoeck, der in seinen zehn Liederzyklen nach Lenau, Mörike, Keller oder Meyer die Gedichtfolgen selbst zusammenstellte, oft von kleinem Kammer-Ensemble begleitet.

Neben solchen Leistungen verschwindet fast, was in anderen Sprachen auf diesem Gebiet geschaffen wurde. »Le lied, les lieder« übernahm gar die französische Sprache als Fremdwort und deutete damit den Wesensunterschied zwischen dem Schubertschen Liedtyp und den Begriffen Chanson, Romance, Air, Ariette usw. an. Tatsächlich wollen die reizvollen Stücke von Berlioz, Franck, Bizet, Chabrier, Gounod, mehr noch die intellektuell anspruchsvollen von Fauré, Duparc (dieser unter dem Einfluß sehr persönlich verarbeiteten Wagners), Debussy oder Ravel, weniger Sinnerhellung als spannende, dem Langweiligen abholde Unterhaltsamkeit und sensuell punktuelle Wirkung erzielen.

Hier zeigt sich eine Entwicklung an, die auch dem deutschen Lied bei Strauss und seinen Epigonen die angeborene seelische Resonanz veränderte. Strauss kultivierte den großen Gesangston, was eine Reduktion des Vor- und Nachspiels im Klavier wie selbstverständlich ergab. Strauss spricht den Kunstinstinkt und die Sinne an, ohne in jene Tiefen hinabreichen zu wollen, wo es ganz ohne Spaß zugeht.

*E*s gilt allenthalben, nicht nur für Strauss: Aus dem Herzstück der Hausmusik wurde Konzertmusik für Spezialisten, wovon schon die vielfältige Ausweitung zum Orchesterlied zeugt. Hierher gehört auch Mahlers »Lied von der Erde«, für Tenor und Bariton entworfen, dann zur Altstimme gewandelt, das beträchtliche technische Probleme aufwirft: zweifaches Timbre des Tenors (Buffo- und Heldenstimme zugleich) oder hastigen Deklamato in tiefer Lage zu dicker Begleitung. In den »Liedern eines fahrenden Gesellen« (wieder halb Wunderhorntexte, halb Mahlers eigene Lyrik) hat die Stimme die Wahl, ob sie mit Brunst und sentimentalem Vibrato die gefährlich nahe Kitsch-Wirkung unterstreichen will oder Mahlers Anweisung »Nicht sentimental« gestalterisch durchdringend folgt.

Epochaler Meister der französischen »mélodie« war Gabriel Fauré. Vornehme Zurückhaltung, Mäßigung des Gefühls und Sinn für zarte Farbgebung beschert der Gesangsstimme schönste Entfaltungsmöglichkeiten. Fauré verleugnet seine Herkunft von Gounod nicht, aber reichert ihn stilistisch ungemein an. Aristokratische und bürgerliche Gesellschaft der Salons würdigten dieses Neue als willkommene Ablösung mondäner Romanzen der bisherigen, gefälligen Prägung.

Debussy forderte ein völlig gewandeltes Sensorium. Im Hause Stéphane Mallarmés hörte er die Dichtung Verlaines oder Louys' aus dem Munde der Autoren. In jeder Silbe von Debussys Vertonungen wird die Liebe zur Nuance spürbar, in zurückhaltendem Ton, das Gedicht fast nur grundierend. Seine intensive Art, das Amorphe mit scharfem Intellekt auszuschließen, um doch einen Eindruck von ihm zu erzielen, vom Traumhaften, von Geräuschen und Stimmungen, fand keinen Rivalen. Das »halb Gesagte« blieb schließlich von der anfänglichen Befolgung Wagnerscher Deklamationsprinzipien übrig.

Das Lied in Italien spielt neben der unvergleichlichen Bedeutung der Arie eine untergeordnete oder sich mit epigonaler Nachahmung begnügende Rolle. In England sorgten – nach zwei Jahrhunderten Unterbrechung seit John Dowland und Henry Purcell – wenigstens Edward Elgar, Ralph Vaughan Williams oder dann Benjamin Britten für eine originär angelsächsische Tongebung.

*A*bgebildet ist hier eine Aufführung von Glucks Oper *Il Parnasso confuso*, möglicherweise die Uraufführung im Schloßtheater von Schönbrunn im Jahr 1765: die Sänger mit großer Geste auf der Bühne, ein (nach der Zahl der Trompeten zu schließen) gedrängt untergebrachtes, üppig besetztes Orchester und ein Publikum, das sich im Zuschauerraum miteinander unterhält.
Johann Franz Greipel
(1720–1798),
Aufführung von »Il Parnasso confuso«
Wien, Kunsthistorisches Museum

Skandinavien bewährte seine nordische Länder-Verwandtschaft durch erhebliche und zu Unrecht vernachlässigte Liedmeister: Edvard Grieg als sicherlich bedeutendster Liedmeister für Norwegen, Ture Rangström für Schweden, Carl Nielsen für Dänemark und in Finnland nach Jean Sibelius der zumeist deutschsprachig komponierende Yrjö Kilpinen.

*V*ergessen wir aber nicht den slawischen Osten mit seinen sehr speziellen Gaben an das Lied-gut: Als Auftakt Frédéric Chopin mit seinen »Polnischen Liedern«, Anton Rubinsteins Salongesänge, schönste Romanzen und Balladen von Michail Glinka. Dann aber die geniale Vollendung durch Modest Mussorgski mit seinen vielen Einzelgesängen und den Zyklen »Lieder und Tänze des Todes« und »Ohne Sonne«. Hier spricht die russische Weite der Seele ebenso wie bunte Phantastik, alles durchglänzt von Liebe zum Menschlichen mit der Eindringlichkeit eines Dostojewski.

Das russische Lied davor wurde zwar zumeist russisch gesungen, stand aber in der französischen Tradition der Salonromanze. Eine für die höhere Tochter leicht singbare Melodie, oft banalen Charakters, so stellt sich das Gros des im Gleichmaß gehaltenen Romanzenwerks bei Glinka, Dargomyschky oder Balakirew dar. Intonation und Tonfall stellen jetzt aber den Hörern Individuen vor. Wie russische Kinder sprechen, lachen oder weinen, kann nicht realistischer und zugleich künstlerisch gefaßter sein als in Mussorgskis »Kinderstube«.

Noch nach Jahrzehnten war der Einfluß der Russen in Frankreich zu spüren. Sprachtonfälle, die – ähnlich wie bei dem Mähren Leoš Janáček – gleichsam von der Straße aufgegriffen erscheinen, werden einer neuartigen opernnahen Diktion einverleibt, sind in Richtung auf Allgemeingültigkeit stilisiert und nicht als eine Expression persönlicher Prägung aufzufassen: Prosa des »einfachen Lebens«.

Und der populärste Russe, Peter Tschaikowsky? Sein wohlbegründetes und von Kritikern wie Eduard Hanslick überschwenglich begrüßtes Selbstvertrauen ließ sich auch in literarischen Geschmacksfragen nicht irritieren, und alle Liebe zur Melodie und musikalischen Autonomie hinderte Tschaikowsky nicht, mitunter scharf akzentuierte Ausdrucksmusik zu machen. Opernhaften Tönen, die besonders in der Entstehungszeit des »Onegin« etwas vordergründig glänzen, gibt der Komponist etwa in einer späteren Lermontow-Vertonung und einigen kostbaren Nachzüglern bereits keinen Raum mehr.

*D*ie Zukunft des Klavierliedes ist von Wunden reißenden Krisen der Vergangenheit bestimmt, sie ist gefährdet durch eine Übersteigerung technischer Ansprüche im Zeichen des l'art pour l'art. Vornehmlich aber ist die Epoche des Liedes überaltert, die Besetzung Singstimme-Klavier ausgeschöpft, die Hervorbringung von wirklich Neuem erheblich zurückgegangen. Wesentliches kam durch einige Hefte von Paul Hindemith, durch ungarische Folkloristik bei Zoltán Kodály und Béla Bartók, durch viel rückwärts gewandte Rettungsaktion von seiten deutscher Kleinmeister.

Dem stemmten sich die drei Meister der Wiener Schule, Arnold Schönberg, Anton Webern und Alban Berg vehement und zugleich alles Nachfolgende überschattend entgegen. Des jungen Schönberg Auffassung, bei der Anregung, ein Gedicht zu komponieren, sei es unnötig, die Worte genau zu lesen oder sie eigentlich zu verstehen, zeugt davon, wie einzig wichtig ihm der eigene Schaffensbereich war. Dementsprechend ist sei-

---

*E*in Kind noch und doch schon groß! Wolfgang Amadeus Mozart, aus einer Familie von Berufsmusikern stammend, von seinem Vater schon in Kinderjahren mit dem ganzen musikalischen Europa vertraut gemacht, begann seine Karriere als Wunderkind und setzte sie als begnadeter Komponist fort. Im Alter von drei Jahren erkannte er schon Akkorde, als Fünfjähriger improvisierte er am Cembalo und mit zwölf komponierte er für Joseph II. sein erstes Singspiel, *Bastien und Bastienne*. Anläßlich der Hochzeit von Joseph II. am 6. Oktober 1760 ist er hier als Vierjähriger in der Loge der Musiker abgebildet. Neun Jahre später schrieb er seine erste Oper, *La Finta semplice*.

Martin Meytens (1695–1770), *Mozart bei der Hochzeit von Joseph II. und Isabella von Parma* Wien, Schloß Schönbrunn

---

nen Liedern der Erfolg bei den Adressaten vielfach versagt geblieben.

Die von den drei neutönerischen Wienern in gemeinsamer Grundhaltung zu höchst verschiedenen Resultaten geführte Liedauffassung ist seither ausschließlich durch die Eigenständigkeit eines Aribert Reimann wirklich konterkariert worden. Er bringt in seine Gesänge nach Plath, Joyce oder Celan soviel Gesanglichkeit und Herzton, daß es Grund gab, auf Fortführung auch durch andere, etwa Wolfgang Rihm, zu hoffen; leider wohl vergebens.

Wir leben in einer noch späteren Bürgerwelt als Schönberg. Und mit seinen Schülern meinte er, wenn von Stefan George, dem mit Vorliebe von den Wienern Vertonten, geredet wurde, daß die Artistenexistenz in der noch nicht ganz so umbruchsreifen Bürgerlichkeit auf neue Impulse erst warte.

Bergs Liedkompositionen zeugen schon in den Jugendgesängen von großer Erfahrung mit der Singstimme. Die vier Lieder op. 2 oder die »Sieben frühen Lieder« gehören zum Schönsten und zugleich Dankbarsten aller Liedkunst. Weberns Exorbitanz ist nicht in wenigen Sätzen zu umreißen. Für den Interpreten mag es darum gehen, das Nur-Gedankliche, das äußerst Komprimierte wieder einer, auch den Sinnen faßbaren, Form anzunähern. Die Faszination geht bei Webern von der Ekstatik aus, die sich, allem Intellektualismus trotzend, behauptet.

Neben den erwähnten Leistungen haben der nachmahlerisch sich gebärdende Gottfried von Einem, der melismatisierende Ernst Pepping oder der eine neue Tonalität anstrebende Wilhelm Killmayer nur geringe Chancen. Nach dem zweiten Weltkrieg setzten Hermann Reutter, Wolfgang Fortner und Hans Werner Henze einige Glanzlichter; aber auch sie blieben ohne

*U*nter Karl Böhm sang ich 1972 in Salzburg den Don Alfonso. Der Zyniker beschwört eine Maskerade herauf, die leicht hätte böse ausgehen können, um zwei junge, befreundete Offiziere von der vermeintlichen weiblichen Untreue zu überzeugen. Dietrich Fischer-Dieskau in der Partie des Don Alfonso (*Così fan tutte*)

*D*ie deutsche Sängerin
Wilhelmine Schröder-Devrient
(1804–1860) war zu ihrer Zeit
ein wirklicher Star. Ursprünglich
vom Tanz und vom Schauspiel
her kommend, hat sie alle
großen Partien gesungen; sie
wirkte bei den Uraufführungen
des *Rienzi* (Adriano), des
Fliegenden Holländer (Senta)
und im *Tannhäuser* (Venus)
mit und sang die Agathe in
Webers *Freischütz*. Beethoven
selber bewunderte ihre
außergewöhnliche Interpretation
der Leonore in seinem *Fidelio.*
Die sehr eigenwillige
Technik der Schröder-Devrient
stieß indessen nicht immer
auf ein einhellig positives Urteil.
Berlioz beispielsweise brachte
sie gegen sich auf, weil sie
Worte wie »Ah!« oder »Dieux!«
naturalistisch schrie, ohne
auf die Rollen Rücksicht zu
nehmen.
Karl Joseph Begas (1794–1854),
*Portrait der Sängerin Wilhelmine
Schröder-Devrient* (1848)
Dresden, Gemäldegalerie

Nachwirkung. – Verständlich, daß auf so engem Raum kein wirkliches Panorama der Liedwelt entworfen werden konnte. Ihr Reichtum an geistvoller musikalischer Mitteilung wird sie den Interessierten noch lange zur Herzenssache machen.

ORATORIUM, MESSE UND KANTATE

Gegenüber Messen und Motetten, mehrstimmigen Psalmen, Tedeum oder Magnificat ist das Oratorium eine ihrer Herkunft nach zwar meist geistliche, aber stets außerliturgische Kunst. Selbst ihre frühe lateinische Form gehört nur zur Erbauungsandacht, nie aber zum Hauptgottesdienst.

Das schließt nicht aus, geeigneten Teilen einmal als Choreinschub Raum in der Liturgie zu gewähren. So manches gewaltige Oratorium von Georg Friedrich Händel widerspricht der Würde des Gotteshauses nicht und kann als Kirchenkonzert dienen, obwohl es viel eher einer Art geistlichen Oper zuzugesellen wäre. Händel, der inneren Anschauungskraft seiner Hörer gewiß, verlegte jedoch die »Handlung« in die Phantasie, und nun sind »Israel in Ägypten«, »Messias«, »Judas Makkabäus«, »Josua«, »Samson«, »Salomo«, »Susanna«, »Joseph« und »Jephta« Volksdramen ohne Bühne, angereichert um die von der Musik gegebenen Raumdimensionen. Ihr Horizont ist zeitlos. Ganz klar sprechen sie eine Botschaft in unverstellt religiöser, meisterlicher Musiksprache aus. Zwischen den Chorsätzen geben die bildhaften Begleitfiguren der Soloarien verdichtete menschliche Empfindung, und eben das hielt sie bis heute am Leben.

Wir sollten Händel nicht ahistorisch, ohne Vorläufer und Quellen sehen. Er erlebte die Wirkung des Heinrich Schütz doppelt verdünnt durch die dritte Generation von Epigonen. In Hamburg begegnete er dem polternden Kulissenoratorium der Reinhard Keiser oder Johann Mattheson. In Italien berührte ihn bis zur thematischen Abhängigkeit die Klassizität der Andachtsoratorien von Carissimi. In England traf er auf die gewaltigen Psalmchöre (Anthems) von Henry Purcell und seiner Schule. Humanistische Bemühung läßt ihn auch noch die Traditionen der weltlichen, dramatisierenden Sujetkantate im Stile des Alessandro Stradella heranziehen.

Als Beispiele der Oratoriengeschichte seien nur herausgegriffen: Belsazar, der haltlose Wüstling, den Warnungen seiner Mutter zum Trotz dem verdienten Gottesgericht ausgeliefert, dem das Menetekel in seiner unheimlichen Geisterschrift das Herz stocken

Abgebildet ist eine Szene aus William Shakespeares *Sommernachtstraum*, nicht die 1826 von Weber komponierte »romantische Oper« *Oberon*. Heraufbeschworen wird hier aber die gleiche feenhafte und geheimnisvolle Atmosphäre, die man auch in Webers an der Londoner Oper Covent Garden uraufgeführten Oper findet. Oberon, der König der Elfen, hat sich geschworen, erst dann wieder seiner Frau Titania in Liebe zu begegnen, wenn ihm ein wirklich treues Paar begegnet, und meint, dieses Paar in Rezia und Hüon gefunden zu haben. Den gleichen Stoff hat der englische Komponist Benjamin Britten unter dem Shakespeareschen Titel 1960 zu einer herrlichen Oper vertont.

Sir Noel Paton (1821–1901), *Der Wettstreit von Oberon und Titania* (1847) Edinburgh, National Gallery of Scotland

macht. Oder »Jephta«, wo die zarte Idylle der Verlob-
ten mit der düsteren Heroik des Elternpaares kontrastiert. Oder »Saul«, wo zu dem Freundespaar David
und Jonathan der wütend eifersüchtige König in Gegensatz tritt und bei der Hexe von Endor Schauder wie
in Vorahnung von Verdis Dramatik erlebt.
Wer könnte es wagen, den Reichtum des »Messias«
nur andeuten zu wollen? In drei Stunden wird eine
Christus-Mythe ausgebreitet, die des Heilandes Er-
denwallen mitreißend, ja erschütternd gestaltet. Eine
Arien-Reihe für alle vier Stimmlagen bringt überwälti-
gende Einfachheit in die Umschwünge des Tempos,
der Thematik und der Affekte.

*G*reifen wir noch einmal zurück, um die Gattung der Passion in ihrem geschichtlichen Ablauf zu
verfolgen, soweit sie in der heutigen Musizierpraxis eine Rolle spielt. Von den Simplizitäten der Burgk, Man-
cinus oder Vulpius geht der Weg über die hochbedeu-
tende Johannes-Passion des Demantius zu den

*R*ossini schrieb seine Oper
Maometto II unter dem Titel
Le siège de Corinthe für Paris um.
Pamira, die Tochter
des Gouverneurs von Korinth,
entsagt der Liebe zu dem
Befehlshaber der die Stadt
belagernden Türken
Mahomet, um ihre Landsleute
zu retten. Diese Aquarelle
und Gouachen von Antoine Caron
erinnern an das wunderbare
Bühnenbild der Pariser
Aufführung im Jahr 1826,
links für die Akte I und II,
rechts für Akt III.
Paris, Bibliothek der Opéra
Garnier

oratorischen Werken des Heinrich Schütz und seinen drei kostbaren Passionen, die heute wieder allein in der A-capella-Urgestalt musiziert werden sollten. Für seine kühne Neuschöpfung quasi-gregorianischer Rezitative hat Schütz äußerst sensibel den Kirchenton je nach dem Charakter des Evangelisten gewählt. Johannes singt phrygisch, Matthäus dorisch, Lukas lydisch. In ihrer lapidaren Art sind diese Chorwerke nicht kleiner, sondern anders als diejenigen von Bach zu bewerten.

Beim Gedanken an die protestantische Kirchenkantate muß einer Vorform gedacht werden, die gerade heute wieder stärker beachtet wird, ja durch ihre praktischere Verwendbarkeit im Gottesdienst den Bachschen Meisterwerken an Beliebtheit fast zuvorkommt: das Geistliche Konzert, dessen Entwicklungs-Höhepunkte Heinrich Schütz schuf. Seine Solo- und Ensemble-Konzerte gestaltet er zu bildhaften Evangelienszenen und Andachtsarien, ob in lateinischer oder deutscher Sprache. Ihr Erbe bei Tunder und Buxtehude, bei Krieger, Bruhns oder Rosenmüller ist fast unübersehbar,

und die moderne Praxis wird noch eine Weile brauchen, sich seiner zu bemächtigen.

Dem alleinstehenden Evangelisten in der Passion gesellen sich bei Flor, Sebastiani und Theile Arienzusätze, bis die Riesenwerke des Thomaskantors Johann Sebastian Bach vor uns dastehen: die Johannes-Passion erstmals 1723, die nach Matthäus 1729, beide oftmals umgestaltet, bis sie Bach in endgültiger Fassung als Kern seines künstlerischen Testaments hinterließ. Die Solo-Arien wie die Choralstrophen geben gleichsam die Säulenreihe und Pfeilerfolgen andächtiger Betrachtung von Kalvarienbildern, auf daß sich Christi Dornenweg des Leidens um so erschütternder mit ihnen verflechte.

Es wäre töricht, die einchörige Johannes-Passion Johann Sebastian Bachs lediglich für einen Auftakt zu der späteren, doppelchörigen Matthäus-Passion zu halten! Sie hat einen wie gotisch gezackten Faltenwurf zueigen, eine Leidenschaftlichkeit, die im Folgewerk nur gelegentlich aufblitzt. Die aufgeregte Tenorarie des »weinenden Petrus« (»Ach, mein Sinn«) und das bittersüße Baß-Arioso mit Amore-Violen und Laute »Betrachte meine Seel« verstärken sie noch. Gönnt nach Jesu Tod die liebevolle Baßarie mit Chor »Mein teurer Heiland« etwas Entspannung, so dulden doch die Totenglocken der Violinen bei »Mein Herz, in dem die ganze Welt« und die aufbrausenden Gefühlswogen in »Zierfließe mein Herze« kein Abebben der inneren Sturmflut. Bis zur letzten Note des Schlußchorals duldet das Werk kein Nachlassen der Empfindung, so daß Robert Schumann sie irrig als die noch spätere ansprach, da sie die noch herrlichere sei.

Wir wollen hier nicht von der gewaltigen Größe der Matthäus-Passion zu sprechen anfangen, deren Merkmal uns eine unendliche Harmonie zu sein scheint. Aber vom edlen Arioso der Einsetzung des Abendmahls dürfen wir schwärmen, wo der »Heiligenschein« der Begleitung aller Christus-Worte durch die Streicher sich zum vollen Orchesterbild verdichtet. Von der Sopran-Arie »Aus Liebe will mein Heiland sterben«, die die Flöte wie eine mystische Taube durchklagt. Oder vom »Erbarme dich« des Alt mit Solo-Violine in Bachs Vorzugs-Tonart h-Moll. Oder vom wie tautropfend die Wunden lindernden Accompagnement im Baß-Arioso »Am Abend, da es kühle ward«. Gegenüber der anderen Passion unterbrechen die Arien noch häufiger und reicher den Evangelistenbericht. So gern sie an Nebenfiguren der Passionshistorie anknüpfen, so wird doch jede Theatralik oder Allegorie vermieden. Auch daß das antike Chordrama sein Bestes an die Mysterienbühne des Nordens abgab, offenbaren die raumgreifenden Szenen zwischen Solist und Chor – »Ich will bei meinem Jesu wachen«, »Ach, nun ist mein Jesus hin« und das leider oft gestrichene »Sehet, Jesus hat die Hand«.

*K*ürzungen bilden ein prekäres Kapitel! Besonders die Matthäus-Passion muß sich häufig Amputationen gefallen lassen, obwohl jede Nummer nicht nur ersten Ranges ist, sondern die Eingriffe auch das Gleichgewicht der musikalischen Formen zerstören. Weshalb nicht die Hälften auf Nachmittag und Abend verteilen?

Denn hier liegt das formal Bedenkenswerte aller großen oratorischen Werke Bachs, auch das der Weihnachtshistorie und der h-Moll-Messe. Sie setzen sich aus tonartlich klar abgezirkelten Teilen zusammen und stellen mithin Zyklen jener Gattung dar, der der Thomaskantor Hunderte sehr bedeutender Einzelkantaten für den sonntäglichen Hauptgottesdienst schenkte.

Und die h-Moll-Messe, die eigentlich eine D-Dur-Messe heißen müßte? Ihre Arien gewinnen eine besondere Note durch ihre »absolute«, will sagen: nur vom jeweiligen Gesamtcharakter her emotionsgebundene Freude am Konzertieren. So sind sie – bei solchem Text wohl unbedingt vorzuziehen – vor der Gefahr des Gefühligen geschützt. Beim »Laudamus te« wetteifert

*D*ie Volksszenen und die grandiose Ausstattung von Verdis 1870 in Kairo uraufgeführter Oper *Aida*, prädestinieren dieses Werk geradezu für Aufführungen unter freiem Himmel, wie hier im faschistischen Italien.

Aida enthält aber auch wunderbare, intime Szenen, die im konventionellen Rahmen besser zur Geltung kommen. Achille Beltrame, Aufführung der *Aida* im Hof des Schlosses Sforza in Mailand (1938)

*N*eben meiner Frau Julia Varady,
die als liebende Aida genauso
hervorragend zur Geltung kommt
wie als wütende Abigaille
in Verdis Oper *Nabucco*, sang ich
1982 den äthiopischen König
Amonasro, den Vater der Aida.

*D*en Germont in Verdis Oper
La traviata sang ich mit dem
Ensemble der Deutschen Oper
Berlin 1966 sogar in Japan. Die
lange Szene im zweiten Akt,
in der Germont Violetta zum
Verzicht auf seinen Sohn Alfred
bewegt, kennzeichnet
den Wendepunkt der
dramatischen Verwicklungen.

der Alt mit der Oboe d'amore, im »Quoniam« der
Baß mit dem D-Horn und im »Et in spiritum sanctum«
mit den hirtennahen Schalmeien, im »Benedictus«
der Tenor mit dem Violin-Solo und in dem inbrün-
stigen »Agnus dei« der Alt mit dem ganzen Streich-
körper. Nirgends aber ergibt solches Ringen der
melodischen Kraftgeber einen sich selbst genügenden
Prunk, sondern wirkt als Symbol – im Grunde eher
kosmische denn auf Menschen bezogene Musik.

Wo soll der Beschreibende mit Preisen und Danken
beginnen, wenn er in Gedanken die Schatzkammern
der eigentlichen Kirchenkantaten Bachs, aber auch
die der weltlichen durchgeht. So sehr sie allmählich
wieder als Bewußtseins-Bestandteil eines jeden ge-
bildeten Musikfreundes gelten, so ist auch hier
der vollständige Reichtum größer, als gemeinhin
angenommen wird.

*K*antate und geistliches Konzert erlebten
auch in Frankreich eine Blüte, der erst die Initiative
von Camille Saint-Saëns in Neuausgaben wieder zu
ihrem Recht verhalf. Ob Delalande, Rameau oder Lully, sie alle haben äußerst dankbare und melismatisch
reizvolle Gesangsmusik ganz eigener Prägung in die
Welt gesetzt.

Händels Oratorienschaffen regte spätere Tonsetzer
zum Nacheifern an. Das zeigt sich vor allem bei Joseph
Haydn, der im Greisenalter mit der »Schöpfung« und
den »Jahreszeiten« beglückende Denkmäler der Musi-
zierfreude und schlichter Frömmigkeit zutage fördert.
In der »Schöpfung« wird die Rolle des Erzählers auf
drei Erzengel verteilt – im letzten Teil treten Adam und
Eva an ihre Stelle. Trotz so manchen Widerspruchs
(auch Schillers) bilden gerade die vielen Tonmalereien,
naiv und überlegen zugleich, einen Hauptreiz.

*M*ein Rollendebüt als Wolfram
in Wagners Tannhäuser erlebte
ich 1951 an der Münchner Oper
im Alter von 26 Jahren.
In Bayreuth debütierte ich 1954
in derselben Partie;
das Foto stammt aus dem Jahr
1961 in Bayreuth.

Haydns Meisterschaft zeigt seine Beschwörung anorganischer Natur, etwa in der sogenannten »Wasserarie«, die nicht bloß das Element bildhaft beschreibt, sondern es uns auch in jedem Zug durch des Komponisten erstaunte Augen erblicken läßt. Einem religiösen Grundzug folgen selbst die »Jahreszeiten«, dessen Handlungsträger wie Singspielfiguren wirken, wie ja auch der scherzhafte Text der Spinnballade »Ein Mädchen, das auf Ehre hielt« ebenso von dorther stammt wie die Gewitterszene.

Hat der ausgrabende Spaten der Musikwissenschaft auch manche dankenswerten Neuausgaben der Messen-Kunst zutage gefördert, so bleiben die späten Belege von Joseph Haydn leider wenig beachtet. Vielleicht können sie ihre Herkunft vom Stil der »Missa Salisburgensis«, der Einweihungsmesse H. I. F. Bibers für den Salzburger Dom, zu wenig verleugnen und fielen oft recht weltlich und allzu schwergewichtig symphonisch aus.

*D*en Amfortas sang ich 1953 in
Wieland Wagners Inszenierung
des *Parsifal* in Bayreuth.
Das Photo bezeugt die nur
durch Licht gestaltete Enthüllung
des Grals durch Amfortas.

*V*on hier aus spann auch Mozart seine weichere, nachdenkliche Lyrik der fragmentarischen c-Moll-Messe, um schließlich im unvollendeten »Requiem« eine »Zauberflöten«-Mystik anklingen zu lassen, die gar von Bach berührt scheint. Das Rätsel, wie weit Mozarts Ausführung reicht und wo des Assistenten Süßmayer Ergänzung einsetzt, ist nunmehr gelöst. Die Solisten treten nur noch sporadisch und den Chor ergänzend hervor, nimmt man das »Tuba mirum« des Basses einmal aus. Leidenschaftlich ernst legt Mozart seinen Werkstil fest; lyrische Höhepunkte wie das »Lacrymosa« und das »Benedictus« adeln das Werk ebenso wie die dramatischen Momente zu einem teuren Vermächtnis.

*G*anz anders der Grundzug des »Requiems« von Giuseppe Verdi – bereits mit den ersten Takten instrumental vorgesungen, vom Chor dann aber als von einer bedrückten Menge geflüstert – ein Drama! Auf diese Weise gewinnt die Sequenz »Dies irae«, ehedem in der Gattung der Totenmessen ganz ausgelassen, da gregorianisch einstimmig ausgeführt, starke Bedeutung: hier das Gemälde eines Danteschen Infernos, in dem sich der geniale Bühnenkomponist kundtut. Dagegen die dolcezza des »Offertoriums« und die kirchliche Eigenart des »Libera me«, erschauernd der ersterbende Schluß im vierfachen Piano durch die das ganze Werk beherrschende Sopran-Stimme.

*V*öllig neu konzipierte Beethoven die Messe. Schüttelte schon der Auftraggeber Fürst Esterházy über die feine Messe in C-Dur den Kopf, deren sich die Chorvereine intensiver annehmen sollten, so blieb die »Missa solemnis« in D-Dur bis heute das Staunen der Welt. Zur Inthronisation eines erzherzoglichen

*D*ie Siegfried-Sage gehört zu
den großen germanischen
Mythen. Bei der ersten Bayreuther
Inszenierung von Wagners
Siegfried erschien der Drache –
zweifellos weniger ansehnlich
als auf dieser Abbildung –
aufgrund eines technischen
Versagens überhaupt nicht auf
der Bühne...
Konrad Dielitz,
Siegfried (um 1880)

Schülers als Fürstbischof gedacht, wuchs sie dem Meister nicht nur, wie bei Bach, über die Grenzen der Konfession hinaus, sondern hob sich über alle Kirchenmauern hinweg zum persönlichen Bekenntnis. Chor und Solisten dürfen sich mit dem Messetext in die symphonische Sprache einmischen. »Von Herzen – möge es zu Herzen gehen«: mit dieser anrührenden Widmung ist schon angedeutet, mit welchen Mitteln der Ekstatik, des Stammelns, der sanften Linie, des Verzweiflungsschreis sich die Stimmen dem instrumentalischen Müssen Beethovens zu fügen haben, einem innigen Gebetshymnus, den der furchtbar Einsame namens der ganzen Menschheit singt.

Auf weltlichem Gebiet ähnlich Grenzen sprengend die selten aufgeführte, da der Mitwirkung eines vorzüglichen Pianisten bedürftige Chorphantasie und das Finale der 9. Symphonie von Beethoven, das in den Atemphrasen des Solo-Basses und den geflöteten Spitzentönen beim »sanften Flügel« des Soprans gefürchtete Schwierigkeiten bereithält.

*I*n der Romantik erhalten Messe und Requiem wieder anderen Charakter. Gerade die wohl kaum kirchlich gemeinten, sondern eher als religiöse Musik für den Konzertsaal bestimmten Werke wie die letzten, tief empfundenen, großen Messen von Franz Schubert halten sich sehr weit von der ursprünglich »liturgischen« Einstellung auf: sie schildern, wirken und erschüttern vor allem durch die gefühlsstarke, persönliche, mitunter biographisch bedingte Aussage. Dieser Größe zu folgen, war dem romantischen Oratorium lange Zeit nicht beschieden: Spohr, Loewe oder Friedrich Schneider, einst mit großer Hoffnung auf der Konzertbühne begrüßt, bleiben unrettbar. Vom großen Felix Mendelssohn Bartholdy schien bis nach dem

Giacomo Puccini wählte für seine Opern die unterschiedlichsten Schauplätze. Immer wieder studierte er sorgfältig verschiedene Nationalstile, um in seinen Werken die Klangfarbe und Atmosphäre fremder Kulturen einzufangen, ganz gleichgültig, ob es sich dabei um China handelte (*Turandot*), Japan (*Madama Butterfly*), Amerika (*La fanciulla del West*) oder wie hier um das volkstümliche Paris seiner *Bohème*, die 1896 nach dem gleichnamigen Roman von Henry Murger (1822–1861) entstand. Der Roman von Murger inspirierte auch Ruggero Leoncavallo zu einer *Bohème*, die ein Jahr nach der Oper Puccinis entstand, das Lokalkolorit des Romans allerdings weniger gut in die Musiksprache überträgt.
Postkarte aus einer Serie mit Bohème-Szenen (um 1905) Berlin, Archiv für Kunst und Geschichte

LA VIE DE BOHÉME.

DIX PARIS 2009/1

Rodolphe à Marcel (Mimi cachée l'écoute)
J'aime Mimi par dessus tout au monde....
La pauvre est si malade !
La mort en embuscade,
Guette déjà la douce créature !

letzten Krieg der »Paulus« fast verschollen, erfuhr aber seiner Bach-Händelschen Stileinflüsse wegen, die einst im Dienste der Neubildung einer protestantischen Kirchenmusik wirkten, triumphale Auferstehung, die hoffentlich eine Zeitlang anhält. Doch bleibt sein »Elias« jedenfalls ein Werk voll hoher Schönheiten und dramatisch lohnender Aufgaben für die Sänger.

Danach öffnete sich das Oratorium bei Robert Schumann dem weltlichen Chorwerk, wobei wir für seine

*D*ie Oper stand während des gesamten 19. Jahrhunderts in Paris wie auch in den anderen europäischen Hauptstädten im Mittelpunkt des gesellschaftlichen Lebens. Man traf sich dort, betrieb seine Geschäfte und führte diplomatische

Verhandlungen. Am Schluß der Vorstellung tauschte man sich unter Kennern darüber aus, was man gerade gesehen hatte. Eugène Lami (1800–1890), *La Sortie de l'opéra* (Nach der Oper) (um 1840) Paris, Musée de l'Opéra Garnier

Sätze. Ein Standardwerk eigener Prägung schuf Johannes Brahms aus selbstgewählten Bibeltexten, das »Deutsche Requiem«, das mit der katholischen Totenmesse innerlich wenig zu tun hat. Es spricht nicht die Ecclesia, sondern die Pietas und Humanitas an, über ihm steht das »Selig sind die Leidtragenden, denn sie sollen getröstet werden«.

Was steht an jüngeren deutschen Oratorien zur Aufführung bereit? An die Spitze tritt wohl Hans Pfitzner mit seiner abendfüllenden Kantate »Von deutscher Seele«, aber auch die kürzeren Chorwerke würden sich wohl zur Aufeinanderfolge eignen. Auf einen Dirigenten, der allen kurzsichtigen Widerständen zum Trotz einen Sinn für zeitungebundene Musik hat und Heinrich Kaminski mit Magnifikat, altfranzösischer Passion und dem 69. Psalm reiht, warten wir noch.

In dem bedeutenden weltlichen Oratorium »Das Unaufhörliche« von Paul Hindemith auf einen Text Gottfried Benns spricht sich ein Musiker ersten Ranges aus, vielleicht noch beeindruckender in seinem »Requiem für die, die wir lieben« nach Whitman. Ein Gegenstück dazu auf französischem Sprachboden »Le dernier cri« von Arthur Honegger, ein Oratorium, das – ebenso wie sein alttestamentarisch simplifizierender »Le Roi David« – stärksten Eindruck weckte.

Unter den Franzosen fand der große Hector Berlioz vor allem mit dem dämonischen, bühnennahen Mysterium »La damnation de Faust« Verbreitung, leider auch in der Oper, wohin das Werk eigentlich nicht gehört. Eine edle, leicht redselige Tonsprache fand César Franck für seine »Béatitudes«, das reiche Entfaltung für sechs Solisten, besonders natürlich für den Bariton-Sänger von Christi Seligpreisungen bietet.

Voll intensiver Stimmung vertonte Frank Martin mit »Le vin herbé« den Tristan-Stoff neu. Auch das fana-

»Szenen aus Goethes Faust« wärmer eintreten wollen als für die textlich süßliche Legende »Das Paradies und die Peri«. Richard Wagners kurzes Pfingstoratorium »Das Liebesmahl der Apostel« sei den Chören nachdrücklich empfohlen. Franz Liszt zeigt die einander widerstrebenden Gattungswurzeln: seine »Heilige Elisabeth« ist fast eine Oper, sein »Christus« eine gregorianisierende Orchestermesse, beide zeigen neben manchem Leerlauf höchst originelle und eindringliche

*E*iner »gegen« alle! Dieses Photo
vermittelt einen guten Eindruck
von den imponierenden
Chormassen, die dem Solisten
vor allem in dem monumentalen
geistlichen Werk von Berlioz,
aber auch anderen Komponisten
der Romantik gegenüberstehen.
Im hier abgebildeten Fall muß sich
der Tenor in Berlioz' *Requiem*
gegen den beachtlichen Chor
behaupten, ganz zu schweigen
von dem Orchester, dessen
wichtige Funktion hier noch gar
nicht deutlich wird. Man versteht
leicht, daß der klassische Sänger
eine langjährige Ausbildung
braucht, um solche Prüfungen
unbeschadet zu überstehen.
Man versteht aber auch, welche
Freude das Singen inmitten
einer solchen Schar von Musikern
bedeuten kann.
Requiem von Hector Berlioz,
dirigiert von Michel Plasson,
11. Juni 1996, Paris, Bercy

tisch gläubige »Golgotha« riß die Zuhörer noch stets in seinen Bann, so selten es auch erklingt.

Von England her interessierte »The dream of Gerontius« des melodienseligen Edward Elgar. Michael Tippett wagte sich in seiner »Vision of St. Augustine« weit in die Zone der Kakophonie. Groß und bedeutend steht dagegen das »War Requiem« Benjamin Brittens fest im Repertoire der ganzen Welt. Es verbindet auf höchst originelle Weise Gedichte des im Ersten Weltkrieg gefallenen Wilfred Owen mit der Totenfeier katholischer Prägung. Die Uraufführung zur Feier der Wiedererrichtung der zerstörten Kathedrale von Coventry hinterließ tiefsten Eindruck, die seither regelmäßig folgenden Nachaufführungen nicht minder.

DIE OPER

*I*m schöngeistigen Florenz, im Kreise des Grafen Bardi, der sich unter Musikern, Liebhabern und Gelehrten formierte, und dem seines Freundes Corsi, erwuchs die Oper. Das späte Kind der Renaissance und des Humanismus kommt bald nach dem Todesjahr der beiden letzten großen Meister der Vokalpolyphonie, Orlando di Lasso und Pierluigi Palestrina, zur Welt. Rinuccini dichtet und Peri vertont eine verloren gegangene »Dafne«. 1600 folgt, als Schäferspiel angelegt, Rinuccinis »Euridice«, gleich von zweien komponiert, nämlich Peri und Caccini. Der neue Stil rezitierte frei, folgte dem Wort, schloß aber Chöre nicht aus.

Monteverdi, der erste »Klassiker« der Oper, Zeitgenosse Shakespeares, rückte mit seinem »Orfeo« von 1607 die Handlungselemente gegenüber wuchernder Musik in ihr Recht und steht mit seinen nachgeborenen Verehrern Gluck und Wagner auf der Seite der Musikdramatiker, während später Mozart zum Genie der Musikoper wird. »Il divino Claudio« stellte für den Hof von Mantua das erzählerische Moment in den Mittelpunkt. »Parlar cantando«, »singend sprechen« nannte er jene damals neue Form des Gesangs. Das Wichtigste: eine gewisse stilistische Uniformität der ästhetisierenden Florentiner läßt Monteverdi einem beseelten Ausdruck vielfältiger Färbung weichen, auch im Orchester, dessen Instrumente sich freier zu regen beginnen. Über die stilechte Vortragsweise seiner Gesänge werden die heutigen Wissenschaftler und Musiker immer selbstsicherer, ohne jedoch völlige Einheitlichkeit zu erreichen.

Schicksalhaft war die Anstellung Monteverdis in seiner zweiten Lebenshälfte als Organist an der Markuskirche zu Venedig, wo er sich in seinem späteren Schaffen noch mit den jungen Venezianern in deren Opernschule berührt, von Cavalli und Cesti angeführt. Diese brachten die Oper unters Volk, vereinfachten das Orchester aufs Neue und drängten den Chor zugun-

sten virtuosen Kastratengesanges zurück. Für ihre bunt-allegorischen Handlungen bildeten sie Secco-Rezitativ und Arie weiter und stilisierten den Affekt-Ausdruck immer formelhafter. Das steigerte sich noch um 1700 mit der neapolitanischen Opernschule, deren gezirkeltes Wesen erst Gluck beseitigte.

*I*n Deutschland führte Heinrich Schütz die Oper mit seiner verlorengegangenen »Dafne« an. Nationales Eigenleben brachte vor allem der melodienfreudige Reinhard Keiser in Hamburg in Schwung, das freilich Ende der dreißiger Jahre des 18. Jahrhunderts der Übermacht italienischer Seria und Buffa weichen mußte. Frankreich, wo Ballett und antikisierende Tragödie eines Corneille und Racine die Richtung zu jener »Tragédie lyrique« wiesen, als deren Schöpfer Lully anzusehen ist, zeigte auch dem einzigen genuinen Musikdramatiker Englands den Weg, Henry Purcell, dessen »Dido und Aeneas« uns heute noch, zumal im Klageruf »Remember me« der Heldin, zu erschüttern vermag.

Durch Reinheit, Charaktergröße und erhabene Einfachheit erwiesen sich Händels Opern gerade für den Sänger als ein Gesundbrunnen, auch für unser Zeitalter, das zu stilistischen Tüfteleien neigt und damit fast immer neben das Schwarze trifft. Vielleicht liegt das rein gesanglich belebende Element in der Tatsache, daß Händel auf rollendeckende Charakterisierung verhältnismäßig wenig Wert legt, sieht man einmal von den rauhen Ausbrüchen des »Saul« ab. Alles richtet sich aufs Typische, alles Menschliche Betreffende, und neben den im Rezitativ abgehandelten Ränke- und Liebesspielen behauptet sich das musikalische Geschehen in einander der Form nach sehr ähnlichen Da-capo-Arien, gleichwohl von Händel mit ausgefeilter Kunst zueinander in Beziehung gesetzt.

*I*n Berlin debütierte ich 1952 in der Partie des Jochanaan in Richard Strauss' Oper *Salome*. Die Salome wird in der hier abgebildeten Münchner Produktion, die Ferdinand Leitner dirigierte und Günther Rennert inszenierte, von der hervorragenden Leonie Rysanek gesungen, die eine bedeutende und langjährige Karriere erlebte, obwohl sie stimmlich und schauspielerisch anspruchsvollste Partien sang.

Wenn man weiß, daß
Strawinsky zu seiner Oper *The
Rake's Progress* durch acht
Kupferstiche beißendster Ironie
des englischen Zeichners und
Schriftstellers William Hogarth
(1697–1764) angeregt wurde
und in seinem Werk den Geist
der Oper *Così fan tutte*
einfangen wollte, kann man
leicht ermessen, in welchem Maße
der Amerikaner Peter Sellars
angesichts seiner gegen jede
Werktreue bewußt verstoßenden
Inszenierung als Bilderstürmer
wirkte. Alle seine Inszenierungen
gehen von solchen vorgefaßten
Meinungen aus, was ich
wenig schätze. Gerne erinnere
ich mich an eine wunderbare
Inszenierung von Carl Ebert beim
Edinburgh-Festival.
The Rake's progress von Igor
Strawinsky.
Paris, Théâtre du Châtelet,
25. September 1996

Neigen Händels letzte Opern, vor allem »Xerxes«, zum Dramma giocoso, so folgte er damit italienischem Vorbild, das in der Opera buffa seinen Ausgang von der Stegreifkomödie, der Commedia dell' arte und ihren dem Leben nachgezeichneten Figuren nahm. Telemann und Haydn machten die neue Opera buffa schon in jungen Jahren noch im ursprünglichen Italienisch in Deutschland heimisch. Rasche Tempi geben den Darstellern vor allem in Ensembles und Rezitativen Gelegenheit zu pointiertem Parlando-Singen und spritzigen Akzenten.

Mit Piccinni und Paisiello, die beide Mozart beeinflußten, landete man beim Rührstück. Ähnlich entwickelte sich die Pariser Opéra comique, die sich noch mehr um die Ereignisse des Tages kümmerte, natürlich belebt von dem Vorbild der nach Paris verpflanzten neapolitanischen Opernkunst, insbesondere durch Pergolesis Intermezzo »La serva padrona«. Da kichert, neckt und poltert es gesanglich nach Herzenslust durch die harmlose Handlung in kurzweiliger Motivsprache.

Der Entwicklung deutscher Gesangskräfte stand die Allmacht italienischer Sänger naturgemäß entgegen. Wien zuerst, dann Dresden, Mannheim und München sonnten sich in italienischem Glanz. In Preußen richtete sich der Widerwille des Königs gegen deutsche Sänger: »Ich höre lieber Pferde wiehern als eine Deutsche singen!« Verdienstvoll belehrte die Jahrhunderterscheinung der Elisabeth Schmeling, späterer La Mara, den König eines Besseren. In Preußen wich man dem deutschen Gesang auch durch die Einführung des Melodrams, zum Spiel der Instrumente rezitierter Dichtung, aus.

Einseitig bekundete sich der Zeitgeist in dem Melodienkult des Jean-Jacques Rousseau. Und die Neuerungsbestrebungen des Textdichters Metastasio zur

Zwischen musikalischer und bildnerischer Umsetzung eines Motivs habe ich nie einen Zusammenhang gesehen. Farbe und Brillanz von Béla Bartóks Musik und das nur von Blut erhellte Dunkel von Blaubarts Schloß wollte ich hier charakterisieren.
Dietrich Fischer-Dieskau,
Blaubart

*A*bgebildet sind hier Arnold Schönberg und seine erste Frau, die Schwester des Komponisten Alexander von Zemlinsky (1871–1942), sowie ihre Kinder. Nach langen Auseinandersetzungen zwischen Berlin und Wien wird der Nachlaß Schönbergs nunmehr in einer kürzlich eröffneten Stiftung in der österreichischen Hauptstadt, seiner Geburtstadt Wien aufbewahrt.

Richard Gerstl (1883–1908), *Die Familie Schönberg* Wien, Österreichische Galerie

Verselbständigung des Orchesteranteils in der Oper riefen Proteste hervor wie etwa die Klage Johann Matthesons: »Man hört keine Stimme mehr, das Orchester wirkt betäubend; die Begleitung erstickt die Stimmen.«

Solcher Entwicklung trotzend behielt der italienische Gesangssolist seine jahrhundertealte beherrschende Rolle bei. In Deutschland sah es aber anders aus: Schon 1723 hatte Tosi hier über die schlecht geschulten Sänger-Bassisten gespöttelt, daß sie »im Brüllen« ihren

*A*rnold Schönberg war nicht nur
revolutionärer Komponist,
sondern auch Maler. Dieses
Portrait von Alban Berg, seit 1904
sein Schüler, ist auf dem Cover
einer Einspielung wiedergegeben,
die ich von den frühen Liedern
Bergs gemacht habe. Zu jener Zeit
entstanden die noch tonal
konzipierten Werke.
Der literaturbegeisterte Alban
Berg hatte schon vor
dem Beginn seines Unterrichts
bei Schönberg fast einhundert
Lieder komponiert.
Sein Leben lang beschäftigte
er sich mit der Stimme,
für die er Opern und Lieder
schrieb.
Arnold Schönberg (1885–1935),
Bildnis Alban Berg
Wien, Historisches Museum
der Stadt Wien

Ruhm suchten. Orchesterbesetzung und große Räume forderten ein Forte als normale Durchschnittsstärke, das sich bei Steigerungen nurmehr wenig verstärken ließ. Das Piano wurde zum speziellen Effekt, zur Ausnahme.

*A*ber daneben steht ein anderes Gesangsideal, und zum Glück gibt es bis heute Sänger – ihre Zahl ist nicht allzu groß –, die mit ihrer Kunst diese Einsicht immer wieder als unverloren bezeugen. Es bedurfte erst der Auslieferung der Arie an den Ziergesang, an eigentlich äußerliche, nicht enden wollende Koloraturen, Triller und Kadenzen, um den Kampfgeist eines Christoph Willibald Gluck zu wecken. Er wies, nach anfänglichen Versuchen im Dienst der neuen Opéra comique als Wiener Hofkapellmeister nun wieder auf die Bedeutung des Dramas für die Oper. »Edler Einfalt und stiller Größe« der Alten eiferte er nach. Jedes Kehlvirtuosentum entfiel; Rezitativ und Arie erfuhren freiere Gestaltung, im Wesen einander angenähert. So beleben sich die Rezitative im »Orfeo« dramatisch und bilden mit den Arien ein beziehungsreiches, großgefügtes Ganzes.

Gleich zu Beginn erhebt die Altstimme des Orpheus, früher von einem Kastraten und heute mitunter versuchsweise von einem Bariton oder einem Countertenor in Altus-Lage gesungen, ihre Klage immer vehementer. Der Höhepunkt musikdramatischer Spannung in der Mitte brachte auch völlig neue Töne der Betroffenheit im Rezitativ »Welch reines Licht«, und die berühmte Arie »Ach, ich habe sie verloren« rückt uns dann, von Berlioz für Pauline Viardot bearbeitet und am Schluß gesteigert, den Sänger reiner, ungetrübter Schönheit besonders nahe, eine Mitte gleichsam, um die das Kunstwerk Oper kreist.

In »Iphigenie in Aulis« von 1774 sind es die großen Monologe Agamemnons (eine der ersten großen Bariton-Rollen) und Klytemnestras, die durch wechselnde Farben und leidenschaftlichen Ausdruck mehr als die Titelfigur fesseln, vielleicht noch intensiver in der Neufassung durch Richard Wagner. In »Alceste« von 1767 und in »Armida« dagegen kommen die Heldinnen voll zu ihrem Recht, die letztere gleichsam Kundry, Venus und Penthesilea in einer Person.

Gipfel und Abschluß des Gluckschen Lebenswerkes finden wir in »Iphigenie auf Tauris«, auch geistig dem Seelendrama Goethes verwandt, unabhängig voneinander im gleichen Jahr 1779 erschienen. Scharf heben sich in diesem Musikdrama »ohne Liebe« die Charaktere voneinander ab: hoheitsvoll und der Schwermut hingegeben Iphigenie, plump wütend der Barbar Thoas, furchtlos sein Los tragend Orest, bedingungslos treu der Freund Pylades. Bereichern die Rezitative harmonisch, melodisch und in der instrumentalen Einkleidung die mögliche Dramatik beträchtlich wie in der Traumerzählung Iphigenies, so stellen sich die sonstigen Gesänge ganz in den Dienst des Dramas.

Nicht zuletzt stieß Gluck die sanften, zärtlichen Affekte der Lust, denen einzig die melancholischen der Unlust gegenüberstanden, vom Sockel, um den Sängern mit »allerhand oft widrigen Leidenschaften« (Vorwort zu »Alceste«) neue, individuelle Partnerschaft von Ausdruck und Stimmfärbung zu verschaffen. Die Bevorzugung sinnlichen Schönklangs wich einer charakteristischen Darstellung.

Glucks Uraufführungen bilden schließlich auch ein Ruhmesblatt der Darstellungsgeschichte. Standen doch die Darsteller der Hauptrollen vor völlig neuen Aufgaben, die nur unter Verzicht auf Virtuoseneitelkeit zu lösen waren. Kaum für eine einzige Partie fand

Gluck auf Anhieb eine vorgebildete Kraft. Er versuchte, eine eindeutige musikalische Chiffre für die Darstellung eines Menschen zu schaffen, mit einem melodischen Profil. Das trat zwar bei Mozart auch in Erscheinung, war dort aber anders gewandet.

Die Kämpfe um Glucks Kunst erlebte der 25jährige Mozart in Paris, auf seiner letzten »Lernreise«. Aber die denkerischen, aufs Typische gerichteten Schaffens-

Peter Grimes ist die berühmteste
Oper von Benjamin Britten
und heute sein am häufigsten
aufgeführtes Werk. Britten
thematisiert auch in *Peter Grimes,*
wie in vielen anderen seiner
Werke, die Unschuld. Als Mensch
gewinnend und angenehm,
war Britten im Kern seines Wesens
ein von Zweifeln und Ängsten
Getriebener, was sich besonders
in Momenten seiner lyrischen
Musik wiederspiegelt.
Ich verdanke ihm einige Momente
seltener musikalischer
und menschlicher Nähe; von
der Entstehung des *War Requiem*
bis hin zur Komposition
des Liederzyklus *Songs and Poems
of William Blake*, den er für
mich nach dem plötzlichen Tod
meiner ersten Frau schrieb.
Britten (links) studiert mit dem
Regisseur Eric Crozier einen
Bühnenbildentwurf zu
Peter Grimes, 30. Juni 1945.

prinzipien des Jüngeren schöpfen aus der Vielfalt des Lebens, entwickeln sich aus Empfinden und Phantasie. Das beweisen seine Experimente mit der Opera seria am Anfang und am Schluß der kurzen Schaffens-

zeit, »Idomeneo« (1781) und »Titus« (1791), dieser übrigens auf ein revidiertes Libretto des Metastasio. Zunächst hieß es für Mozart noch, Vorbilder in allen Arten und Unarten zu übernehmen, so daß der Stil des

*H*äufig lauscht man der Musik
mit geschlossenen Augen.
So kann man sich ihr ganz öffnen,
sich in den Klängen
des bewunderten Werks verlieren,
eine Auffassung, gegen
die Beethoven opponierte.
Auch beim Gebet werden
die Augen vielfach geschlossen,
ganz unabhängig von der
jeweiligen Konfession.
Die islamischen Sufisten, die auf
der gegenüberliegenden
Abbildung bei einer Versammlung
in Kabul (Afghanistan) zu
sehen sind, erleben
eine noch stärkere Erfahrung
geistiger Versenkung,
die der Trance.

Heranwachsenden einem schillernden Wandel von Werk zu Werk gleichkommt. Aber schon bald löste sich jeder Fremdeinfluß auf, die stilistische Maske wurde abgeworfen, was in einem unvergleichlichen melodischen Reichtum resultierte, einem Geschmack, einer geistigen Beweglichkeit, formalen Sicherheit und Klärung ohnegleichen.

Erst der Librettist Lorenzo da Ponte verwirklichte dem Komponisten eine künstlerische Haltung der Oper gegenüber, die einigen Dichtern der Zeit, voran Goethe oder Herder, längst selbstverständlich war. Was etwa dem Figaro in »Figaros Hochzeit« in den Mund gelegt wurde, ist aufrührerisch und klagt den absolutistischen Staat in seinem Endstadium unverblümter an als irgend sonst eine Oper. Aber die Musik behilft sich

hier nicht mit dem Stoff des Beaumarchais, sondern verwandelt ihn sich vollständig an. Das gesungene Drama behält seine eigene Gesetzlichkeit.

Ehrgeizig konzipiert und seiner Musik wegen vom Komponisten zeitlebens hochgehalten, wurde »Idomeneo« zu Mozarts faszinierendster Seria. Zwar oft mit Gluck verglichen, bleibt trotz gesanglicher Durcharbeitung der Arien und Ensembles unübersehbar, daß Mozart gerade hier das reformerische Gesetz der Dramatik außer acht ließ, daß er sich wahrhaftiger Menschenzeichnung längst auf anderem Wege genähert hatte. Den »Titus«, seine letzte Seria, warf er wunderbar stilsicher, aber dramatisch schwer zu verlebendigen aufs Papier, was an vielen Orten Europas der Regisseur Jean-Pierre Ponnelle dennoch zuwege brachte.

*A*nders die buffonesken, giocosen Opern und die deutschen »Singspiele«: War hier schon dramatisch alles auf Witz, Überraschung, lebendigen Wechsel angelegt, so ließ sie Mozart der musikalisch zur Arienfolge stereotypisierten Seria den Formenreichtum voraushaben. Hatte die buffoneske Oper damit begonnen, die Seria zu verspotten, so triumphierte diese, indem sie die Da-capo-Arie in die Buffa einführte. Deshalb lasen die venezianischen Opernbesucher auf den Zetteln um 1740 die Personen in »parti buffe« und »parti serie« geteilt. Historisch entspricht der »Don Giovanni« mit Don Ottavio und Donna Anna auf der einen, Leporello und Zerlina auf der anderen Seite einer solchen Praxis. Aber es ging um den Gegensatz zur Begegnung mit dem Steinernen Gast, der gerade durch die situationsfremde Reminiszenz an die Commedia besonders wirksam wurde. Der Don nimmt eine eigene Sphäre für sich in Anspruch. Er

*B*is zum Mittelalter wurde Musik nicht schriftlich fixiert, so daß jeder Rekonstruktionsversuch ein heikles Unterfangen bedeutet. Dieses Manuskript mit »Wallfahrtsliedern der Pilger von Santiago de Compostela« aus dem 12. Jahrhundert bedeutet einen der ersten Versuche, Musik zur späteren korrekten Wiedergabe aufzuschreiben.
Codex Calixtinus
Santiago de Compostella,
Archiv der Kathedrale

spricht eine Sprache, die Mozart aus burlesken Figuren früherer Opern zu reicherer Entfaltung brachte. Weil jedoch der hohe Stil nicht recht zu ihm stimmen wollte, mußte er sich mit dem Couplet oder allenfalls dem Lied begnügen, das Finale ausgenommen.

Liest man zeitgenössische Berichte, so wird das extrem Kontrastreiche, Aufwühlende und Erschütternde an Mozarts Musik hervorgehoben. Schon deshalb heißt, Mozart auf den ästhetischen Genuß zu reduzieren, ihn sicherlich mißzuverstehen.

*Z*u den vielen Widersprüchen in der Geschichte der Mozart-Rezeption gehört die Frage »Secco«-Rezitativ oder gesprochener Dialog. Hartnäckig hielt sich das gesprochene Wort als Rezitativ-Ersatz, und gewichtige Stimmen stützten diese Praxis. Denn als die festangestellten italienischen Operntruppen allmählich aus dem deutschprachigen Raum verschwanden, waren nicht sofort deutsche zur Stelle. Zunächst behalf man sich mit Schauspielern, deren Organe in

Sprechtechnik wenigstens einige Schulung aufwiesen. Während sich die Italiener von den Reichen mit Geld und Ehren überhäuft sahen, blieben die singenden Schauspieler ein hungerndes Volk, Untergeordnete.

Aber hatte denn Mozarts »Figaro« damit noch etwas gemein, diese italienische Oper? Secco-Rezitative gehörten zu Mozarts Ausdrucks-Repertoire. Und einen triftigen Grund gegen die ärmlichen Übersetzungen ins Deutsche führte schon Eduard Hanslick, der Wiener Musikkenner der Jahrhundertwende, ins Treffen: Das als »trocken« empfundene Rezitativ mußte, deutsch gesungen, endgültig verdorren. Sprach man schnell, so verstanden die Hörer kein Wort – und schliefen ein. Gleichwohl erreichte Mahler als Operndirektor in Wien eine enorme Geläufigkeit der Sängersprache, komponierte übrigens auch neue Rezitativ-Passagen hinzu. Aber ohne diese Rezitative kommt Mozart eben nicht zu Wort.

Als einzige Sängerin seit Mozarts Tod hatte die Schwedin Jenny Lind zuvor in Berlin ihrer Partie der Donna Anna die Secco-Rezitative wieder eingefügt. Auch durfte, ihrer künstlerischen Gewissenhaftigkeit zu Dank, die Oper nicht wie sonst üblich mit dem Höllensturz des Helden enden. Rezitativisches ist beim Singen keineswegs immer mit Deklamatorischem gleichzusetzen. Mozarts Rezitative (von einigen orchesterbegleiteten Ausnahmen wie dem des Sprechers in der »Zauberflöte« abgesehen) sind dazu meist viel zu grazil. Da nähern sich Haydns oratorische Rezitative viel eher dem Stil der Händelschen Deklamation. Bei Mozart ist jede kleinste Regung gegensätzlichster Charaktere festgelegt, und man hört innerlich bei so mancher Wiedergabe Richard Strauss dem Sänger zurufen: »Singen's im Takt, sonst is' es nicht frei!«

*P*rag, die Hauptstadt Böhmens, war immer ein wichtiger musikalischer Schauplatz. In diesem schönen Manuskript aus dem 14. Jahrhundert sieht man deutlich – und das ist in der Ikonographie dieser Epoche selten –, wie die Engel in den Chören ihre Münder zum Singen öffnen. Das Manuskript stammt wohl aus der Zeit, in der Bedřich Smetanas (1824–1884) die tschechische Nation verherrlichende Oper *Libussa* spielt.

Fassion der Äbtissin Kunigunde, *Der Engelschor*
Prag, Universitätsbibliothek

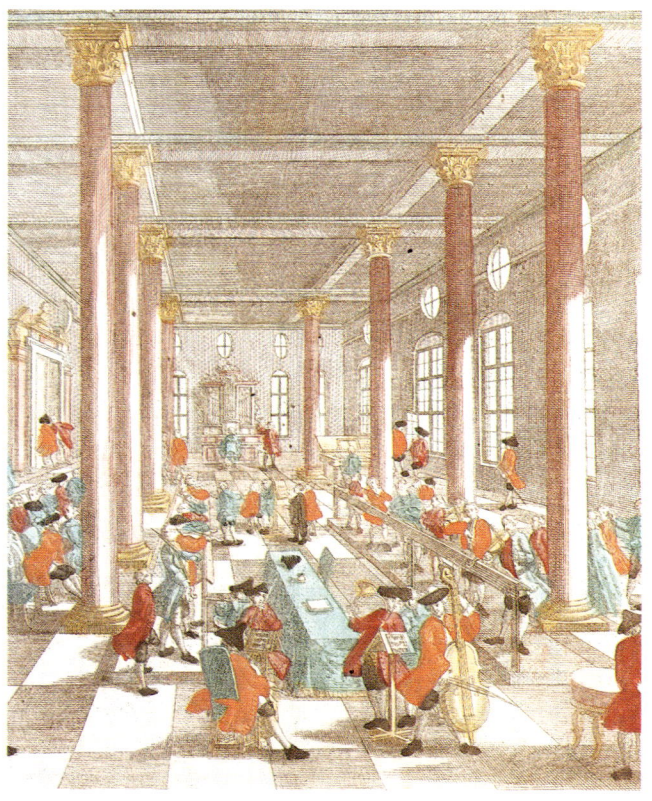

*A*uf diesem Stich der Bach-Zeit –
wohl einer allegorischen
Darstellung des Gehörsinns –
sind alle Instrumente aufgeführt,
die man sich damals vorstellen
konnte. Auch nicht-musikalische
Ohren finden hier ihren Platz:
im Hintergrund rechts sieht
man eine Gestalt, die den

Musikern ihren Rücken zuwendet,
vielleicht, um den durch
die Hufe des Pferdes
auf der gepflasterten Straße
hervorgerufenen Lärm besser
vernehmen zu können.
Johann Balthasar Probst
(1673–1750), *Das Gehör* (1740)

*V*on der Opera buffa in Italien übernahm
Mozart viele Besonderheiten auch in seinen Arien, an
ihrer Spitze Don Giovannis »Champagner-Lied«. Es
kennzeichnet Mozart-Stimmen als in erster Linie vom
Parlando geschult, fähig zu Kraft und Elastizität, Timbre und Tragfähigkeit unabhängig von der Tonstärke,
zu leichtem Ansprechen der Stimme in allen Lagen.

Mozart schuf Bühnenfiguren voller Individualität,
deren Wahrheit keine Idealtypen ergibt, sondern
Menschen aus Fleisch und Blut. Niemand käme auf
den Gedanken, etwa die beiden Cherubino-Arien aus
dem »Figaro« zwei verschiedenen Personen in den
Mund zu legen, obwohl die erste in hastig gestoßenem Tempo vorgetragen wird und die zweite einer
langgesponnenen, wahrhaft unendlichen Melodie
gehört. Aber die dunkeln, aufgeregt stammelnden Vokale der ersten (»Non so piu, cosa son, cosa faccio«) zu
verdeutschen (etwa »Ich weiß nicht, wo ich bin, was
ich tue«) ist eben doch eine Sünde wider die Farbgebung Mozarts.

Und die Koloratur bei Mozart? Sie kann bei Despina in
»Così fan tutte« bis zur Karikatur führen oder neuartig
bei der Königin der Nacht in der »Zauberflöte« ein
Mittel unbefangener Symbolik für blinde weibliche
Leidenschaft bereitstellen. Sicherheit der Charakterzeichnung fand Mozart unbegreiflich früh, schon im
»Lucio Silla«, dem dritten Bewerbungsstück für eine
Anstellung in Mailand. Jeder Figur, und sei sie vom
konventionellen Text her im Sinne der Seria noch so typisiert, wurde ihr spezifisches musikalisches Vokabular zugeordnet. Hier, im »Lucio Silla«, wendet Mozart
übrigens das Accompagnato – das orchesterbegleitete
Rezitativ – erstmals zur intensiveren Charakterzeichnung an, bereits in einer Dichte, die auch er selbst
kaum mehr überbieten konnte. Und dennoch: Welch

Die außerordentlich »musikalische« Malerei von Kupka schätze ich sehr. Oft wiederholen sich in seinen Gemälden farbige Wellen, als seien sie durch einen genau festgelegten Rhythmus determiniert. Auf dieser Leinwand empfinde ich das helle Licht, das Haydn beim Wort »Licht« in seiner Schöpfung musikalisch so hervorragend wiedergab, als das erstaunlichste Element des ganzen Werkes. Franz Kupka (1871–1957), *Schöpfung* Prag, Nationalgalerie

ein enormer Weg bis zur Zusammenarbeit mit da Ponte, der die Figuren mit einer Freiheit behandelte, die ihnen zuvor niemals gegönnt worden war.

Mozarts Melos braucht das rubato, seiner Bezogenheit auf den Text entsprechend. Der Sinn dieses Wortes »geraubt« bezeichnet die Beschleunigung oder Verlangsamung am Grundtempo, das durch rechtzeitiges Verzögern oder Beschleunigen wieder hergestellt sein soll. Der rhythmische Puls darf dabei auf keinen Fall unkenntlich werden. Diesbezügliche Sünden der Sänger sind eher auf die Beschaffenheit des stimmlichen Organs zurückzuführen. Ein schwerfälliger Kehlkopf, eine unbeweglichere Stimme gleitet bei

Zweifellos wählte
Felix Mendelssohn Bartholdy –
vor allem für seine Oratorien
Elias und *Paulus* – Stoffe aus
dem Alten Testament,
um zur Versöhnung von
Judentum und Protestantismus
beizutragen. Noch kurz
zuvor war der jüdische Glaube
die Religion seiner Vorfahren
gewesen, die, obwohl im
Jahrhundert der Aufklärung
zu Hause, antisemitische
Verfolgung hatten erleben
müssen und sich dann
schließlich dem Protestantismus
zuwendeten. Mendelssohn
wollte sich durch seine
Kompositionen dessen offenbar
werden und sich zugleich
bei seinen neuen
Glaubensbrüdern als durch
und durch christlicher Komponist
vorstellen.

Der Prophet Elias wird durch
einen Raben gespeist.
Moraca, Serbien,
Kirche Mariä Himmelfahrt

jeder Koloraturforderung sogleich in Langsamkeit ab, gelenkige Kehlkopf- und Zwerchfellarbeit dagegen liebt das Davonlaufen.

*G*eschichtlich gehört Beethovens einzige Oper in die Nähe der französischen »Opéra comique«, die sich während der Revolutionszeit zur »Rettungsoper« ausgewachsen hatte. Durch den von Beethoven sehr verehrten Luigi Cherubini hatte sich die »Komische Oper« stetig zur Seriosität hin entwickelt. Beethoven verschrieb sich der »Leonore« um der heldenhaften Tat einer Frau willen, die ihrem unschuldig verfolgten Gatten Freiheit erringt, um des Gefangenen-Chores, der Kerkerszene und des ungeheuren Gefühlstaumels im Duett nach der Befreiung, um all dieser Emotionsfülle willen, obwohl er sich mit Gestalten und »Nummern« herumquälte, die ihn im Grunde musikalisch einengten.

Beethoven gilt heute als stimmfeindlich. Sicher ist, daß er den verschiedenen Stimmgattungen in seiner Oper gesangliche Höhepunkte schenkte, den innerlichsten der Heroine in ihrer großen Szene, den melodiösesten der Soubrette mit »Oh, wär ich schon mit dir vereint«, den glühendsten dem Heldenbariton-Bösewicht mit »Ha, welch ein Augenblick!«

Von Bedeutung unter den Sängern der ersten Aufführung 1805, als sich die Oper noch »Leonore« nannte, war wohl einzig die 20jährige, mit großer Stimme begabte Anna Milder, später als Milder-Hauptmann Berlins berühmte Hochdramatische. Sie, für die die Leonore-Partie geschrieben wurde, bewältigte die Figurationen der Arie sicherlich mühelos. Zu ihrer vollen dramatischen Wirkung kam die Partie wahrscheinlich erst ab 1822, als Wilhelmine Schröder-Devrient, Tochter des ersten deutsch singenden Don Giovanni Friedrich Schröder, mit ihrem Spiel den schon ertaubten Beethoven faszinierte.

Die Aufgabe der Kontrastfarbgebung, die kleine neben der großen Welt, das Banale neben dem Hymnischen, das Behagliche und das Lebensgefährdende sich nicht ausschließen zu lassen, erfüllt der »Fidelio« immer noch, mehr als alle anderen Entwürfe es getan hätten. Wenn im Finale des zweiten Aktes die Solisten Leonores Worte, während sie die Ketten Florestans abnimmt, »O Gott! o welch ein Augenblick!« zum Ensemble übernehmen, dann wird die Utopie des Hoffens konkret. Freilich scheint eine Suche nach einheitlicher Vokalgebung durch die Sänger sie oft Lügen zu strafen, die zwischen geschlossenem, weil in der Höhe leichter zu formendem o und dem zutreffenden »offenen« Vokal o für das Wort »Gott« den interessierten Hörer eher von der Sache ablenkt. Er sucht nur noch die verschiedenen Zungen aus manchmal unterschiedlichen Ländern zu identifizieren, anstatt sich Beethoven hinzugeben.

*D*er »Freischütz« des Carl Maria von Weber, wegen der gesprochenen Teile im neuerbauten Schinkelschen Schauspielhaus und nicht in der Berliner Hofoper gegeben (eine Teilung ähnlich der in Paris zwischen Académie de Musique und Opéra comique) bewegt sich zwischen Ziergesang, klassizistischem Stil und Deklamation in der romantischen, neuen Haltung. Agathes große Arie steht ganz in der Nähe des politisch gegen Weber ausgespielten Gasparo Spontini, dessen »Olimpie«, ob nun französisch oder in E. T. A. Hoffmanns Übersetzung, den gleichen großen Stil der Arien-Szene anstrebt.

Das Publikum begnügte sich auf Dauer nicht mit dem Brillantfeuerwerk von Koloraturen und Passagen

*D*ieses wunderbar leuchtende römische Fresko zeigt eine uns fremde musikalische Kultur, erfaßt gleichzeitig aber auch den Kern aller Kammermusik: Die Musizierenden bemühen sich um musikalische Verständigung und gegenseitiges Zuhören. Während ein Musiker den Aulos bläst, das in der griechischen und römischen Antike am weitesten verbreitete Blasinstrument, singt der manchmal als Sohn des Gottes Pan dargestellte Silen, sich dabei auf seiner Leier begleitend. Daneben schenkt Agape Wein ein, während eine Frau beim Zuhören zu tanzen scheint. Pompeji, Villa Item, Mysterienfries

Spontinischer Prägung. Weber stimmte seine volkstümlichen Melodielinien im »Freischütz« und in »Preziosa« an und erinnerte daran, was dem Gesang auch möglich war. Sinngemäßes Singen wurde zum abermals neuen Problem erhoben, um dessen Lösung sich die romantische deutsche Schule immer erfolgreicher bemühte.

$\mathcal{N}$ach vielen italienischen und französischen Traktaten zur Gesangslehre entstand ein erstes deutsches. 1825 gab Peter von Winter, geschätzter Opernkomponist, seine »Vollständige Singschule« dreisprachig heraus. Den Autor stützte bei seinen Bemühungen um die richtige Behandlung der deutschen Singsprache eine nahezu 50jährige Erfahrung als Kapellmeister. Er lehrte, bei den Übungen nicht ausschließlich zu vokalisieren, sondern gleich auf Textworte singen zu lassen.

Hinsichtlich der Formung von Sprachlichem bei Franz Schubert kam eine solche Unterrichtstendenz gerade zur rechten Zeit. Allerdings wählte Winter viel zu schwierige Anfangsübungen, und Methodik fehlte.

In Liedern und Balladen hat Franz Schubert, gewissermaßen als Vorstudien für seine Opern, auch nach musikdramatischer Seite hin Bedeutendes geleistet und fördernd auf die Entwicklung des Kunstgesangs eingewirkt, so wenig Erfolg ihm mit seinen eigentlichen Bühnenwerken beschieden war.

Hinter den divergierenden Auffassungen von Gesang um 1800 stand das Problem unterschiedlicher Auffassungen vom Schönen. Das betraf nicht zuletzt ein Singen, in dem sich Reflexion und Wirklichkeitsnähe überschnitten. Es entstand der von uns schon häufig angewandte Begriff des »Charakteristischen« voller einander widersprechender Bedeutungen. Der Gesang schien durch das »Begreifen« des Gesungenen, also durch Überhöhung gefährdet. So warf der Jägerbursche Max Gesprochenes in die Introduktion zum letzten Akt des »Freischütz«, so gebrauchte Heinrich Marschner im »Vampyr« ausgedehnte melodramatische Effektmittel, und was dergleichen Selbstherrlichkeiten des Deklamatorischen mehr waren.

$\mathcal{A}$uf der Suche nach geheimnisvollen Naturkräften gestaltete E. T. A. Hoffmann das naiv-elegische Märchen »Undine« von Fouqué zur Oper, die trotz einer kritischen Neuausgabe noch nicht auf die Bühne zurückgefunden hat. Der Text mit seinen stillen, aber desto unheimlicheren Geistern stellte im Wassermann einen dämonischen Heldenbariton vor, der sich in vielfacher Gestalt, meist als Titelfigur, lange in der Oper behauptete. Im »Vampyr«, der seinen Opfern das Blut zu italienischer Kantilene aus den Halsadern saugt, ebenso in »Hans Heiling«, beide von Heinrich Marschner, imitiert die Musik Italianitá; aber in der

*D*er auf seiner Fiedel
musizierende Minnesänger
Walther von der Vogelweide
reitet auf die Wartburg zu,
um dort am Sängerwettstreit
teilzunehmen. Wagner machte
den Sängerwettstreit
zum Sujet seines *Tannhäuser.*
Ed. Ille,
Der Minnesänger.
Freske auf Schloß Neuschwanstein

Arie des »Genie«-Typs Hans Heiling drängt darüberhinaus intensives Gefühl die Melismen zu einer Dichte, die den Komponisten seinen Rang behaupten läßt. Auch der Bariton-Held von Spohrs »Faust« gehört hierher, der einer Chromatik huldigt, die vielfach mißverständlich mit derjenigen Wagners verglichen wurde. Louis Spohr traf in der Hexenszene den Ton, der seinen Zeitgenossen zusagte.

Der abrupte Wechsel des Tonfalls im »Freischütz«, in der Arie des Max (Aufschrei – Erinnerung, Schrekkensstarre – Hoffnungstraum) läßt sich nur in einer Dramatik denken, die den Menschen als Objekt darstellt. Schicksalsdramatik in der Art des Librettisten Friedrich Kind gab Weber die Möglichkeit, spezifische musikalische Stimmungsbereiche auszuloten, ähnlich intendiert auch im »Nachtlager von Granada« des Konradin Kreutzer, der allerdings zum Ärger des Dichters Kind eine Textbearbeitung vorzog.

*D*ie Gemälde von Caspar David Friedrich stecken voller Symbolik, so auch das hier abgebildete Werk. Es scheint die Stimmung des »Sturm und Drang« wiederzugeben, einer literarschen Bewegung, die deutlich früher anzusetzen ist als das Schaffen des Malers, nämlich in den achtziger und neunziger Jahren des 18. Jahrhunderts. Die intellektuelle und emotionale Entwurzelung, die damals von den Menschen Besitz ergriffen hatte und neue Freiräume für völlig andere Ideen schuf, wird durch die geborstenen Stämme, die Entfesselung aller Elemente gekennzeichnet.

Caspar David Friedrich (1774–1840), *Felsenlandschaft im Elbsandsteingebirge* (1822/23) Wien, Österreichische Galerie

Gaspare Spontini, preußischer Hofkapellmeister, triumphierte mit »Agnes von Hohenstaufen«, nach einem deutschen Libretto, in Berlin. Es war Maria Callas, die die heroische »La Vestale« (und Cherubinis »Medea«) wiederentdeckte, Archetypus des fast schon »durchkomponierten« Stiles. Freilich sang sie die Version in italienischer Sprache, deren Rezitative von Franz Lachner stammen. Zuvor brillierten Wagner-Sängerinnen wie Therese Vogl und Amalie Materna in der Rolle, die Cherubini zum hohen Lied der Hysterie gestaltete.

Die unvergleichliche Popularität des »Freischütz« gab einer Tendenz Aufschwung, schauspielerisch bewährte Kräfte auch singen zu lassen. Von 1821–23 ging der »Freischütz« auch über kleinste Bühnen, wobei zumeist Schauspieler die großen Gesangsrollen verkörperten, denen zugutekam, daß dort keine allzu expansive Stimmentfaltung gefordert war. Einzig das Koloraturfach, besonders in Sopran- oder Tenorrollen, mußten notgedrungen Berufssänger bestreiten, bei denen schauspielerisches Können nur glückliche Beigabe bedeutete.

*I*m »Oberon« des englischen Archäologen James Robinson Planché schlummerten wenig Chancen für den deutschen Musikdramatiker. Seinem Naturell konnte Weber nur in wenigen Nummern entsprechen; nirgendwo aber ist der Typus »Rezitativ und Arie« mehr von Naturstimmung und Empfindung der Singenden durchpulst als in Rezias Szene »Ozean, du Ungeheuer!«, einem Modell für Wagner.

Mit dem von Weber 1816 in Prag uraufgeführten »Faust« von Spohr kam das Epithet »unaufrichtig« als kritische Wertung auf. Auch die Wiedergabe durch einen Sänger wertete man als für sein inneres Erleben

symptomatisch. Die Frage durfte sich erheben: Ist der Ausdruck »echt« oder »gemacht«?

Populär zu schreiben, schien dem Sänger-Komponisten Albert Lortzing ein schwer erreichbares Ziel. Populär zu singen, ohne sich dabei etwas zu vergeben, ist für den Sänger ebenso schwer. Jene wehmütige Erinnerung des Zaren an seine Jugend, die in »Zar und Zimmermann« am Kulminationspunkt der Handlung steht, rutscht mit ihrer simplen Diktion meist ebenso aus dem Niveau des übrigen, wie die – als Lieder deklarierten – Arietten »Lebe wohl, mein flandrisch Mädchen« des Chateauneuf oder Mariens mit russischer Volksmelodie vorgetragenes »Lieblich röten sich die Wangen«. Nach Lortzing, des Praktikers, Meinung sollte der Bürgermeister van Bett nichts mit einer Possenfigur gemein haben: »Die Rolle ist durchaus nicht zum Faxenmachen geeignet«. Wenn er seine Opernbücher schrieb, sah Lortzing Menschen vor sich: »Daran denken die Deutschen am wenigsten, daß es in

Opern die Sänger ... sind, welche als eigentliche Glücksmacher der Dichter und Komponisten zu betrachten sind.«

Neben Lortzing kam der der italienischen Oper verpflichtete Otto Nicolai kaum zur Geltung, trotz jenes Meisterwerks der »Lustigen Weiber von Windsor«, das den Menschen auf volkstümliche, aber künstlerischere Weise ins Zentrum rückt, so daß Verdi lange davor zurückschreckte, sich an seinen »Falstaff« zu machen.

*I*n Italien erlebte die Opera buffa eine reiche Nachblüte. Gipfel jenes Typs: Rossinis komisches Meisterstück, der »Barbier von Sevilla«. Der Gesang wechselte zwischen schmelzender Kantilene und zusammengedrängter Form der Da-capo-Arie. In deren eigentlich instrumentaler Linie wurde aller Ausdruck komprimiert und durch virtuose Koloraturen noch gesteigert.

Wohl hat die reine Sänger-, die Kehlenmelodie niemals mehr dominiert als damals. Die Stimmen, von denen Rossinis Opern lebten, und der Geschäftssinn der Theaterunternehmer tendierten zunächst nach Wien und dann an den Ort, auf den sich schon seit Gluck alles Interesse konzentrierte: Paris. Dort wirkte maßgeblich die Sängerfamilie Garcia. Der Junge Maestro Gioachino Rossini wurde dem Sänger und seinen drei singenden Kindern, dem Pädagogen Manuel Garcia und den Sängerinnen Maria Malibran und Pauline Viardot, ein Freund fürs Leben.

Es ist das Ziel des dramatischen Sängers, sein Spiel auf der Bühne in den Dienst des Gesanges zu stellen, so schwer das angesichts der physischen Anforderung mitunter auch sein mag. Dies zeichnete die Malibran aus, sie inspirierte Vincenzo Bellini und wurde seine

*S*chubertiaden«, musikalische und freundschaftliche Soireen, bei denen gesungen und musiziert wurde, sind in zahlreichen Skizzen überliefert. Schubert selber sitzt hier (in einem lange nach seinem Tod entstandenen Bild) mit einer Sängerin am Klavier und begleitet den berühmten Interpreten von Schuberts Liedern, den Bariton Johann Michael Vogl.

Mit der linken Hand bedeckt der mit seiner Rechten taktierende Vogl sein Ohr, um sich besser hören zu können. Ferdinand Georg Waldmüller (1793–1865), *Schubert am Klavier mit Josephine Fröhlich und Johann Michael Vogl* (1827) Wien, Graphische Sammlung Albertina

*D*ieses Gemälde von Klimt wurde während des Zweiten Weltkriegs zerstört, eine erhaltene Kopie vermittelt aber einen recht guten Eindruck des Werkes. Nicht nur der Komponist ist hier portraitiert, beschworen wird auch die mehrstimmige Vokalmusik, die zu Schuberts größten Leistungen gehörte. Der Komponist begleitet zwei junge Frauen, die, ganz in ihre Partitur vertieft, singend hinter ihm stehen.
Gustav Klimt (1862–1918), *Schubert am Klavier* (1899) (Reproduktion)
Wien, Historisches Museum der Stadt Wien

berufene Interpretin, von der er schrieb: »… daß ich mich nicht entsinnen kann, je einen stärkeren Eindruck erlebt zu haben.« Also darf der Einfluß, den Sänger auf die stilistische Entwicklung der Oper nehmen, nicht gering veranschlagt werden. In der italienischen wie in der französischen Oper brachten sie die Komponisten dazu, das Überlieferte abwechslungsreicher und die Gesangspartien unterschiedlicher zu formen.

Die Gesangslehre des Konservatoriums griff auf die Lehre der Altitaliener zurück, deren Haupt- und Favoritartikel der Vokal a blieb. Technischer Stimmband-dressur wurde das Wort geredet, ohne die Lehre der Altvordern für die moderne Praxis zu erweitern. Reichen Nährboden fand diese Methode in den Opern Rossinis und seiner Nachfolger Bellini und Donizetti. So drohte im Goldstrom süßer Melodik und in Koloraturkaskaden wieder unterzugehen, was die Komponisten von Monteverdi bis Gluck für das Dramatische geleistet hatten. Auf der Bühne hieß das, unter Trillern und Rouladen oder schmelzenden Kantilenen zu sterben und zu morden.

Ein Unterrichtswerk, das eine gute Mitte zwischen Altem und praktisch notwendigem Neuen hält, ist die 1809 von Alexis de Garaudé in Paris erstmals publizierte »Méthode complète de chant«, an deren späteren Ausgaben Manuel Garcia-Sohn als Mitverfasser mitgewirkt hat. Sie führt viele Beispiele aus dem Werk Bellinis an, das mitschöpferische Sänger fordert.

*R*ossinis Nachruhm ist belasteter als sein Ruhm zu Lebzeiten, von dem Vorurteil nämlich, Komisches sei ein Freibrief für Unbeherrschtheit. Neben dem Vorrat aus der Klamaukkiste hielt der Sänger oft jede Übertreibung und Ungenauigkeit für erlaubt. Regisseure wie Ebert, Rennert oder Ponnelle verstanden es, Verirrungen zu korrigieren, musikalische Komödie neu entstehen zu lassen.

Sprachintensität ist Rossinis besonderer Form der Italianità eigen, der Koloratur seiner Prägung. Von ferne erinnert sie an den »Jubilus« des gregorianischen Kirchengesangs, an die Ausgestaltung eines einzigen Vokals zum »Alleluja«. Das technische Studium im Unterricht weist leider allzu einseitig den hohen Frauenstimmen Übungen hierin zu, ohne sich an den belcantistischen Forderungen Rossinis für alle Stimmgattungen zu orientieren. Er ging über die rein ornamentale Koloratur des 17. Jahrhunderts und ihre brillanten Ausläufer wie Sprünge, Chromatik, Triller,

Staccati, Flautati sowie über die Affektkoloratur des Barock hinaus zu einem Espressivo, das psychologisch vertiefte und elementar dramatisch wirkte.

Mehr noch als bei den eher schwachen Ansätzen hierzu in Meyerbeers »Grand Opéra« kann man mit Rossini von dem Erlebnis der Wahrheit sprechen, die des Menschen würdig sei, ohne darum immer tief sein zu müssen – sie ist es ja auch bei Rossini keineswegs …
Aber bleibt sie auch an der Oberfläche, so wird sie dennoch wirken, wenn sie mit dem übereinstimmt, der sie vorbringt.

Seine Oper »I Puritani« widmete Vincenzo Bellini der Sängerin Giulia Grisi, weil sie den besonderen Aufgaben gewachsen war, die er an die Fähigkeit zur messa di voce stellte. Sie beherrschte die Technik so vollendet, daß sie im – durchaus verlangten portamento – die Stimme zum Pianissimo vermindern und sie dann wieder überwältigend anschwellen lassen konnte. Die Unsitte, auf den hohen »acuti« endlos zu verweilen,

*H*einrich Heine (1797–1856) hat mit seinen literarischen Werken, die ebenso wie die Dichtungen Mörikes an sich schon musikalisch wirken, die bedeutendsten Komponisten inspiriert. Dieses Portrait zeigt den nach Paris geflohenen Emigranten, der dort starb. Ary Scheffer (1796–1858), *Heinrich Heine* (1847) Düsseldorf, Heinrich Heine-Institut

um Kraft zu demonstrieren, soll auf die Schule der Jenny Lind zurückgehen. Aber diese »Priesterin der Natur« war sicherlich nicht die erste Sünderin.

Eine einzige, weit geschwungene Arie stellt die wohl berühmteste Wahnsinnsszene in Gaetano Donizettis »Lucia di Lammermoor« vor, noch im barocken Geist entworfen, von Vorbildern aus dem 18. Jahrhundert mitgeformt, von Passagen, Trillern und Rouladen überdeckt, so daß sich der Hörer mehr als nur 100 Jahre von der Psychoanalyse und dem tosenden »Elektra«-Taumel entfernt glaubt.

*D*ie Entwicklung mündete in die sich international gebärdende »Große Oper« ein, deren erstes Vorbild Auber 1828 in der »Stummen von Portici« schuf. Giacomo Meyerbeer verlangte häufig Umarbeitungen seiner Textvorlagen von Eugène Scribe, denn die Rollen mußten seinen Star-Sängern auf den Leib gepaßt sein – und gab es drei oder vier Fassungen einer Arie, so entschied sich Meyerbeer gewöhnlich für eine dem Sänger entgegenkommende. Adolphe Nourrit, der Caruso seiner Zeit, wollte für den zweiten Akt

der »Hugenotten« eine ganze Szene hinzukomponiert haben. Den ursprünglich längeren Einakter »Dinorah« dehnte der Komponist mühsam zur abendfüllenden Veranstaltung. Die Sänger seiner Zeit und eines halben Jahrhunderts nach seinem Tod wußten ihm Dank für darstellerische Aufgaben, in denen das rein Kantable nicht etwa unter den Tisch fällt.

Meyerbeer hatte eine faszinierende Equipe von Sängern zur Verfügung, allen voran Pauline Viardot, die er für »la première artiste de l'univers« hielt. Er wollte sie an der Pariser Oper haben und kein neues Werk von sich dort aufführen lassen, solange sie nicht engagiert war. Und in der Tat hielt er die Aufführung seines »Prophet« so lange zurück, bis Pauline im Winter 1848/49 dem Ensemble angehörte.

Von ihres Bruders Manuel Garcias wissenschaftlichen Verdiensten sprachen wir schon. Freilich berücksichtigte er kaum, daß bei der Tonbildung nicht etwa nur die Stimmbänder mit ihren Schwingungen, sondern auch das sogenannte »Ansatzrohr« (Mund- und Rachenraum) in diversen Einstellungen mitwirken. Aber die bisherige Alleinherrschaft des Vokals a erkannte er nicht an, ganz wie die einsichtsvolleren Meister der reformierten Belcanto-Schule. Dem Schwellton räumte er erst dann einen Platz ein, wenn dieser durch melismatische, Legato- und Portamento-Übungen genügend vorbereitet war. Auf Garcia und seine Schülerin Marchesi baute die neue deutsche Gesangslehre auf, ohne sich engherzig den Anforderungen zu verschließen, die seit Wagner von der Praxis gestellt wurden. Auch das Lied gehörte zum Übungsbereich, in dessen Sinn namentlich Sänger wie Julius Stockhausen oder Raimund von Zur Mühlen lehrten, aber auch Johannes Messchaert, Meister, die ihr Wissen individuell akzentuiert auf die Nachfahren übertrugen.

*D*er Bösendorfer-Saal im Palais Liechtenstein, eingerichtet durch die berühmte Wiener Klavierfabrik, existiert heute nicht mehr. Zweifellos hatte er eine hervorragende Akustik. Brahms begleitete dort seine Lieblings-Sänger, vor allem die Sopranistin Hermine Spies, die Altistin Amalie Schneeweiß und den Bariton Julius Stockhausen.

Brahms, eine Sängerin am Klavier begleitend

Wien, Historisches Museum der Stadt Wien

*M*it »Opéra comique«, in der Stockhausen glänzte, wird eine Form und nicht etwa der komische Charakter bezeichnet. Wagner beschreibt uns in seinen »Erinnerungen an Auber«, wie ihn Aubers »Stumme von Portici« beeindruckte: »Denn das Neue in dieser Musik … war diese ungewohnte Konzision und drastische Gedrängtheit der Form: Die Rezitative wetterten wie Blitze auf uns los; von ihnen zu den Chorensembles ging es wie im Sturme über; und mitten im Chaos der Wut plötzlich die energischen Ermahnungen zur Besonnenheit, oder erneute Aufrufe; dann wieder rasendes Jauchzen, mörderisches Gewühl, und abermals dazwischen ein rührendes Flehen der Angst oder ein ganzes Volk seine Gebete lispelnd.«

Bei allen Mühen um die dramatische Wahrheit stand natürlich Gluck Pate. Étienne Méhul, der älteste unter den Vertretern dieser Schule, hatte noch selbst vom Meister Ratschläge eingeheimst, und Beethoven hörte sich Méhuls »Joseph in Ägypten« mehrmals an. Noch die Tenöre der Jahrhundertwende wie Hermann Jadlowker, Leo Slezak oder Josef Mann bevorzugten die Titelpartie ähnlich wie die Vater-Rolle des Éleazar in »La Juive« von Jacques Fromental Halévy, einem Schüler Cherubinis und dem Schwiegervater von Georges Bizet. Hier suchte sich Halévy die Effekte Meyerbeers zueigen zu machen. Heute überzeugen vor allem die zurückgenommenen Stellen, bei denen auch Klänge jüdischen Rituals eindrucksstark mitwirken.

Wagners Beispiel schreckte zunächst mehr ab, als daß es Schule machte. Die Ausnahme bildete Hector Berlioz, der als einziger in seinen »Trojanern« auf eigenen Text mythische Bereiche aufsuchte. Daß er dennoch nicht als Gefolgsmann Wagners gesehen werden kann, beweist sein Wettern gegen dessen »gottlose« Theorie, die die Musik zur Sklavin des Wortes erniedrige.

Seinem an Beethoven geschulten Gesangsstil steht Handlungsarmut wiederum im Wege.

In »Hoffmanns Erzählungen« von Jacques Offenbach wird nicht bloß über die Musik hinweg nach dem Muster der »Opéras bouffes« gesprochen, sondern auch Unstimmigkeit zwischen Text und Musik geradezu intendiert. In das Phantasiekostüm eines Operntenors zu schlüpfen, steht einem bedeutenden Dichter wie Hoffmann schlecht an. Dennoch lotete hier die Pseudoromantik französischer Oper tiefer, zeigte Verständnis für deutsche Eigenart und entlockte der buffonesken Phantasie Offenbachs Gefühlstone, die einem musikalischen Porträt des Dichters wesentliche Züge gaben.

Mit der in Frankreich als »Faust« und in Deutschland als »Margarethe« einstmals gleich beliebten Oper von Charles Gounod tun wir einen Schritt weg von der

*J*ulius Stockhausen wandte sich nach einer langjährigen Sänger-Karriere, die ihn vor allem nach Paris und London geführt hatte, dem Unterrichten zu – das hier abgebildete Photo stammt aus diesem Lebensabschnitt des berühmten Sängers. Gelegentlich wird ihm vorgeworfen, Stimmen zerstört zu haben, bei einem so klugen Mann und so hervorragenden Musiker ist das allerdings kaum anzunehmen.

Opéra comique, soviel Arien und Ballett-Nummern auch noch ihr Wesen darin treiben. Gounods melodische Anpassung, auch an das originale Goethesche Metrum in einigen Solonummern, kam seiner »Faust«-Version zugute, wenngleich Gretchen beim Fund des Juwelenkästchens Koloraturen perlen läßt oder der Teufel als Opern-Baß sich in operettenhaft koketten Melodien ergeht.

In Frankreich triumphierten noch lange, nachdem Wagner bekannt geworden war, Nummern-Opern mit gesprochenem Dialog, ohne daß dadurch die dramatische Wirkung beeinträchtigt worden wäre. Freilich hört man die »Carmen« von Georges Bizet in ihrer ursprünglichen »comique«-Gestalt nur selten.

Man gibt das Werk – inzwischen allerdings seltener – mit den von Guiraud nachkomponierten Orchester-Rezitativen. Wo sich »Carmen«, ohne je das komposi-torisch Wählerische außer acht zu lassen, mit der Operette verbrüdert, steht ein solches Abenteuer unter dem Prinzip, Folie für einen Ernst zu bilden, der keine Übertreibung nötig hat. Wie wenige Sänger folgen solchem stilistischen Wegweiser, solchem differenzierten Ehrgeiz! Was Mäßigung des Ausdrucks, eine schon fast antitheatralische Zivilisation – Nietzsche hat sie gefeiert – bei Bizet mit dem Laut der Hoffnungslosigkeit, des ungemilderten Schmerzes wie naturverfallen zusammentreffen läßt, zeigt das Kartenlied der Zigeunerin, »semplice e ben misurato« vorsorglich bezeichnet, eine Todesahnung noch im abrupten Dur-Schluß! Manchmal klingen Bizets vollkommene Melodien wie Zitate aus einer versteckten Sprache, aus der nicht ganz verstandene, aber schlagende Bruchstücke aufscheinen.

Das könnte man auch von einer leichtfüßigen Musik wie der von Adolphe Adam sagen. Aber es gibt Paraderollen, die einer Oper fast den Garaus machen können, denn sie bestimmen allein über Beurteilung oder Popularität, so sehr, daß sie den Blick für den veritablen künstlerischen Wert verstellen. Kommt dann durch Zufall noch ein Zug aus dem Leben berühmter Sänger hinzu, so verschwindet der letzte Rest von Kunst hinter dem Gerücht. Beim »Postillon von Lonjumeau« denken viele sofort oder später an das hübsche Peitschenliedchen und an hochgestemmte Tenor-Spitzentöne, manche aber eben auch an Theodor Wachtel oder Heinrich Bötel, die das Metier der Postillone kannten und zum Peitschenknall vom eigenen Leben zu singen schienen. Was seine Vorgänger Adolphe Adam weitergaben, nämlich den französischen Konversations-Stil, baute dieser bis zu völligem Ausbleiben jeder Stockung oder Verlegenheitspause aus.

*D*er vorzeitig gealterte Hugo Wolf, der hier abgebildet ist, hat nicht mehr viel gemein mit dem »wilden Wolf«, wie er in seinen Jugendjahren von seinen Antipoden bezeichnet wurde. Der schon damals anspruchsvolle Komponist war schnell dazu bereit, andere Musiker heftig zu kritisieren. Als ihm Gustav Mahler, künstlerischer Leiter der Wiener Hofoper, die Produktion seiner einzigen Oper *Der Corregidor* abschlug, verfiel Hugo Wolf (infolge einer Syphilis-Infektion, die er sich zwanzig Jahre früher zugezogen hatte) in geistige Umnachtung. In seinen letzten Lebensjahren komponierte er noch die bedeutenden drei Sonette nach Gedichten von Michelangelo. Während der fünf letzten Lebensjahre wurde er im psychiatrischen Krankenhaus von Niederösterreich behandelt.

Adam war ein Bewunderer der Pauline Viardot, auch ihrer kompositorischen Fähigkeiten, und schrieb schon 1839: »Wenn ich bedenke, daß dieses kleine Mädchen von siebzehn Jahren in fünf Sprachen spricht und singt, daß sie Klavier spielt wie ein Engel, … daß sie singt wie ihre Schwester [die Malibran] und Sachen komponiert, auf die man stolz sein könnte, hätte man sie geschrieben; dann schäme ich mich mit meinen vierunddreißig Jahren, so wenig von dem zu können«.

Erst in seinen letzten Werken, der »Aida«, dem »Otello« und dem »Falstaff«, läuterte Giuseppe Verdi die Gewalt seiner stets schon unmittelbar wirkenden Melodie, den Impetus seiner szenischen Gestaltung und machte sie der Reinheit künstlerischer Äußerung dienstbar. Geistig wie musikalisch wurde er zum Antipoden Wagners, denn seiner Oper steht die Überwelt fern, das Menschliche rückt meist tragisch, seltener humorvoll ins Zentrum. So verhält sich auch der Gesang bei Wagner in völlig entgegengesetzter Weise zum Orchester. Denn die Gesangslinie ist Trägerin des Ausdrucks, das Orchester stützt. Und diese Relation war verantwortlich für Verdis unmittelbares, sieghaftes Melos.

Verdi verehrte Rossini, Donizetti, vor allem Bellini und strebte nach nichts anderem als einem modernen musikalischen italienischen Drama, in dem Gesang und Melodie allein die Handlung ausdrückten. Aber sein Ideal entfernte sich dann doch weit von der rein belcantistischen Oper für Sänger. Stimme und Vortrag allein genügten ihm nicht, um die den Librettisten abverlangten abwechslungsreichen Stücke dem Hörer nahe zu bringen.

Der menschlichen Stimme bewahrte er ihr magisches Übergewicht gegenüber dem Orchester. Aber auch die scheinbar alleinherrschende Melodie ordnete sich dem Drama, der Darstellung des Menschlichen unter. »Macbeth«, Verdis erster, noch in Etappen auf seine Höhe geführter Versuch an einem Shakespeare-Stoff, steht dem reinen Belcanto extrem entgegen. Wie hatte es doch im Brief an Cammarano geheißen: »… Ich möchte für die Lady eine rauhe, erstickte, hohle Stimme haben …« Und daß er solchen charakteristischen Gesang in hartnäckigen Proben zu erarbeiten suchte, zeigt ihn uns in Distanz zum reinen Schöngesang.

Zum Glück hat sich seit den Tagen des Kampfes um die Wiederentdeckung des »unbekannten« Verdi die Erkenntnis durchgesetzt, daß nichts als das originale Italienisch, vom Komponisten mit Anweisungen für Versmaß und Ausdruck den Librettisten vorgeschrieben, der Musik gerecht werden kann. Beachtete jeder Sänger die luzide Akzentbezeichnung in Verdis

*I*m Titel der zwischen 1805 und 1808 von Achim von Arnim und Clemens Brentano herausgegebenen Volksliedsammlung »Des Knaben Wunderhorn« begegnet uns das hier abgebildete Horninstrument wieder. Die beiden Dichter hatten den Stoff zu dieser Sammlung in langjähriger Arbeit während der Sommermonate im Haus des Komponisten Reichardt Giebichenstein ausgewertet.

Zu den Komponisten, die Lieder aus »Des Knaben Wunderhorn« vertonten, gehören Richard Strauss und vor allem Gustav Mahler mit mehr als zwanzig Werken.

Cornelis Norbertus Gysbrechts (um 1610–1675), *Jagdutensilien* Kopenhagen, Statens Museum for Kunst

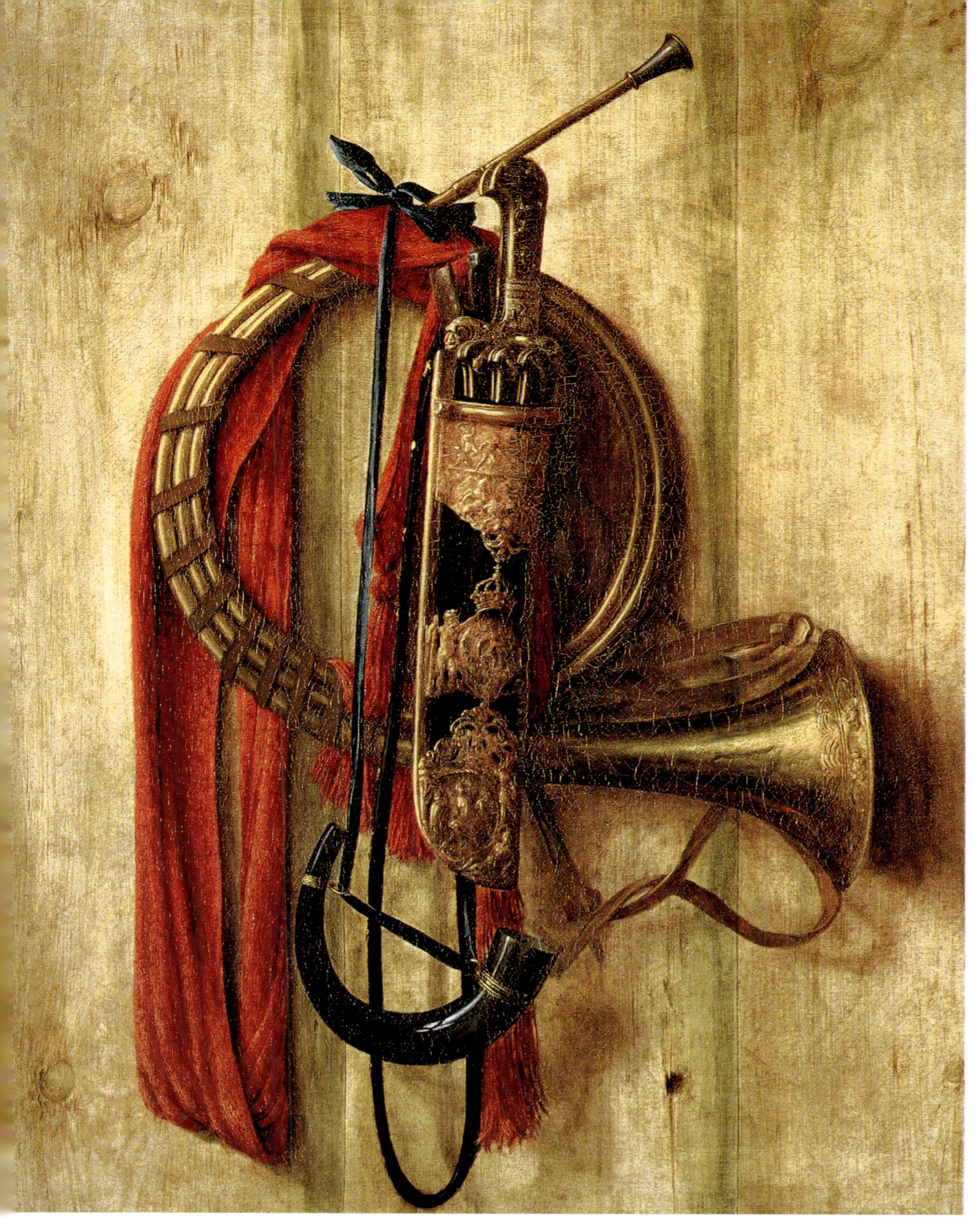

Notenbild, so wäre das Verständnis von deren exakter Verteilung im Hören erleichtert. Denn nur wenige Komponisten machen es dem Interpreten derart deutlich, den richtigen Weg zu gehen.

*W*er noch schwankt, wird sich leichter endgültig für die Originalsprache in den Opernhäusern erwärmen, wenn er Wagner im glättenden Französisch oder Debussy im überakzentuierenden Deutsch vernimmt. Dann wird er auch unverstandene Texte in Kauf nehmen wollen. (Die Übertitelung schafft – zweifelhafte – Abhilfe). Ein so verblüffendes Phänomen wie die neuerliche Massenet-Renaissance ließe sich in deutscher Übersetzung nur schwer vorstellen. Beste Argumente gegen Übersetzungen liefern die Neuübertragungen Verdis von Swarowsky oder Felsenstein.

Auf dem Weg zu charaktervoller Menschendarstellung, wie sie Verdi vorschwebte, sollte es auch dem Sänger selbstverständlich sein, die eigene Tonstärken-Skala zu erkennen, zu beurteilen und sie dann sinnvoll einzusetzen. Was hülfe es dem im dauerhaften Fortissimo verharrenden Grafen Luna im »Trovatore«, sein »Il balen« mit der Einheitssauce kernigen Brusttons zu übergießen? Er gewänne die Seele des piano-Stückes doch nicht.

Auf den Gipfel des espressivo führte Verdi die Koloratur. Rossinis und Donizettis begonnenen Weg fortführend, drang mit ihm Psychologisierung in Virtuosität ein, wobei nicht etwa nur ausdrucksgeladene Eruption wie Abigails große Arie aus »Nabucco« als Beispiel anzuführen wäre, sondern gerade auch die Kühle, das Verstecken von Gefühlen (im Gartenlied der Eboli aus dem »Don Carlos« oder dem Trinklied der Lady in »Macbeth«). Eine solche Variationsbreite an Koloraturaufgaben stellt dem Sänger Probleme, denen er nur mit federndem Rhythmus und Tongenauigkeit beikommen kann.

Wichtigstes Ausdrucksmittel bleibt bei Verdi die Stimme als Träger einer die Empfindung befördernden Melodie. Mit zunehmendem Alter immer sprechender, »spielen« bei ihm nicht nur die Menschen, sondern auch ihre Stimmen mit- oder gegeneinander, trennen sich oder finden sich. Der gesamte Text geht im melodischen Fluß auf, da der Unterschied zwischen deklamiertem und ausschwingendem Gesang immer unwesentlicher wird. Die »wohlige« Wirkung der Singstimme wird spätestens seit der »Aida« der dramatischen Situation zugeordnet. Verdis Bemühung und Fähigkeit, innersten Wortsinn aufzudecken, zeigt, was er in einem Brief an Ghislanzoni zum Duett Amneris-Radames bemerkt: »... Ich habe gesehen, daß man eine Melodie auf Worte schreiben kann, die wie von einem Advokaten gesprochen zu sein scheinen.

Ebenso wie Alban Berg war auch Anton Webern (von 1904 bis 1908) Schüler Arnold Schönbergs. Der stark vom Kontrapunkt beeinflußte Webern wies der Stimme in seinen Kompositionen bedeutende Aufgaben zu. Von 1914 bis 1926 schrieb er ausschließlich Vokalkompositionen. Die Stimme galt ihm als ein Instrument unter anderen Instrumenten; bei seinen Vokalkompositionen handelt es sich weniger um Lieder im eigentlichen Sinne als um formal neu gefaßte Gebilde von großer Schönheit. Max Oppenheimer (1885–1954), *Anton von Webern* (1908/10) Wuppertal, Von der Heydt-Museum

Aber unter diesen Advokatenworten schlägt das Herz einer verzweifelten Frau, die von Liebe brennt. Die Musik kann vortrefflich diesen Seelenzustand schildern und gewissermaßen zwei Dinge auf einmal sagen. Das ist eine Eigenschaft dieser Kunst, die von den Kritikern wenig bedacht und von den Musikern wenig beachtet wird.«

*G*ewöhnlich wird der Sprechgesang Richard Wagners aus dem Rezitativ hergeleitet, obwohl sich der Komponist schon früh solcher Identifizierung zu entziehen suchte. Bereits in seiner frühen Oper »Das Liebesverbot« entlieh er aus der Opera buffa die Tech-

nik, eine führende Melodiestimme ins Orchester zu legen und den Sänger frei darüber deklamieren zu lassen, ein kompositorisches Verfahren, mit dem schon Rossini oder Boïeldieu das Flair des Spontan-Witzigen zu gewinnen suchten. In Wagners späteren Werken verlor ein solches Parlando das ironische, zumeist die Schwächen der Herrscherkaste entlarvende Kostüm. Es degenerierte zu pathetischem Sprechgesang. Wagner selbst ließ vor der »Lohengrin«-Premiere die Sänger dazu anhalten, »das Peinliche des Tempo's ganz verschwinden [zu] lassen und nur noch den Eindruck einer erregten, poetischen Redeweise hervorzubringen …« – Eines der traurigen Ergebnisse besteht im

unbeteiligt, und der Zusammenhang der Musik ist für den Gesang gefährdet. Eine Tatsache, die sich in voller Tragweite erst bei Richard Strauss auswirkt.

Was Wagner später leidenschaftlich anfeindete, führte er im »Rienzi« noch unbeirrt ins Treffen, eine ins Kolossale gesteigerte heroische Oper nämlich, deren Titelhelden er später als seinen »Schreihals« bespöttelte. Als Wagner der offensichtlichen Längen wegen bei den Proben an Striche dachte, flehte ihn der Heldentenor Tichatschek auf Knien an, auf keine der herrlichen Noten verzichten zu müssen.

Obwohl auch der »Fliegende Holländer« stilistisch keineswegs einheitlich geriet und sich die Kantilene Bellinis und traditioneller Buffoton mit der Sprechdramatik Wagners überschneiden, zeichnet sich das Meerstück durch Zugriff und Elan aus. Die Figuren gestaltet Wagner nicht mehr als »Rollen« im hergebrachten Sinn, sondern als personifizierte Ideen.

Er kämpft seine Schlachten mit Ideen aus, mit häufig anfechtbaren Philosophien und mit den Mitteln der ebenso aufpeitschenden wie auflösenden Droge seines Orchesters. Überrumpelung ist im Spiel, nach ihm nur noch um wenige Grade intensivierbar. Seine Texte haben große, auch gesangsfördernde Qualitäten, ja, sie sind oft von dichterischer Schönheit wie in den »Meistersingern«. Gab und gibt es doch kaum einen zweiten Komponisten, der ähnlich richtige Deklamation für seine eigenen Noten zu erfinden wußte. Pfitzner etwa hat es versucht, es ist ihm nur in Teilen geglückt.

Voraussetzung für den Wagner-Sänger sollte sein, daß er die spezifisch wagnerische Deklamation, die ja Tonschönheit keineswegs ausschließt, beherrscht. Mit Konsonantenspucken allein, ohne ausgeformte Vokale, ist es nicht getan, soll nicht alles unverständlich

berüchtigten Dauer-Akzentuieren der Wagner-Sänger, nur gelegentlich durch das Gegenstreben einzelner Künstler bekämpft, die italienischen Schöngesang daraus machen wollten. Das zog dann wiederum Textunverständlichkeit und mangelnde Durchschlagskraft dem Riesenorchester gegenüber nach sich.

Was Schubert oder Schumann bereits unter dem Primat der Musik an Elementen des »Sprechgesangs« erfunden hatten, führte Wagner nicht weiter. Im Unterschied zu diesen eigentlichen Schöpfern »sprechenden« Gesangs beteiligt sich sein Singen nur noch selten daran, außer daß es sich unter die »Füllstimmen« der Harmonien begibt, am thematischen Material oft bleiben. Mit einem Dauer-Forte ebensowenig: Einerseits bedeutet es eine – meist unvermittelte – Tonverstärkung, andererseits das Herausheben einer Note durch Dehnung des Zeitmaßes für ihre Dauer. Gefahr für den Sänger bringen dynamische Akzente immer dann, wenn sie ungewollt oder unkontrolliert auftreten. Stöße des Zwerchfells oder der Brustmuskulatur, Manieren, die sich aus verlorenem Überblick einschleichen, – alles kann dem elastischen Funktionieren der Stimmlippen gefährlich werden.

Wagner mußte sich mehr als andere den Vorwurf gefallen lassen, er verführe zu Übertreibungen und verderbe die Stimmen, indem er oft Bellen und Brüllen geradezu vorschreibe und der »naturalistischen« Akzentgebung damit Vorschub leiste. Wir sollten uns daran erinnern, daß seine ersten Sänger noch mit Solfeggien und Vokalisen aufgewachsen waren und der Wortausdeutung, der ausladenden Stimmgebung seiner überlebensgroßen Gestalten ratlos gegenüberstehen mußten. Sie hatten noch nicht geübt (und wir haben es heute weitgehend wieder verlernt), Konsonanten genau wie Vokale vom Atem her zu stützen. Sie mußten sich mit ungekonnter Vehemenz schaden. Aber ganz so tödlich, wie die deutsche, konsonantenreiche Sprache dem starren Blick des Sängers auf das Italienische erscheint, ist sie nicht, zumal dann nicht, wenn – wie bei Wagner – genaueste Beachtung der für die Konsonanten notwendigen Pausen (wie in der Kurwenal-Partie des 3. »Tristan«-Aktes) bereits in den Noten steht.

Kein Takt in der Partitur des »Tristan«, der nicht intensivstes Erleben ausdrückte. Solcherlei Reihung von Höhepunkten machte es den physisch endlichen Sängern schwer, mit dem Willen des Dirigenten-Komponisten immer Schritt zu halten. Das gilt auch für Brünnhilde und Wotan in der »Walküre«, für den Siegfried oder den Hans Sachs. Nicht nur, was die physische Belastung der Kehlkopfmuskulatur angeht, unterscheidet sich die Sphäre des Sängers von der des Schauspielers zunächst dort, wo das Pathos betroffen ist. Die Oper bleibt dem Irrealen verhaftet, wie vehement sie auch in die Nähe realistischer, naturalistischer, veristischer oder neusachlicher Stile drängte. Die Gesangsstimme kann ihre Natur nicht verleugnen und blüht nur dann auf, wenn sie atmosphärisch und seelisch von Enthobensein kündet, wenn sie der Affekt bewegt. Ähnlich wie es vor Jahrtausenden den Menschen die Zunge gelöst haben muß.

Erste, wichtigste Entstehungbedingung des Singens ist nicht die Sprache, sondern der Klang. Für den Sänger als den Bewahrer des Klanges ist also nichts dem Zeitgeschmack, der Mode unterworfen. Ein unfeierlicher Eremit im »Freischütz«, eine Isolde ohne tragischen Schmerz wären Widersprüche in sich. Und gerade die »veristischen« Helden strotzen allesamt von überquellendem Gefühl und pathetischer Äußerung, weit mehr an der Konvention orientiert als progressiv.

*D*er edle Kopf von Gabriel Fauré mit seinem charakteristischen Schnurrbart, ist auf zahlreichen Portraits festgehalten. Fauré gehört zu den französischen Komponisten des 19. Jahrhunderts, die am häufigsten und schönsten für die Stimme geschrieben haben. Mehr als einhundert Lieder entstammen seiner Feder, außerdem das wunderbare *Requiem*.
Laurent Ernest Joseph (1859–1929), *Gabriel Fauré* Château de Versailles

*C*laude Debussy war eng mit
dem Komponisten Ernest
Chausson (1855–1899) befreundet.
Diese Photographie zeigt
ihn im Jahr 1893 bei Chausson
am Klavier. Diesem zu früh
verstorbenen Komponisten
verdanken wir einige
herrliche Lieder voller innerem
Schwung; er lebte in materiellem
Wohlstand und unterstützte
großzügig den sieben
Jahre jüngeren Debussy.

*A*ls Wagners Handlanger und musikalischer
Jünger sah Engelbert Humperdinck die Problematik
des Dauer-Rezitierens auf Gesangstönen deutlich. Er
führte in der ersten Fassung seiner Oper »Die Königs-
kinder« eine eigenen Notation für das musikalisch ge-
bundene Melodram ein, »Sprechnoten«, deren sich
später Pfitzner, Schönberg und Berg bedienten, auf
diese Weise den korrekten Rhythmus und eine unge-
fähre Tonhöhe für die Stimme bezeichnend.
Nach einer deutschen Gesangskunst als einem betonten Gegensatz zur italienischen zu streben ist – wie
wir erkannten – ein altes Unterfangen. Gefährlich
aber war die Sucht, sich gewaltsam von italienischer
Überlieferung frei zu machen und das Sprechen im
Gesang zu forcieren, ohne sich zuvor mit den Regeln
des Sprechens vertraut zu machen. Zudem blieb
Wagners Forderung nach dem verdeckten Orchester in
den meisten Fällen unerfüllt, was den Sänger gewaltig
zum Forcieren zwang.

Sänger, Orchester und Publikum –
drei notwendige Elemente
bei einer Aufführung mit Gesang.
Marianne von Werefkin folgt
in diesem Gemälde aber wohl eher
ihrer künstlerischen Phantasie
als der Wirklichkeit. Das Orchester
ist zu schwach besetzt,
dem Geiger ist ein Platz im
Orchestergraben zugewiesen,
von dem aus er den Dirigenten
nur mit Mühe sehen kann,
die Harfe stimmt in den
Proportionen nicht und der auf
der Bühne ausgetauschte Kuß
ist leidenschaftlicher, als das
in der Oper zumeist der Fall ist.
Marianne von Werefkin
(1860–1938), *Das Orchester*
Privatsammlung

*A*uf der Abbildung rechts
sieht man den prachtvollen alten
Saal der Metropolitan Opera
in New York, der 1966
durch das neue Operngebäude
am Lincoln Center ersetzt
wurde, ein riesiges, mehr
als 3000 Zuschauer fassendes
modernes Haus.

Phonetik, Lautphysiologie, Akustik und Etymologie
boten sich als Hilfen an. Das Studium der Tonbildung
beeinflußte die Sprachbildung insofern positiv, als
sich die Pädagogik über die wichtigsten Hilfsmittel
klar werden mußte. Bayreuth erwuchs ein Partei-
gänger in Julius Hey, der im seinem vierbändigen
Werk »Deutscher Gesangsunterricht« konsequent
Schlüsse aus gesangs-deklamatorischen Bestrebungen
der Jahrhunderte zog. Sein Ziel war die »flüssige
Sprechcantilene«. Seine Wirkung: das verhängnisvoll
mißverstandene Gegenteil – ein Dauer-Martellato.
Hugo Wolf verfolgte im Grunde das gleiche Ziel. In
seinem »Corregidor« erreichte er aber einzig in der
großen Szene des Tio Lukas jenes dramatische
Format, das die (auch von de Falla vertonte) Novelle
des Spaniers Alarcon hergegeben hätte, wäre der

Das Teatro San Carlo
in Neapel, eigentliches Zentrum
des Belcanto im Vaterland
italienischen Gesangs, wurde
1737 erbaut. Das 1817
nach einem Brand rekonstruierte
Gebäude ist bis heute weltweit
eines der schönsten Opernhäuser
im italienischen Stil.
Die Abbildung zeigt den Zustand
um 1830, noch bevor
Scheinwerfer die Beleuchtungs-
technik in Theatern
revolutionierten. Aus Neapel
stammen zahlreiche berühmte
Sänger, darunter der Tenor
Enrico Caruso (1873–1921).
Teatro San Carlo in Neapel
Paris, Bibliothèque de l'Opéra

ungeduldige Komponist nicht mit einem Libretto geschlagen gewesen, das sich noch im Entwurfsstadium befand. Dramatischer Furor stellt sich auch bei ihm nur dann ein, wenn auf den Sprechgesang reinster Wagner-Prägung zurückgegriffen wird.

Bedřich Smetanas liebliche Marie in der »Verkauften Braut« hatte ein längeres Leben als die recht wagnerisch daherkommenden »Dalibor« und »Libussa«. Weise erkannte der Komponist, ganz wie sein Landsmann Dvořak: »Wir Tschechen sind ein singendes Volk« und dachte nicht daran, sich der unendlichen Melodie des »Tristan« auszuliefern.

Leoš Janáček machte die der Umgangssprache abgelauschte »Sprachmelodie« zum Ausgangspunkt seines Melos, deren Wurzeln natürlich nahe bei Wagners

»Sprachversmelodie« liegen. Aber hier ist die Charakterisierung nicht dem Orchester, sondern einzig der Singstimme anvertraut. Neuartig war der Tonfall seines Duktus, der neben Gedrungenheit und Wucht äußerster Zartheit fähig ist. Die Stimmen werden mit geradezu magischer Wirkung bald deklamierend, bald psalmodierend behandelt, in einer neu geschaffenen Wort-Ton-Phrase, die Janáček den Darstellern anheimgab. Was er dem Sprech-Tonfall der menschlichen Stimme anglich, dient nicht naturalistischer Nachahmung, sondern einem Rohmaterial, das in sangbarer Melismatik formuliert ist.

Russische Sprache und Idiom brachte just der Schüler des Berliner Professors Dehn, Michail Glinka, auf die Bühne, mit einer Musik, in der sich die vorherrschenden italienischen und deutschen Einflüsse mischen.

*D*er Halbschatten des
Königlichen Opernhauses Covent
Garden in London wird hier
schon vom Scheinwerferlicht
durchbrochen. Abgebildet
ist der oberste »Olymp«
des Hauses. Bei dem einzelnen
Lichtstrahl von oben auf
die Bühne handelt es sich um
den »Verfolgungsscheinwerfer«,
der den Bewegungen der
Protagonisten folgt. In einem
nach italienischen Vorbildern
gebauten Opernhaus hört man
die Sänger häufig am besten
auf den »billigen Plätzen« oben
auf den Rängen und gerade nicht
im teuren Parkett. Die Oper von
Covent Garden ist schon das
dritte Theatergebäude gleichen
Namens, das an derselben
Stelle steht, und faßt etwa 2200
Zuschauer.

Italienische Brillanz der Koloraturen und Orientalismen, die man in Paris und Wien so liebte, mischten sich in »Ein Leben für den Zaren« ebenso wie in »Ruslan und Ludmila« mit einem angestrebten Sprechgesang, der aber nicht vorherrschte. Immerhin meinte Glinka: »Ich will, daß der Ton strikt das Wort ausdrückt«.

Kantable Melodie und raffinierte Orchestertechnik vereinen sich in den Märchenopern des unglaublich produktiven Nicolai Rimsky-Korssakow. Eines darf von ihm aber kaum erwartet werden: Musikdramatische Spannung in westlicher Manier. Von seiner »Legende der unsichtbaren Stadt Kitesh« schrieb Rimsky, er wünsche »in der Ausführung der Gesangspartien keine dramatischen Aufschreie, kein Flüstern oder Murmeln«, er ließ nur ariosen und überhöhend deklamatorischen Gesang zu und betonte, sein Werk sei in erster Linie musikalische Schöpfung.

Schönberg überwarf sich mit
seinem Freund Kandinsky,
als dieser während der ersten drei
Jahre des Nazi-Regimes für
die neue politische Richtung
plädierte, dann allerdings
sehr schnell seine Meinung
änderte. 1911, im Entstehungsjahr
des abgebildeten Gemäldes,
befand sich Kandinsky auf
der Schwelle von gegenständlicher
zu abstrakter Malerei, während
Schönberg zur gleichen Zeit
die ersten atonalen
Kompositionen schrieb.
Wassily Kandinsky (1866–1944),
Impression III (Konzert) (1911)
München, Städtische Galerie
im Lenbachhaus

vom Wesen russischer Sprache, auf sein gesamtes Gesangsschaffen, so daß sich auch getragenes oder legato-orientiertes Singen mit dem Sprechen auseinanderzusetzen hat. Aussprache, Leichtigkeit, rhythmische Intensität und konsequente Temponahme haben hier in später Romantik noch einmal vorrangige Bedeutung und dürfen in die moderne Oper hinein wirken.

»Keine Oper, kein Drama, lauter lyrische Szenen«, so kennzeichnet Tschaikowsky seinen »Eugen Onegin«. Alle Figuren sind nur andeutungsweise charakterisiert bis auf Tatjana, deren Psyche – über Puschkins episches Konzept hinaus – problematisiert und vertieft erscheint, was in ihrer glühenden Musik zu hören ist, die sich deklamatorischen Gesang und Kantilene gegenseitig steigern läßt.

*T*schaikowsky und Modest Mussorgsky sind operngeschichtliche Zeitgenossen, aber wie unterschieden voneinander! Wenn Nietzsche an seiner Zeit beklagt, niemand sei mehr in der Lage, sich selbst zu zeigen, sich mitzuteilen, so kann das von diesen Musikern nicht gelten. Und das, obwohl in der Deutlichkeit des Begriffes gerade der Wiedergabe Mussorgskys enge Grenzen gesteckt sind. Das mag für den Sänger bedeuten, daß er versucht wahrnehmbar zu machen, was besser nicht vernommen würde. Hier spielt das Problem des sogenannten »naturalistischen Singens« herein, das im Gefolge des Bassisten Schaljapin vornehmlich an Stellen psychologischer Deutung bei Mussorgsky dank undeutlicher Tonhöhe der Musik unter Umständen Todesstöße versetzt. Italienisch trainierte Sänger wie Boris Christoff konnten diesbezügliche Scharten auswetzen.

Nicht zum »Mächtigen Häuflein« gehörig und auch in gewisser Rivalität zur Schule Rimskys spielte die Moskauer Schule mit Tschaikowsky an der Spitze eine gewichtige Rolle. Er vermied Orchesterklang à la Wagner, und nur in »Mazeppa« läßt sich ein solcher Einfluß nachweisen, dem sogleich die ausladende Dimension des Stimmklangs entspricht. Die Eigenschaft seines Parlando, auf jeder Silbe nur eine Note unterzubringen, übertrug Tschaikowsky, beeinflußt

*R*ichard Strauss zögerte nicht, den Wagnerschen »Musikpanzer« gehobenen Sprechgesangs und das schwere Pathos abzulegen und die Singstimme in ihre primär melodischen Rechte wieder einzusetzen. Das dramatisch-psychologisierende Orchester freilich, ob nun riesengroß oder kammermusikalisch besetzt, stand Straussens Streben nach Durchsichtigkeit und Flüssigkeit des Stils allerdings fast stets im Wege und realisierte das Musikdrama als Gesangsoper nicht vollkommen.

Strauss leugnete nie, von Wagner inspiriert worden zu sein. Freilich wandte er sich mit jedem Werk entschiedener einer Einschmelzung Mozartschen Secco-Charakters in die Gestaltung des übernommenen

*M*ein Londoner Debüt gab ich in der eindrucksvollen *Mass of life* des englischen Komponisten Frederick Delius (1862–1934), die unter der Leitung von Sir Thomas Beecham in der beliebten Royal Albert Hall aufgeführt wurde. Dieser Saal mit seinen mehr als 4000 Sitzplätzen hat auf einigen Logenplätzen eine recht ungünstige Akustik. Vic Oliver dirigiert am 21. Januar 1946 in der Royal Albert Hall in London.

Sprechgesangs zu. Eine solche Synthese verführte ihn zu trügerischer Sicherheit, er könne jeder Bühnengestaltung Gewicht und Format verleihen, wortbezogen oder nicht, wie es sich der Komponist für die szenische Interpretation des Textwortes wünschte.

Da gab es nun also sängerisch betonte, melodische Hymnik (Finale »Ariadne«), leichten, elegant gehaltenen Konversationston (Vorspiel »Ariadne«), deklamatorische Steigerung des Affekts (»Elektra«) und all die feinen Schattierungen notwendigen Übergangs. Um diese Ausdruckspalette nachzuvollziehen, dürfte es dem Sänger hilfreich sein, wenn er sich zuvor als Interpret etwa des Liedes von Hugo Wolf bewährte, obwohl Strauss gerade ihn als »pathologischen Fall« beiseite schob. Wolf, wahrscheinlich ein noch glühenderer Verehrer Wagners, ebenso offensichtlich aber auch Mozarts, erfand eine ähnliche Fülle von deklamatorischem Material, von originellen Möglichkeiten der Gestaltung. Nicht weniger hilfreich dürfte dem Bühnensänger die Eroberung Strausscher Operntypen auf dem Weg über das Studium des Liedmeisters Strauss sein.

Besonders in den ersten Opern waren Wunder an Gesangsmusik entstanden: Sinnlichkeit steigerte sich zu einer Art Ersatzmystik. Mit welchen Sirenentönen der schwankende Narraboth verführt wird, wie die silberne Rose in Oktavians Gesang aufblüht, wie die dunklen Eintrittstöne des Orest dem vorausgegangenen Gekeif entgegenstehen, wie der Gott sich zu seiner Ariadne niederschwingt, das alles ist viel mehr als nur gemacht. Als letzte Zusammenarbeit der »Liaison dangereuse« mit Hugo von Hofmannsthal vor dessen Tode entstand »Arabella«, aus der ein Schwelgen in langgezogenen Bögen wurde, das sich neben der Konversation und stimmgefährdenden, sprachge-

*D*ieses überraus realistische Gemälde zeigt auf packende Weise, mit welch unterschiedlicher Einstellung das aus vielen Individualitäten, Persönlichkeiten und Schicksalen zusammengesetzte Publikum ein Konzert erleben kann. Einige der sechs Zuhörer, die hier bei ihrem Musikerlebnis überrascht werden, lauschen mit geschlossenen Augen, andere blicken in die Ferne, einige Köpfe sind gesenkt oder nach oben gerichtet. Aufgabe des Künstlers ist es, die Zuhörer im gemeinsamen Erleben des von ihm interpretierten oder dirigierten Werkes zusammenzufügen. Lithographie nach einem Gemälde von Imre Goth (1893–1982), *Le Concert* (Das Konzert) (1920) Privatsammlung

sanglichen Ausbrüchen behaupten kann. Am schön-
sten im ganzen Strauss-Werk sind die Momente des
Abschiednehmens von einer Ära, von der alten,
»guten, gesicherten« Zeit, von der Oper als wohligem
Konsumgut, auch von dem Zeitalter, in dem Strauss
wirken konnte. Dazu gehören neben den »Vier letzten
Liedern« mit Orchester (auch diese seiner
Protagonistinnen-Stimme zukomponiert) die drei
melancholischen Primadonnen-Prunkstücke der
Marschallin, der Arabella und der Gräfin im
»Capriccio«.

    *B*ei den Veristen tendierte der Gesang, wie
immer an Degenerationspunkten einer Gattung, hier
der belkantistischen italienischen Oper, dazu, das
Wort übergewichtig werden zu lassen. Aber das dramatische Melos wurde im Prinzip niemals zugunsten
einer »aria d'urlo« – des Schreis – verlassen.
Weit über vordergründiger Heftigkeit oder aus-
schließlicher Effekthascherei steht der Einzelgänger
Giacomo Puccini, der mit seinen Skrupeln die
Librettisten zur Verzweiflung trieb. Weit mehr als
»Ideen« interessierten den Italiener Vorgänge um und
zwischen Menschen. So änderte er die von den
Librettisten Giacosa und Illica für den Cavaradossi in
der »Tosca« entworfene Hymne, mit der der Maler auf
der Engelsburg emphatisch von der Welt Abschied
nehmen sollte. Nach der Umstellung drückten Text
und Musik das existentielle Sterbegefühl übereinstim-
mender aus.
Wer vom »oberflächlichen« Puccini spricht, weiß nicht
von seiner unablässigen Suche nach Wahrheit des
Ausdrucks, in der er Verdi nahesteht. Puccinis
Melodie löst sich aber von der symphonischen
Periodik des Älteren, wird kürzer, aber auch flexibler,

*J*ean Dubuffet lernte ich
anläßlich einer Ausstellung
seiner Werke in Berlin kennen.
Seine Kunst ist am Alltäglichen
orientiert, dem er Stoffe
entnimmt, die andere Künstler
nicht entdeckt hätten; er sucht
in solchen Sujets Wesenhaftes
auf der Grenze zwischen
Wirklichkeit und Phantasie
zu ergründen. Bei diesem
Gemälde ging ihm neben manch
anderem Anlaß, bei dem
wir unsere Mitmenschen vielleicht
mit einem gewissen Abstand
betrachten, sicher auch
ein Auditorium durch den Sinn.
Von der Bühne aus schauen
Singende offenbar mit einem
Gefühl von Distanz und Fremdheit
auf das Publikum hinunter.
Jean Dubuffet (1901–1985),
Les Gens (Die Menschen)
Wien, Museum Moderner Kunst

kann sich den rasch wechselnden Seelenschauplätzen anpassen und ist zwischen Deklamatorik und Ariosem zuhause. Eingeführt hat Puccini eine Zweitstimme im Orchester, die korrespondierend mit der menschlichen Stimme duettiert. Sie gehört als kontrapunktischer Bestandteil zur solistischen Linie und intensiviert diese suggestiv. Gesanglich am anspruchsvollsten erscheint die am breitesten durchgeführte Partie Puccinis, die kleine Frau Schmetterling, die »Madame Butterfly«. Sie findet zu großer Linie, zu tragischem Ausbruch.

*D*ie Wortmelodie bei Puccinis Zeitgenossen Claude Debussy kann nur dann angemessen wahrgenommen werden, wenn das spezifisch Französische realisiert wird, ein musikalischer Tonfall, der vom Idiom gefärbt ist wie bei keinem anderen Komponisten Frankreichs. Jede Übersetzung macht den »Pelléas« zur Verzerrung, denn wie in der impressionistischen Malerei jener Zeit tritt die Linie jederzeit nur als Akzent, als Intensivierung des Farbenspiels auf. Alles Melodische wird nur fragmentarisch angedeutet. Kleine Intervalle bestimmen das Gesangsmelos, sie spüren feinfühlig der Prosa Maeterlincks nach. Die Mélisande hat es schwer, wenn sie aus dem reinen Sopranfach kommt; sie gehört eher dem Zwischenfach zu.

*D*er alte Strawinsky lenkte in die Tradition zurück und schuf mit W. H. Auden und Ch. Kallman (den Autoren auch von Hans Werner Henzes »Elegie für junge Liebende«) »The Rake's Progress«, um darin die Operngeschichte Revue passieren zu lassen, rund um die Zentralsonne Mozart. Das den »Don Giovanni« nachahmende Finale vereint abschließend

die Tugendsprüche des ganzen Ensembles. Den Stilkopien entsprechen musikalisch augenzwinkernd huldigende Gesangsstile von Rossini bis Verdi, von Mozart bis Auber. Was aus dem Munde der Sänger strömt, soll mediterran heiter, klassisch ebenmäßig klingen, was aber nicht immer der Fall ist.

Weil es im Wesen der Dodekaphonie liegt, das Melos durch mechanische Raster zu bedrohen, das Erdachte mithin dem sinnlich Erfahrbaren vorzuziehen, erhält in Arnold Schönbergs »Moses und Aaron« die Figur des singenden Aaron nicht ebenso überzeugendes Profil wie die des sprechenden Moses. Dem hat der Sänger, ausgleichend durch lineare Bindungen, entgegenzuwirken, wie es sich schon Schönberg selbst erhoffte. In den Figuren Moses und Aaron steht sich

*D*iese mit einem seltsamen Kopfputz ausgestattete Varieté-Sängerin wirkt angesichts des anonymen, durch anderes abgelenkten Publikums kaum beachtet und recht allein. Bis zu einem gewissen Grad können Sänger im klassischen Sinne eher als die Kollegen der leichteren Muse auf die Aufmerksamkeit des Publikums zählen, da das Publikum der Bühne zugewandt und im Halbschatten des Saales kaum sichtbar ist. Ist das Publikum von der Leistung des Sängers jedoch nicht überzeugt, spürt man das sofort und muß sich darum bemühen, die Aufmerksamkeit der Zuhörer zu gewinnen.

Walter Sickert (1860–1942), *Le Music hall* (Das Varieté) Rouen, Musée des Beaux-Arts

symbolisch gegenüber, was den Gesang seit je beschäftigt: das artikuliert Geistige und das mitreißend Sinnliche. Eine bis ins Innerste neue Musiksprache spricht, als sei sie alt. Pathetisches Patriarchentum, jüdischer Habitus, Gestus des Herrschenden müssen vom Interpreten erst von Erinnerungen an musikdramatische Pathetik gelöst werden. Heute haftet diesem Gestus bereits etwas Gestelltes, Mimisches an, besonders im Tonfall des gehoben rezitierenden Moses. Ein ästhetischer Ernst ist herausgefordert, einen akzeptablen Ton für das Heute zu finden, ohne den jede authentische Wiedergabe unmöglich bleibt. Viele Sänger begnügen sich bei atonaler Musik mit dem leblosen Neben-

*D*er Gesang gehört in
Italien ganz wesentlich zur
Volkskultur und stößt auf
großes Interesse, ganz besonders
gilt das für alle Neapolitaner.
Der Neapolitaner genießt den
Gesang als Kenner und
singt bei jeder Gelegenheit.
Den vielfach zu findenden tiefen
Graben zwischen klassischen
Sängern und Varieté-Sängern
gibt es in Italien nicht.
Mimmo Leonbruno,
ein seit sechzig Jahren
beliebter neapolitanischer
Volkssänger, der anläßlich
von Hochzeiten auftritt.

einanderstellen von Noten. Bringen sie aber Gestalt in den Tonverlauf, so ist dies nicht gleichzusetzen mit einem Imitieren romantischer Konvention.

Über die verwirrenden Exzesse der »Wozzeck«-Musik von Alban Berg hinweg fühlten die Hörer von Anfang an, daß die Töne sie zum existentiellen Drama Büchners hinführten. In solchen Fällen, bei Berg wie auch beim »Lear« von Aribert Reimann, ist das Werk einer sterbenden Form abgerungen, vielleicht ein Vorgehen, das in Schönbergs «Moses» und Bergs »Lulu« die Vollendung geradezu unmöglich machte.

Es hat etwas mit der Sanglichkeit so mancher Stelle in Bergs Opernmusik zu tun, daß sein seelisches Klima bejahend und nicht selbstzerstörerisch zu sein scheint. Kommt aber der Verdacht auf, Berg verhalte sich umgänglich gemäßigt oder suche nur Erfolg, so widerspricht dem die Gestalt seines Werkes, das bis heute nichts von seinem hohen Anspruch an die Präzision der Wiedergabe verloren hat.

Unter den Zwölftönern der zweiten Generation ragt der Wiener Ernst Křenek mit seiner Oper »Karl V.« heraus, der ersten abendfüllenden Oper im strengen Reihenstil. Selten findet sich der Komponist zu geschlossenen, sei's durchgehend gesprochenen, melodramatischen, rezitativischen oder arios gesungenen Strecken bereit. Häufig geht der Gesang nahtlos ins Sprechen über. Eine Stimmbehandlung, die dem Sänger kehltechnische Probleme aufgibt.

Meistern wie Hans Pfitzner war Richard Strauss zeitlebens ein Rivale als Dirigent, als Komponist oft ein Ärgernis. Als ein sich dezidiert gegen sein Jahrhundert Sträubender nimmt Pfitzner schon insofern eine isolierte Stellung ein, als seine von Wagner inspirierte, aber dennoch neutönerische, gelegentlich archaisch untonale Musik höchste Ansprüche an ihre

*D*ieses Gemälde der Familie Bernheim-Jeune in ihrer Loge, eine der ersten großbürgerlichen Familien im Paris zur Zeit der Jahrhundertwende, ist merkwürdig angelegt. Es wird nicht ganz deutlich, ob man sich wirklich mit dem beschäftigt, was gerade auf der Bühne passiert. Denn in den Logen der Oper vertrieb man sich anscheinend recht häufig die Zeit mit anderem als dem Bühnengeschehen.
Pierre Bonnard (1867–1947), *La Famille Bernheim-Jeune à l'Opéra* (Die Familie Bernheim-Jeune in der Oper) Paris, Musée d'Orsay

sängerschauspielerischen Interpreten stellt. Wie bald darauf »Mathis der Maler« von Paul Hindemith endet sein »Palestrina« still und resigniert. Aber wie ringt Pfitzner – auf den nicht kommandierbaren Einfall vertrauend – um Inspiration! Die vokale Linie der Titelfigur ist die kantabelste im Stück, während um ihn her – allen voran der aufbrausende Kardinal

Borromeo – völlig auf die Textworte des Komponisten bezogen deklamieren. So lugt aus dem mitunter eckigen Tonfall, aus den springenden Tonhöhen der leicht gereizte, gern beleidigte, widerhakige Pfitzner hervor. Hierfür zeugt aufschlußreich Borromeos Redeweise, gegen die das Gegengewicht des innigen verträumten Ighino-Pfitzner evident wird.

Ferruccio Busoni, der einmal behauptete, Märchen seien eine Lüge, die größte aber das Kunstgebilde Oper, empfand seinen »Doktor Faust«, Goethe respektvoll umgehend, dem altdeutschen Puppenspiel nach. Der Gesang in dem mehrfach komplettierten Operntorso bleibt – über vielstimmiger Polyphonie – dem Wagner-Pathos verpflichtet.

Anders als bei seinem zeitweiligen Berliner Lehrkollegen Franz Schreker bestimmt das Werk Paul Hindemiths zunächst die Absage an die Romantik. Aber in seinen herausragenden Bühnenwerken »Cardillac« und »Mathis der Maler« gilt es angesichts der exzessiven Gefühlsentladungen, auch wenn sie immer wieder von instrumental geführten, »konzer-tanten« Strecken abgelöst werden, sich keine Ausdrucksaskese aufzuerlegen. Auch behandelt Hindemith hier die Sprache anders als in seinen Liedern. Die Töne sind wirkungsträchtiger Artiku-lation sicher, und Hindemith wußte es dem Inter-preten einzuschärfen, daß Sachlichkeit mehr als nur nüchtern aufzutreten habe. Besonders im »Cardillac«

»*E*rlauben wir der Kritik nicht
zuviel Gewicht« – so oder ähnlich
könnte eine Parole lauten,
die einen wahren Kern enthält –
oder enthielt. Abgebildet ist
hier ein Kritiker-Star, wie es ihn
in Europa heute glücklicherweise
kaum noch gibt. Übertrieben
gekleidet, ein rätselhaftes,
verschlossenes Lächeln auf
den Lippen, betritt die Dame ihr
Territorium.
Die von einer Freundin begleitete
Kritikerin Mrs. Cavanagh
betritt 1943 die Metropolitan
Opera in New York.

bis hin zum Schrei. Er spielt mit Farbtönungen verschiedener Sprachen und schließt in Althochdeutsch, in Hölderlins Deutsch, in Latein und Griechisch, ja selbst im Altbairischen mit aller Finesse das Wort und seine Symbolkraft auf.

*A*us der Fülle von Opernkomponisten unserer Zeit wollen wir noch Benjamin Britten herausheben. Die Vielfalt seiner Klangbilder begegnet einer großzügigen, sensuellen Behandlung der Singstimme. So sparsam etwa mit den Instrumenten in den »Kammeropern« aus verschiedenen Schaffensphasen des Komponisten verfahren wurde, so reich gestaltete sich die vokale Führung des Melisma bei den zumeist wenigen Solisten. Brittens letzter Opernerfolg »Death in Venice« nach Thomas Manns Novelle beruht auf seiner wohl sparsamsten Partitur. Der stets auf der Bühne verbleibende Schriftsteller Aschenbach kommentiert in rezitativischem Sprechgesang, um – wenn gefordert – mitzuspielen und expressiv arios zu singen. Der dreiundsechzigjährige Peter Pears beschloß mit dieser Rolle seine lange Reihe von Britten-Partien, die er, von »Peter Grimes« italianisierender Singweise angefangen, zum Erfolg führte.

Es leuchtet dem Leser der Partitur des »Lear« von Aribert Reimann ein, daß nicht formlos »am Text entlang« komponiert wurde. Sein Melisma bindet sich nur ungern strukturell, sondern führt ein musikalisches Eigenleben, hebt sich klar differenziert von den Orchesterklängen ab. Eine musikalische Wechselrede, eine Expressivität ist angestrebt, die auf dem Grund östlicher, islamisch-hebräischer Intonationsweisen neue Entwicklungsansätze schafft.

müssen die Sänger nicht unerhebliche rhythmische Schwierigkeiten meistern, ein Grundproblem der Moderne: Der menschlichen Stimme widerstrebt – nicht etwa aus Unmusikalität – ausschließlich an komplizierter Rhythmik Orientiertes.

Zu den Darstellungsmitteln in den Opern von Carl Orff gehört eine von der Sprache ausgehende Melodik

GESANG IN DER WERKSTATT

SPRACHE ALS TEIL DES GESANGSUNTERRICHTS

*M*ein Rollendebüt sang ich 1958 als Mandryka in Richard Strauss' *Arabella*, eine meiner Lieblingspartien. Damals interpretierte Lisa della Casa die Titelpartie; 1977 sang dann in München meine Frau Julia Varady die Arabella.

*S*prache – wir sagten es schon – eignet allen Kreaturen, eine These, die von immer neuen Erkenntnissen bekräftigt wird. Zwar kann eine reine Verbindung zur Musik etwa in den Tierlauten nicht angenommen werden. Aber der Vogelruf in seinen mannigfachen Bedeutungen von Kommunikation stellt bereits eine Vermählung von Laut und Sprache dar, die einige Komponisten, in jüngster Vergangenheit etwa Heinz Tiessen oder Olivier Messiaen bei ihrer musikalischen Sprachfindung beeinflußten.

Aber uns interessiert das Aufeinandertreffen menschlicher Sprache und Musik, wenn sie sich in der vokalen Komposition umschlingen. Die mit naturwissenschaftlichen Methoden und Zielen arbeitende Wissenschaft von den Sprachlauten, die Phonetik, hat das Wort »Klang« im Namen.

Stimmbildung als Klärung, Entschlackung und Enthemmung der Konsonanten und Vokale steht der Phonetik sehr nahe. Aus dem wechselnden Verhältnis der Laute zueinander wird dem Sänger deutlich, wo Vor- oder Nachteil für Art und Qualität des Klanges liegen. Dabei sollte freilich nicht übersehen werden, wie unsicher und fragend sich die Feststellungen der Wissenschaft immer noch ausnehmen. Wie wenig wissen wir im Grunde über die tatsächlichen Vorgänge im Stimmapparat, von der Unwissenheit der meisten Stimmärzte in den lapidarsten sängerischen Fragen ganz zu schweigen!

*A*uch wenn unklar ist, welche Oper der Maler hier skizziert hat, so ist es ihm doch auf jeden Fall gelungen, einige häufig karikierte Eigenheiten dieses Genres festzuhalten: große melodramatische und stereotype Gesten, gezogene Schwerter, Beteuerungen der weiblichen Protagonistinnen, auf dem Boden liegende Leichen und Hauptdarsteller, die sich vor der Proszeniumsloge produzieren, um den Beifall ihrer begeisterten Fans einzuheimsen. Bühnenstars gibt es auch in der Welt des Gesangs. Das rührt aus der Epoche der Kastraten her, als diese den Titel des »primo uomo« tragen durften. Im 19. Jahrhundert folgte dann die Ära der »prima donna«, die fantastische Gagen erzielten. Mitchell, *La Fin de l'acte à l'Opéra de Paris* (Das Ende eines Aktes in der Pariser Oper) (1878) Paris, Bibliothèque des Arts décoratifs

*E*in jedes der Teilgebiete von Hervorbringen, Übermitteln und Verstehen von Sprache spielt seine Rolle auch in der Musik, womit zugleich die Verschwisterungsmöglichkeit der akustischen Äußerungen des Menschen angedeutet ist.

Bei der Suche nach den Gemeinsamkeiten von Sprache und Gesang treffen wir auf Tonlänge oder -kürze, auf Betonungen in Form von Akzenten oder Tonhöhen und ihren Entsprechungen durch Unbetontes oder Fallengelassenes, schließlich auch auf die Bögen, die durch den menschlichen Atem vorgegeben und mit Blasinstrumenten oder der Bogenführung bei den Streichern nachgeahmt werden.

Es hieß für die Menschheit, in der Kunst den Weg eines Kindes zu durchlaufen und aus Tasten, Sehen und Hören ein Weltbild zu gewinnen. Der Sänger muß sich in ähnlicher Weise immer neu sein eigenes Klangbild erobern, und es mag bei vielen eine Weile dauern, ehe es dem Ohr wirklich erkennbar wird. Das Mysterium der Vorstellung vom Klang führt das Kind zur Sprache, und den Sänger begleitet dieses Geführtwerden auf seinem ganzen Wege.

Was er tun kann, um im Studium Sprache in Gesang zu verwandeln, soll hier angedeutet werden. Wir wollen nicht etwa nun noch eine Gesangstechnik in der Theorie anbieten. Nur auf solche Merkmale soll verwiesen werden, die auch für den Nicht-Sänger die Verschmelzung von Gesang und Sprache veranschaulichen.

Von den Monodisten des frühen Barock an kam die Lehre von der Bildung des Tones einer »Schule ohne Atem« gleich. Ein Singen war damit gekennzeichnet, das weder dem Sänger noch dem Hörer bewußt werden läßt, wieviel Luftenergie eingesetzt wird. Großer Ton sollte sich immer aus zartem Ansatz entwickeln,

*G*ünther Rennert verdanken wir diese schöne Inszenierung von Mozarts *Zauberflöte* in München, in der ich den Sprecher gab. Meines Wissens war es die erste Produktion, in der Laserstrahlen verwendet wurden. Die Rolle des Sprechers ist zwar klein, aber doch gewichtig und für die Handlung entscheidend. In dieser Szene des ersten Aktes erklärt er Tamino, warum Pamina von ihrem Vater Sarastro aus dem Reich der Königin der Nacht, ihrer Mutter, entführt worden ist.

aus einem Piano, das in jedem Augenblick der Interpretation, wenn gefordert, wiederhergestellt werden kann und bei leisestem Ansatz reine Intonation einzig gewährleistet. Auch für die Klarheit der Tiefe, die eines schwingenden Tons auch ohne Druck vom Atemapparat her noch fähig ist, und für die Leichtigkeit des Trillers ist das Piano unentbehrlich. Wird ein metallisch schwingendes Forte technisch aus dem Piano entwickelt, so erklingt es auch nach vielen Jahren der Praxis noch immer ungeschmälert, nicht anders als das Piano des gemischten Registers (zwischen Brust- und Kopfregister). Dabei wird jede in einem Atem zu singende Tonreihe mit sparsamstem Luftverbrauch begonnen und scheint am Ende noch über den vollen Vorrat von Atemkraft zu verfügen. So mancher Könner, besonders ein solcher romanischer Zunge, befähigt eine derartige Behandlung des Atems zu dynamischer Steigerung gerade am Ende einer Linie.

Alle Akzente, auch solche maßloser Leidenschaft, sollten aus der überlegenen Ruhe des Mechanismus mit geregeltem Luftstrom vor sich gehen. So wird ein Überschreien oder das Aufrauhen ausgeschlossen.

Für geminderte Tonstärken und Farbschattierungen steht das Kopfregister zu Gebote, das aber, wenn nicht ausdrücklich gefordert, nie ohne Mischung mit der natürlichen Mittelstimme (der mezza voce) angewendet werden sollte. Solches »Können« umgeht aber nur dann akademische Kühle oder »vorgeführte« Glätte der Technik, wenn es von einem schöpferischen Initialimpuls getragen wird, der sich aus der Neugierde speist.

Daß hierbei die »Voix mixte« von höchster stimmlicher und künstlerischer Bedeutung ist, sei unterstrichen. Diese Stimmgebung ist für die Schönheit, für die Entwicklung und Erhaltung der Stimme und natürlich auch für die Vielfarbigkeit des Ausdrucks unabdingbar. Sie beruht auf dem Minimaldruck der Luft gegen die Stimmlippenränder, die so in sanfte Schwingung versetzt werden.

Das psychophysische Geschehen des Gesangs verläuft in einem Kreislauf, dessen Aufbau sich der Forschung erst in Ansätzen enthüllte: In den Funktionen der Motorik, des Singens, des Sprechens, des Gehens, vor allem aber des Atmens. Wo hier zweckgerichteter Wille allein auftrumpft, kann momentane Steigerung wohl auftreten, nicht aber ohne meist radikale Störung nach sich zu ziehen. Im Singen muß die Kräftebalance, das Sichhingeben im Tun, das Passive im Aktiven bestimmend bleiben.

*B*esichtigt man im Theater Schnürboden und Versenkung, so findet man auch heute noch diese an die Welt der Seefahrt erinnernden Winden und Seile. Neu ist allerdings, daß sie durch Computer gesteuert und von elektrischen Motoren angetrieben werden. Umbauten sind dadurch nicht unbedingt schneller geworden. Bühnenmaschinerie für die Oper *Germanico sul Reno* von Giovanni Legrenzi, die 1676 in Ferrara gegeben wurde. Paris, Bibliothèque de l'Opéra

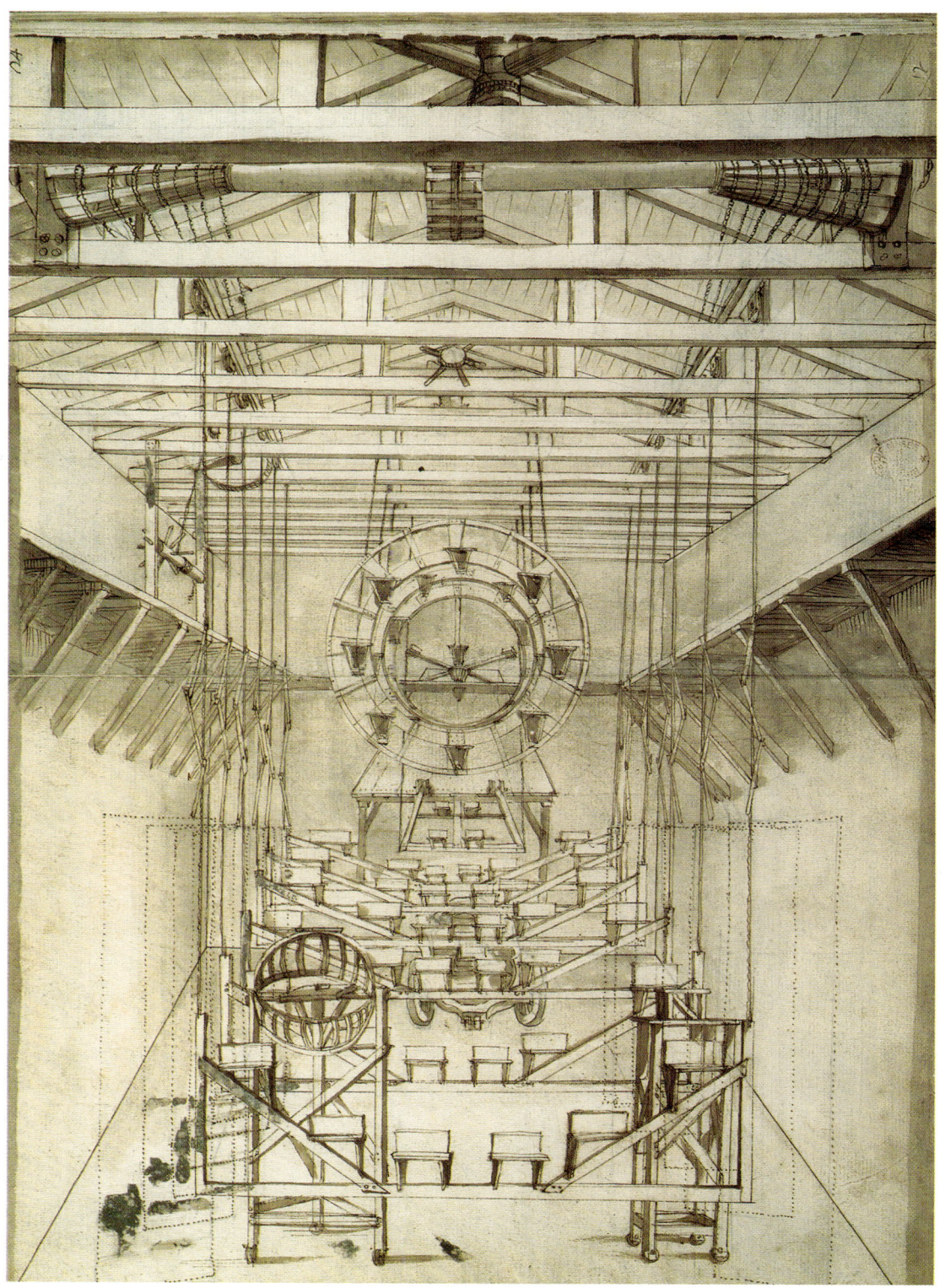

Dies gilt ja für alle Lebensvorgänge. Bewegung, die sich immer wieder neu herstellen muß, muß nicht immer bewußt gemacht werden, sondern ist notwendige und unbewußt gewordene Voraussetzung. Sei die Gestaltung auch noch so konzis, sie muß nicht in allen Fällen strategisch festgelegt werden; niemand muß spüren, wie sie zustande kommt. Unwillkürlich denken wir an Aristoteles, für den der »Flötenspieler im Halbschlaf« die höchste Form des Künstlers darstellte. Anders eine technische Komplikation, die der Sänger weniger als jeder andere Interpret von Musik je aus dem Auge verliert: die des Alterns. Hier kann nicht verdrängt, nur bewältigt werden.

Stimmfertigkeit dient sich nicht selbst, sondern liefert eine der Voraussetzungen für den zutreffenden Vortrag, für den warmen und zugleich schönen,

Die Chormitglieder tragen in diesem Stadium der Bühnenproben noch ihre Straßenkleidung – Krawatten waren damals eine Selbstverständlichkeit, die Anzüge würden heutzutage sicher durch Jeans ersetzt –, das zu ihrem Bühnenkostüm gehörende Schwert haben sie aber schon an der Seite oder in der Hand. Sie singen und spielen voller Inbrunst und mit ganzer Stimme, selbst auf die Gefahr hin, ihre Münder beim Singen zu wenig photogenen Grimassen zu verziehen, was die Zuschauer glücklicherweise nicht bemerken werden.
Metropolitan Opera New York, 1943

maßvollen Ausdruck der Empfindung. In der Sprache ist jeder Laut Ausdruck, lautes Singen aber noch lange nicht ausdrucksvoll.

Um den Ausdruck zu beherrschen, bedarf es vordringlich des Studiums der Vokale im Piano; aus ihnen wird am besten erkennbar, was Tonbildung heißt. Ist doch der Vokal schon dem Wortsinn nach mit der Stimme (vox) eins.

Zu unterscheiden sind hier die offenen Vokale:

kurzes a	Sang, Kraft, Schall, ballo
kurzes a im Doppellaut ei	eins, zwei
kurzes a im Doppellaut au	ausschauen, Frauen, Maurizio
langes a	Abend, Saale
langes ä	Säle, belo, bête
kurzes ä	schwärmen, Betten, retten, lettera
kurzes ö	Schöpfer, Löffel, Schlösser, können, peuple, seul
kurzes o	Sonne, Wonne, hold, Gold, *popolo*, Orgueil
kurzes i	Wille, Bitte, ich bin, piccolo
kurzes ü	Fürst, Glück, wüßte, Würde
kurzes u	und, Schuld, wußte, wurde, Zurga

und die geschlossenen Vokale:

langes e	Seele, edel, Hehl, beten, l'été
langes ö	schön, hören, trösten
langes o	Los, Thron, oben, Vogel, solo, vogue
langes i	Liebe, tief, nie, linea, petit
langes ü	Blüte, Mühe, Wüste, Dur, mur
langes u	Uhr, Glut, Blut, Ufer, ouvrir, coucher, bouche, duro

Ohne offene (kurze) und geschlossene (lange) Vokale als Träger des Tones ist ein Gesangston überhaupt nicht zu erzeugen. Deshalb bilden sie auch die ersten Gehör- und Tonformungsübungen. Dabei geben die offenen Vokale der Stimme einen glänzenderen, metallischeren Klang, die geschlossenen dagegen mehr Weichheit. Durch Wölbung der Zunge und Annäherung zum harten Gaumen entsteht eine schmale Öffnung, eine Enge gewissermaßen, die den Sänger häufig dazu verführt, den Vokal »i« beim Singen zu verändern. Er formt ihn mehr zu »ü« und verdunkelt dadurch den reinen Vokal. Es entstehen Sprachveränderungen, die bei elastischerem Funktionieren der Muskulatur hätten vermieden werden können. Während der Vokal »a« mehr mit neutraler Stellung der Mundmuskulatur bei hängendem Unterkiefer und die Vokale »e« und »i« mit lächelnder Mundstellung bei sichtbarer oberer Zahnreihe gebildet werden, läßt der Sänger den Unterkiefer bei den Vokalen »o« und »u« stark fallen, und die Lippen geben, mehr nach vorn gestülpt, die Form. Dies sollte nicht übertrieben geschehen, da sonst wiederum in der Rachen- und Halsmuskulatur Verspannungen eintreten, die dem Ton hinderlich sind. Die Zunge zieht sich zur Wurzel hin leicht zusammen (bei »u« mehr als bei »o«), so daß das Gefühl einer Enge im Rachen entstehen kann, woran sich die Gaumensegel, werden sie falsch zusammengezogen, beteiligen. Also muß die Öffnung dieser Vokale wie beim »a« der Gähnweite ähnlich sein. Sie sollte zur Norm werden und bleibt fast unverändert bestehen, auch wenn die Vokale im vorderen Mundraum durch die Arbeit der Zunge, des Rachens und der Lippe ihre charakteristische Form erhalten.

Die Übergänge von einem Vokal zum anderen dürfen in der Regel nicht abrupt, sondern müssen gleitend erfolgen. Auch beeinflußt der Vokal das Stimmtraining, wird er korrekt gebildet. Übungen in der Vokalisation sind daher immer in der Reihenfolge »a-ä-e-i-ö-ü-u-o-a« oder der Veranlagung gemäß von einem anderen dieser Vokale ausgehend, aber in der gleichen Reihenfolge auszuführen. Nicht genug kann unterstrichen werden, daß bei der Stimm- und Tonbildung immer das Prinzip von Ursache und Wirkung diktiert. Es darf also nichts zwanghaft erreicht werden wollen, sondern auch die Resonanz

Der Franzose Jean-Pierre Ponnelle war mir der liebste Regisseur. Er sah seine Aufgabe darin, Geist und Sinn eines Werkes zu entsprechen und mußte sich nicht dem Werk gegenüber selbst profilieren. Ganz gewiß verfolgte er eine Gesamtkonzeption, die von der Musik ebenso sehr wie von der Bühnendramatik inspiriert war, aber er hatte keine vorgefaßte Regieidee. Im Gegenteil, er überließ seinen Sängern die Führung um sicherzustellen, daß sie so gut wie möglich singen konnten. Es geschah mitunter, daß er bei der letzten Probe alles nochmals umstieß. In einem solchen Fall handelte es sich aber nicht, wie bei einigen seiner Kollegen, um eine Notlösung, sondern um eine Notwendigkeit, die sich schließlich ergeben hatte. Ponnelle war in jeder Musik zu Hause, die Inszenierung von Aribert Reimanns *Lear* in München aus dem Jahr 1978 gehört zu seinen herausragenden Arbeiten für die Bühne.

Die Zauberflöte von Mozart, Inszenierung von Jean-Pierre Ponnelle, Oktober 1987

muß sich aus der natürlichen, elastisch-harmonischen Arbeit der Gesamtapparatur ergeben. Durch kleine Abänderungen der Zungenhaltung, im Gaumen oder am Gaumensegel können die Farben der Vokale zum Leuchten gebracht werden, ohne daß die Lippen allzu aktiv dabei beteiligt sind.

*D*er Begriff von vokaler Musik impliziert einen Gegensatz zur Instrumentalmusik, da er von voce (= Stimme) kommt. In der Tat grenzt sich der Gesang vom Instrumentalen durch die Zweiheit ab, aus der er prinzipiell besteht: Vokale und Konsonanten. Beide sind für die Sprache wie den Gesang unentbehrlich. Es sollte aber dem Sänger deutlich werden, daß es der Vokal ist, der gleichsam den Körper des Gesanges bildet. Wohl nirgends beim instrumentalen Studium wird der erste Sektor, in dem schon der Anfänger zu arbeiten beginnt, sogleich zum

Träger des Wesens, zum bleibenden Hauptgegenstand des Interesses, zum Entwicklungsziel lebendigen Gesangs.

Das Problem der Vokale stellt sich freilich in jeder Sprache neu. Mit gewissem Dégout bezeichnen die Italiener das Deutsche als »lingua chiusa« (»geschlossene Sprache«), das eigene Idiom als »lingua aperta« (»offene Sprache«). Solche Sinnbezeichnung charakterisiert unsere Sprache zutreffend, die häufiger geschlossene Vokale gebraucht als die italienische, wobei das »i« auszunehmen wäre. Selbst die Tatsache, daß sich – vielfach von Sängern beklagt – Konsonanten in deutschem Text häufen, tritt als Problem hinter die Bewältigung der Vokale zurück, auch für deutschsprachige Sänger, die sich durchaus nicht immer über die Unterscheidung zwischen geschlossen oder offen, dunkel oder hell im klaren sind. Wie selten hört der Gesangsstudent aus Frankreich oder Amerika von deutschen Sängern die korrekten Vokale in »Vater« oder »Gevatter«, »Gebet« oder »gebettet«, »Gebiet« oder »bitten«, »wohlig« oder »wollig«, »Mut« oder »Mutter«, »Sühne« oder »Sünde«, »Höhle« oder »Hölle«, »Pfähle« oder »Gefälle«!

Reinheit des Vokals stellt sich in verschiedenen Tonhöhen auch verschieden her, da die formgebenden Teile des Rachen- und Mundraums nicht hindernd beeinflussen dürfen. Hochliegende Vokale neigen bei der Frauenstimme dazu, offen zu werden, was geschickten Ausgleich des Vokalcharakters erfordert. Je höher der Ton liegt, je intensiver damit die Stimmlippen zusammengezogen werden, desto geringer muß der Luftdruck gehalten werden, um den Kehlkopf möglichst nicht zu überlasten.

Die mancherlei Dualismen im Gesang beginnen also schon damit, daß der Gegensatz von heller oder

*H*ier wird immer noch geprobt, aber das Spiel der beiden Sängerinnen erinnert schon an die eingeschliffenen und übertriebenen Gesten, die sich gewissenlose Sänger des 19., sogar des frühen 20. Jahrhunderts erlaubten und die wir heute nicht mehr schätzen. Damals waren die Sänger äußerst einflußreich. Noch um die Jahrhundertwende, als Gustav Mahler künstlerischer Leiter der Wiener Hofoper wurde, erschien weder der Name des Dirigenten noch der des Regisseurs auf den Theaterplakaten. Edgar Degas (1834–1917), *Die Gesangsprobe* Washington, Dumbarton Oaks Research Library and Collection

dunkler Vokalreihe deutlich zu werden hat, ohne die Einheit der musikalischen Linie zu stören. Die dunklen »o« und »u« stehen den hellen »e«, »i«, »a« gegenüber, und keine Verbindung der Resonanz von einem zum anderen Bereich scheint herstellbar, wenn einseitig hell oder dunkel artikuliert wird. Versucht nun der Lehrer auf dem Weg über die Umlaute »ö«

und »ü« eine Annäherung, fälschlich oft »Neutralisierung der Vokale« genannt, so darf doch der einzelne Vokal seinen typischen Charakter dabei nicht verlieren, nicht von einem bequemen, vielleicht am besten klingenden Vokal überdeckt und vermischt werden. Voraussetzung für einen solchen »Ausgleich« der Vokale ist, daß sie frei, rein und natürlich gebildet

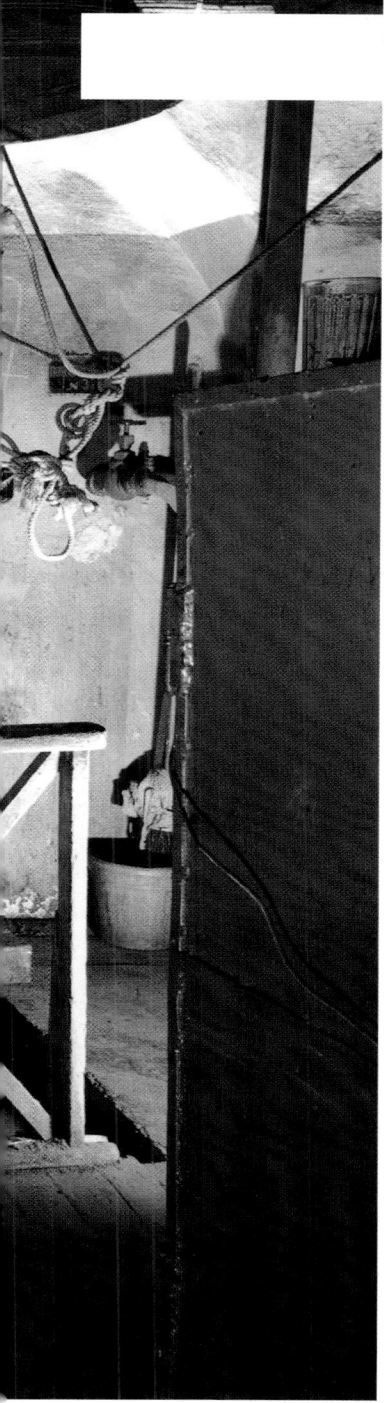

*D*er Unglückliche, der hier wohl die Partie des Komtur in der von Puschkins *Don Juan* inspirierten Oper *Der Steinerne Gast* von Alexander Dargomischky (1813–1869) singt, ist zu bedauern: Er steckt in einer viel zu großen Rüstung, die ihm das Aussehen eines Lurches gibt und bis über die Nase rutscht, sobald er sich setzt. Die Interpreten des Komtur – auch in Mozarts *Don Giovanni* — haben immer eine undankbare Aufgabe, da sie wie aus Stein gehauen und übermäßig groß wirken müssen. Zu bedauern sind gelegentlich auch die Kostümbildner in der Oper, die manchmal nach wochenlanger Arbeit an Kostümentwurf und -fertigung im Verlauf einer Nacht ein völlig neues Bühnenkostüm herstellen müssen, nur weil ein unentschiedener Regisseur danach verlangt. Kirow-Oper St. Petersburg, Dezember 1988

allein, es geht dabei auch um die Resonanzangleichung. Aber selbst mit ihr zielen wir nicht lediglich auf die Schönheit des Klanges, sie erhält zugleich die Gesundheit der Stimmfunktion, die sich ja sowohl aus Vokal- und Resonanz-Ausgleich wie aus dem Überwinden der Brüche von Register zu Register speist. Wohlklang paart sich mit Wohlempfinden, und die Arbeit am Ausgleich stellt auch erst jenes Gleichgewicht her, das als Vorgang »Stütze« genannt wird. In dieser Simplizität kann ein Sinnbild des Zusammenwirkens natürlicher Gesetzmäßigkeiten zur Einheit gesehen werden.

Die Vokalbildung sollte in der Gesangsaktion nicht hinderlich wirken, sondern im Gegenteil die Aufgabe durch volle Freiheit unterstützen, auf daß der primäre Klang, der aus der Kehle dringt, die Verbindung mit dem Eigenklang der Vokale eingehen kann und dadurch die ihm dienenden Obertöne erhält.

*B*ewußte Mischung der Vokale ist beim Studium unentbehrlich. Regeln dafür gibt es außer der bekannten Aufforderung zum Nachdunkeln in den höheren Lagen, der sogenannten »Deckung«, nicht. Und selbst wenn man den Vortrag der großen Sänger analysiert, lassen sich keine für jeden gültige Gesetze daraus ableiten. Ob ein »a« in einer bestimmten Lage nach der hellen oder dunklen Seite, nach »ä« oder »o« gefärbt werden soll, hängt vom Werk und der dafür einzusetzenden Stimme ab. Das Nasale grundsätzlich als schädlich anzuprangern heißt mißzuverstehen, wie nasale Konsonanten, besonders auch die der französischen Nasallaute, tonbildend wirken können. Wer nun aber solche Zusatz-Resonanz ständig einsetzt, macht es seiner Stimme unmöglich, seelische Schwingungen tönend zu ver-

werden. Die Kehle sollte dabei stets gleichbleibende Weite behalten, um welchen Laut es sich auch immer handelt. Denn jeder Vokal soll die ihm typische Eigenart nicht verlieren und etwa zu einer neutralen Farbe verwaschen werden, die sich den individuellen Voraussetzungen anpaßt. Bei solchem Ausgleich der Vokale handelt es sich nicht um ästhetische Korrektur

*D*iese Abbildung
stammt wahrscheinlich aus
Salzburg im Jahr 1901.
Der portugiesische Sänger
Francisco d'Andrade (1859–1921),
ein reiner Autodidakt,
singt die berühmte und schwierige
»Champagner-Arie«,
welche die genießerische
Lebensfreude des Don Giovanni
ausdrückt.
Max Slevogt (1868–1932),
Die Champagner-Arie
Hannover, Niedersächsisches
Landesmuseum

sinnlichen. Bei all diesen Problemen ist das Ohr der einzige Wegweiser und der Resonanzbegriff bester Ausgangspunkt. Es gilt, alle akustischen Möglichkeiten der Resonanzräume in die Tätigkeit einzubeziehen. Muskelanstrengung würde dabei allerdings immer im Wege stehen.

*D*ie Forderung der Sprache nach reinen, typischen Vokalen wird von deren so notwendiger Mischung nicht etwa verletzt. Im Gegenteil: Daran vorsichtig und sorgfältig zu arbeiten, soll dazu führen, jeden Vokal in beliebiger Tonhöhe erscheinen

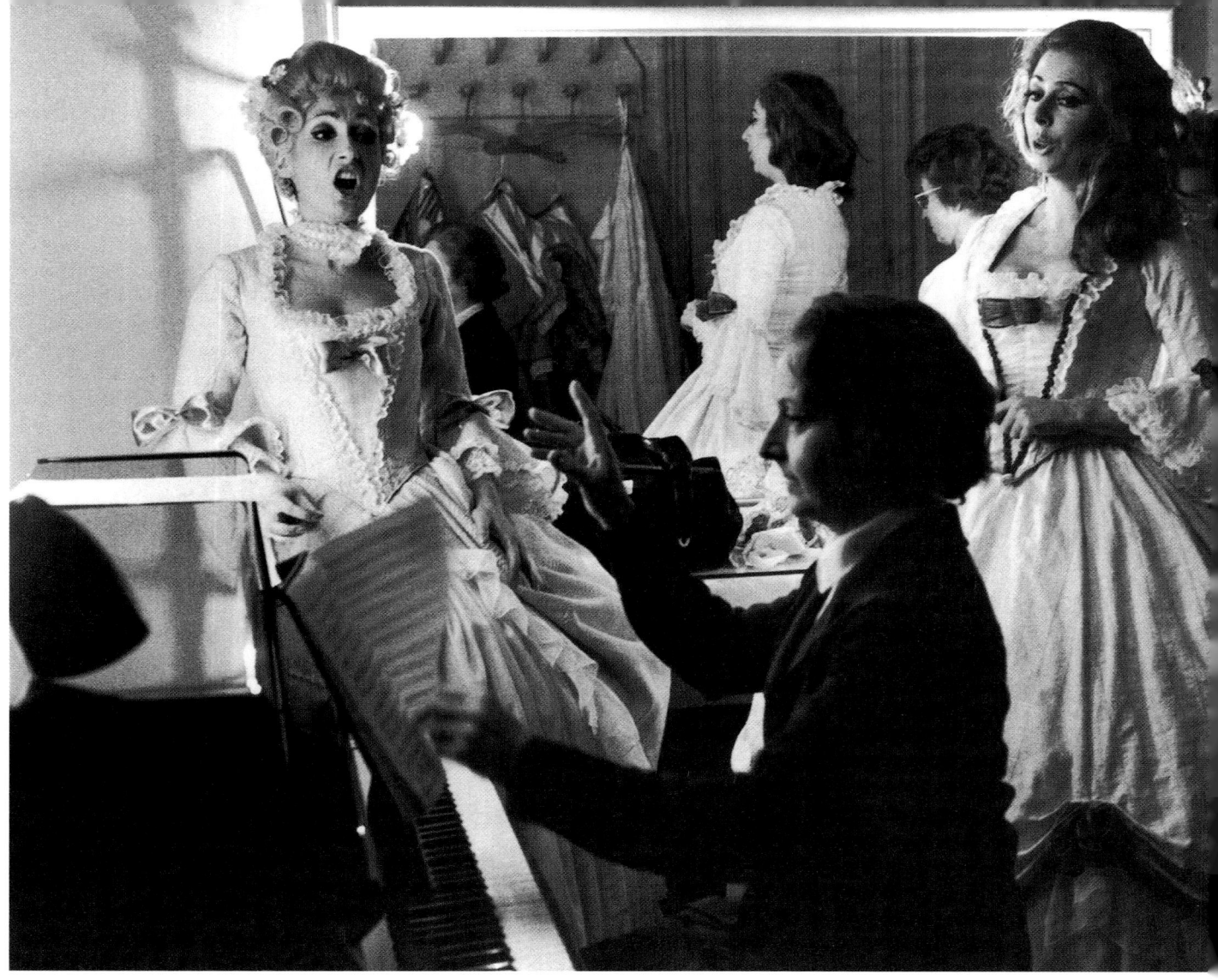

zu lassen. Bewußtsein und Eigenerfahrung hierin lassen die hellen Vokale niemals flach oder grell, die dunklen nicht hohl oder dumpf tönen. Dazu ist es notwendig, zu verstehen, welche Lage und Resonanzverteilung einem bestimmten Vokal natürlich und welche ihm unbequem erscheint. Es heißt also, sich mit den Gesetzen der eigenen Anatomie und ihrer Resonanzbegrenzungen intim vertraut zu machen. Richtiges Vorgehen ist in wenigen Fällen unbewußt gegeben, es ergibt sich zumeist aus den erkannten Irrwegen, aus bewußter Konzentration und erbarmungsloser Selbstbeobachtung. Immer ist das Ohr der beste Richter. Kennt einer seine »Farbpalette«

genau, dann kann er etwa durch einen plötzlich hell aufstrahlenden Vokal inmitten dunklerer Umgebung Licht auf die Stimmung eines Stücks werfen. Die Vokale sollten also immer ihre reine Form mitklingen lassen, auch vom Eigentimbre der Stimme nicht nach einer bestimmten Seite hin beeinflußt werden. Der Basis-Ton sollte weder hell noch dunkel sein, sondern eher eine neutrale Farbe haben, die abgedunkelt oder aufgehellt gestaltet werden kann.

Der Konsonant dagegen wirkt als Absprung für den Vokal oder als Verbindung, in jedem Fall als Hebel zur Förderung des Tons. Wir unterscheiden drei Konsonantengruppen:

Gesang oder Lied mit ausgeprägter Melodieführung

*E*in Sänger muß bis zum letzten Augenblick an seiner Partitur arbeiten. Hier probt eine Korrepetitorin noch eine heikle Passage mit den Mezzosopranistinnen Jeanne Berbiè (links) und Anna Ringart, beide schon »in Kostüm und Maske«, während eine Garderobiere schnell das Kleid der Ringart schließt.

a) *die klingenden, den Vokalen ähnlichen*: j, ng, stimmhaftes s (Nase, Wiese), franzÏösisches j (Jean, Genie), r, l, m, n, stimmhaftes v, w (englisch water)
b) *die weichen, antönenden*: g, d
c) *die harten, tonlosen*: ch, h, k, sch, ss, t, stimmloses s, p, stimmloses v, z.

Nach den Ansatzstellen zwischen Lippen und Zungenwurzel wären die Konsonanten zu ordnen:
a) *weicher Gaumen und Zungenspitze*: k, g, ng, ch, j (jot)
b) *harter Gaumen und Zungenspitze*: t, d, n, l, r, ss, s, sch, j (französisch)
c) *Lippen und obere Zähne*: p, d, m, f, w, w (englisch).

Daß die Konsonanten naturgemäß einerseits bedeutende Hilfen bei der Tonbildung darstellen, andererseits oft hinderlich sind bei der Erzeugung einer Kantilene, ist bekannt. Doch muß dieses Hindernis durch elastische Funktion von Zunge und Lippen überwunden werden, da ja die Konsonanten ihrem Charakter nach das Rückgrat der Sprache sind und sowohl zur Akzentuierung und Verdeutlichung als auch zu ihrer Schönheit beitragen.

*I*n der traditionellen Komposition von Texten hat das Zusammenwirken von Sprache und Musik die vokalbestimmten Sprachlaute bevorzugt. Dem Konsonanten blieb die Funktion des Ansatzes, der Akzentuierung, der Bedeutungserhellung zugewiesen. Die eindeutig definierte Tonfolge dagegen mit notierter Tonhöhe bevorzugte den Vokal für die tonliche Erfahrung. Laute und Klangassoziationen der Konsonanten, die zur Vollendung des Vortrags unerläßlich sind, blieben offen, wurden nicht oder nur in seltenen Fällen festgelegt. Vielfach sind sie nur zu erahnen, so wenn in Schuberts »Krähe« dem »wunderlichen Tier« erst die Konsonanten die Betonung und zugleich Erhellung des Gedanklichen sichern. Derart gehäufte Konsonanten werden, wenn sie in die kompositorische Textur einbezogen sind, musikalisch allein vom Sänger umgesetzt, sofern ihm seine Ausbildung die notwendige deklamatorische Form vermittelt hat.

Die Konsonanten bedingen den guten »Sitz« einer Stimme nicht weniger als die Vokale. Die unschöne Bezeichnung vereinigt zwei Forderungen in sich, die sich gleichermaßen auf die Sprache und die Tongebung beziehen: Vokale sollten nicht »hinten« sitzen, ihre Bildung muß vor einer Störung durch die Vokalformung geschützt werden und die Stelle ihrer

Artikulierung im vorderen Mundraum behalten, so daß wir Hörer die Entstehung leicht aufspüren und nachvollziehen können (was dem ungestörten Hörerlebnis zugute kommt).

Nicht nur die Vokale, unterstützt vom Atemstrom und der Zwerchfelltätigkeit, auch die Konsonanten sollten nicht im hinteren Mundbereich verformt werden. Denn an allen tönenden Lauten sind die Resonanzräume zu beteiligen, sollen Vokal- oder Lagenwechsel nicht stimmliche Ausfälle nach sich ziehen. Vordere Artikulation und Resonanz sind zwar nicht identisch, aber sie bedingen einander. Artikuliert der Sänger zu weit hinten, so behindert er die Resonanzräume, versperrt den Weg des Klanges und verengt die Kehle.

Dennoch: Den Sänger sollte nicht lediglich der Wille beherrschen, alle Resonanz »nach vorn«, etwa in den Nasenraum, zu führen. Hier droht flache Tongebung. Er muß vielmehr das sprachliche Element in die Klangerzeugung einbeziehen, indem sämtliche Resonanzräume für die Tongebung ausgenutzt werden. Freie Vokal- und Konsonantenbildung ermög-

*L*eonard Bernstein (1918–1990), hier in Photographien vom Dezember 1966, war durch und durch Musiker. Aufgrund seiner Begabung zur musikalischen Analyse erreichte er als Musikschriftsteller und Musikerzieher ein ungewöhnlich großes Publikum; jedes der von ihm dirigierten Werke vermittelte er durch geschmeidige und tänzerische Gesten und mitreißende Begeisterung gleichzeitig dem Publikum und den Musikern seines Orchesters.

licht ungestörte Klangentwicklung. Dies ist nur unter Kontrolle und in allmählichem Arbeitsprozeß zu erreichen.

In der wortgebundenen Musik zielt die Steigerung des Ausdrucks durch die singende Stimme auf Wirkungen, die keinem anderen Tonerzeugungsmittel zu Gebote stehen und deren Eindruck auf den als Partner zu denkenden Hörer durch nichts zu ersetzen ist. Beim bloßen Sprechen sind die Konturen der Tonfolgen verwischt, unbestimmt. Mit der Zunahme musikalischer Elemente, auch in den gesteigerten Rezitationen durch den Schauspieler, formen sich schon überzeugendere Details. Das Wort definiert die

*D*er Japaner Seiji Ozawa gehört zu den anpassungsfähigsten Dirigenten, denen ich begegnet bin. Auch seine Konzentrationsfähigkeit hat mich sehr beeindruckt; als ich unter seiner Leitung sang, hat er mich von Anfang bis Ende des auswendig dirigierten Stückes nicht einmal aus den Augen gelassen. Hier probt er Mozarts *Idomeneo* in der Salzburger Felsenreitschule.

Hinzukommen der Sprache. Hier existiert eine praktische Hilfe: Der Sänger intoniere seine stimmhaften Konsonanten genau auf der Tonhöhe, um so auch den jeweils folgenden Vokal technisch auf seinen »Sitz« vorzubereiten.

Die deutsche Sprache ist ihrer vielen Konsonanten wegen bei Sängern seit je zu Unrecht in Verruf, denkt man an das weitaus konsonantenreichere Tschechische oder Russische. Aber wie sich Demosthenes zur Beseitigung seines Sprachfehlers nervenzermürbende Übungen auferlegte und so zum besten Redner von Hellas wurde, so gilt es heute, im Unterricht die Konsonanten nicht als notwendiges Übel zu betrachten, vielmehr sie so einzusetzen, daß sie der Gesangsfunktion aufhelfen.

*E*s ist Sängern seit langem geläufig, sich die stimmhaften, klingenden Konsonanten nutzbar zu machen. Den Wert der stimmlosen Mitlaute nutzt die Gesangspädagogik erst in jüngerer Zeit. Paul Lohmann erkannte die Hilfe, die Explosivlaute wie »p«, »t«, »k«, Zischlaute wie stimmloses »s«, »z«, »sch«, »ch«, »Blählaute« wie »b«, »d«, »g« leisten können. Immer muß es sich um ein Mit-Tönen (consonare) handeln, denn die Konsonanten sind nicht um ihrer selbst willen da. Zu ihrem Wesen gehören Hemmungen des Luftstromes an einer beliebigen Stelle des Ansatzrohres, Hemmungen wohlgemerkt, die naturgegeben sind und dann nicht zu Folgeerscheinungen in der Halsmuskulatur führen dürfen, wenn die Mitlaute korrekt gebildet werden. Die vom Konsonanten geschaffene Enge darf der Vokal nicht übernehmen, und hier besonders ist eine nie nachlassende Überwachungstätigkeit angebracht. Die größte Schwierigkeit: Für die Arbeit mit den Konsonanten gibt es keine

Emotion. Diese spiegelt sich in Stoff und Inhalt, sie wird konkretisiert. Worte und Töne sind nur noch durch die Gebärdensprache zu steigern.

Gewöhnlich legt Musik die Tonhöhe des »Sagenden« fest und fordert damit genaueste Intonation, die nur selten wirklich erreicht wird. Während einwandfreie Tonhöhe bei den Instrumenten selbstverständlich ist, sind sich die Sänger desser oft nicht gleich intensiv bewußt. Zuverlässig saubere Intervallschritte, genau ausgehörte Leittöne, Quintverhältnisse und ähnliches erleiden Einbußen außer durch stimmtechnische Mängel, mangelnde Schulung des Gehörs oder akustische Probleme des Saales auch durch das

Rezepte, jeder muß den Mut zu neuem Ausgleich individuell erkannter Divergenzen finden.

Natürlich hat es mit der Deklamation zu tun, wie sich der Gesang zur Klavierbegleitung im Lied verhält. Wer genau definiert, wann er die Konsonanten im Moment des Stimmeinsatzes erklingen läßt, zwingt den Begleiter nicht, rücksichtsvoll auf die Atempause des Sängers zu warten oder das Klavier möglichst weit gegen den Gesang zurücktreten zu lassen, um nur ja ständig auf alle Eventualitäten der sängerisch recht ungefähren Darbietung gefaßt zu sein. Rhythmus, Klang und methodische Führung musizie-

ren mit der Klavierstimme vereint. Sie geben und nehmen gleichzeitig, ganz wie es den Komponisten vorschwebte. Es heißt, sich auch die unscheinbaren musikalischen und sprachlichen Forderungen bewußt zu machen.

Die Konsonanten also künstlerisch zu behandeln, sie auch im leider diametral entgegengesetzten technischen Sinn zu beherrschen, läßt sich aus den Problemen der Wiedergabe nicht ausklammern. Eine noch so gekonnte, akustisch weithin vernehmbare Konsonantenbildung kann doch über die malende Qualität der Sprache gänzlich im Unklaren lassen,

*I*nmitten dieses Vuillard nachempfundenen Dekors sieht man hier, angeordnet im Halbkreis eines Fächers, einen Sänger, der sich der Pianistin zuwendet, und die beiden ihn begleitenden Geiger, während zwei Zuhörer dabeisitzen und aufmerksam zuhören.

Eugène Franc genannt Franc, (1855–1919), Fächer:

Scène d'intérieur, pianiste, violiniste et chanteur

(Häusliche Szene mit Pianist, Geiger und Sänger)

Paris, Louvre

harte Anwendung des »t« in Schuberts »Prometheus«-Interpretation »Wer re*t*tete vom Tode mich?«! Man halte die fließende Behandlung des gleichen Konsonanten in der Heine-Vertonung »Sommerabend« von Brahms dagegen, wenn es heißt: »Und die Augen über*t*auen«.

Konsonanten sind deutlich und energisch zu behandeln, wo sie sich häufen. Einer unter ihnen darf gewissermaßen herrschen, die anderen müssen sich schnell und pünktlich anschließen und leiten unverzüglich zum Vokal über. Häufig vernimmt man eine schwerfällige Bildung des »l« nach anderen Konsonanten (fliehen, blühen), weil ein Hilfsvokal eingeschoben wird (feliehen, belühen), eine Verlegenheitslösung, die besser unterbliebe. Die Konsonanten untereinander und der darauf folgende Vokal sollten nahtlos aufeinander folgen. Die Schärfe stimmloser (also der klingenden) Konsonanten birgt Ausdruckswerte aller Art in sich. Dagegen steht die volltönende Weichheit und modellierende Färbung der klingenden, stimmhaften Konsonanten, unter denen das auf dem Ton gesungene »s« herausragt.

Natürlich gibt es auch ein Zuviel des Malens mit charakterisierender Konsonantenformung, wenn sie ungeprüft und künstlerisch maßlos eingesetzt ist. Jedes übermäßige, aufdringliche Verwenden eines Ausdrucksmittels wirkt sich, wo es nicht ausdrücklich vorgeschrieben ist (wie in vielen Liedern Hugo Wolfs), gegen den beabsichtigten Effekt aus.

Mitlaute sind wandelbar, je nach der Atmosphäre der sie umgebenden Töne. Daß Wotans zorniges »T*r*über Ve*r*träge« nach einem anderen »r« verlangt als Schubert-Goethes »Ohne *R*egung *r*uht das Meer« in »Meeresstille«, leuchtet ein. Aber wie viele Schattierungen liegen im Halbdunkel und fordern

einer Kraft, die vom Dichter schöpferisch gebraucht wurde.

Ein Beispiel für den Ausdruckswert eines einzelnen Konsonanten bietet das »t«. Es ist genau zwischen dem deutschen (oder französischen) »t« und dem italienischen (romanischen) zu differenzieren. Im Deutschen folgt ein Ausatmungs-Luftstoß (th), während das Italienische reiner Explosiv-Laut der Zunge ohne Hauchgeräusch zu sein hat. Das nachgehauchte »th« nimmt dem Konsonanten die Härte, läßt ihn hingebungsvoll oder ersterbend erscheinen, wenn die Stelle danach verlangt. Welch eine verzweifelte,

den Spürsinn des Interpreten heraus, auch wenn sich die Parodoxie ergeben sollte, daß erworbene Technik wieder »vergessen« werden muß, auf daß ihr im nachschöpferischen Vorgang unbewußt entsprochen werden kann.

Als Voraussetzung sollte von »reinen« Konsonanten gesprochen werden, jeder mit typischem, charakteristischem, sicherem Gepräge. Ihre Bildung ließe sich mit »Energie« kennzeichnen. Konsonanten entstehen bekanntlich durch Hemmungen des Luftstromes im Ansatzrohr (und nicht im Bereich des Kehlkopfes), an die der Sänger energische Präzision wenden sollte. Dann bekommt jeder Konsonant eine Schleuderkraft,

die ihn weit in den Raum trägt. Wenn bei Schülern durchaus zuerst auf einen kleinen, aber intensiv konzentrierten Ton zu zielen ist, so ist für die Bildung besonders der schärferen Konsonanten bald die Benutzung eines größeren Raumes ratsam. Die Grundelemente der Aussprache, nämlich Deutlichkeit und Präzision sind dadurch von vornherein gegeben, und verwischende Nachlässigkeit wird bekämpft.

Aber natürlich trägt der Konsonant nicht nur beiläufig zur Deutlichkeit und guten Aussprache bei. Er bewirkt die Intensität des Ausdrucks. Die malerischen und symbolischen Kräfte in den Einzellauten unserer Sprache, die Bildkraft ihrer Konsonanten lassen uns

*D*ank der Vermittlung
von Walter Legge, dem Ehemann
von Elisabeth Schwarzkopf,
hatte ich schon früh Gelegenheit,
in Gerald Moore einen
damals bereits durch langjährige
Erfahrung ausgezeichneten
idealen Begleiter zu finden.
Aufgrund seines perfekten
Legatos, seines untrüglichen
rhythmischen Sinnes
und äußerst nuancierten
Anschlags war er ein Partner,
von dem jeder Sänger nur
träumen kann.

das Wesen des zu singenden Textes überhaupt erst erfassen.

Unbetonte Absilben erfordern in jeder Sprache besondere Sorgfalt. Unrichtig gefärbt oder in falschem Lautverhältnis sind es die Absilben, die zumeist das idiomatische Klangbild, mitunter in verzerrender Komik, eintrüben. Sei es, daß sie unlogisch zu laut gegeben werden und auf diese Weise Unbedeutendes falsch gewichtet erscheint, sei es, daß vom Komponisten eine Absilbe aus Gründen der Linienführung höher als die Betonungssilbe gelegt wurde (wie so häufig bei Brahms, etwa: »Wie bist du, meine Kön*igin*«). Nur minutiöse Selbstkontrolle kann unbe-

tonte Silben in des Farbgepräge, in das Timbre einer Stimme einfügen, so daß dem Hörer das Gefüge der Sprachformung als nicht gestört erscheint. Auch spielt natürlich Kontur und Farbe des jeweiligen Gesangsstücks eine entscheidende Rolle. Immer geht es um ein Abstimmen der Laute aufeinander. So werden dunkle Endvokale wie in »Ruhe« auch die Absilbe dunkler färben als etwa bei »leben«. Darum sind es schließlich die Schlußsilben, die besonders in der deutschsprachigen Vokalmusik zu allererst den Ausländer erkennen lassen.

Äußerst intensiv gestaltetem Konsonantenverschluß bei Worten, die den Höhepunkt des deklamatorischen Ausdrucks bilden (Hugo Wolfs »Bis der *Sieg* gewonnen hieß«), entspricht eine leichte, elastische Wiedergabe in Nebenworten oder -silben. Eine legatogebundene Folge von Silben, eine Melodie aus Sprache, klingend durch den Wechsel der Vokale, sollte trotz aller Energie der Konsonantenbildung gewahrt bleiben. Beide bedingen einander sogar, denn lahme Konsonanten stehen ihr im Wege. Es bezeichnet die Kunst des Sprechgesangs à la Richard Strauss, daß der Vokal in schnellen Stellen immer nur wie eine kurze Brücke zwischen den ständig betonten und über ganze Taktteile verlängerten Konsonanten fungiert, um Verständlichkeit zu erzielen. Ein Übermaß an erstrebter Dramatik hinterläßt hier ermüdende, unangenehme Wirkung.

In Beethovens »Fidelio« gibt es den vom Singspiel her ohne rezitativische Musik übernommenen »Dialog«, ein Begriff, der nicht immer ausschließlich auf Zwiegespräche im Drama Anwendung fand. Schon bei der Gregorianik wurde der Dialog mit Wechselgesängen in die Musik aufgenommen. Mannigfach sind seine Formen in der Musikgeschichte, ob sie nun bei Monteverdi oder Schütz, als duettierende Solokantaten bei Andreas Hammerschmidt (1611–1675) und Johann Rudolf Ahle (1625–1673) oder als Wechselgesänge in Bachs Kantaten auftreten.

Mit dem echten »Dialog«, dem Sprechen ohne Musik, hat es der Sänger häufig in Oper oder Operette zu tun. Ein einziges, wichtiges Mal übernimmt ein reiner Sprecher in Mozarts »Entführung aus dem Serail« eine Hauptrolle, dem der Komponist Dinge zu sagen überließ, die ihm gesungen wohl nicht prägnant genug zur Geltung gekommen wären.

Dialog sieht meist zügiges Tempo vor, er soll den Gang der Handlung nicht aufhalten, doch deutlich sein. Also fordert er ein hohes Maß an sprachtechnischem Können, das dem Sänger meist nicht selbstverständlich ist. Seine Sprache soll dialektfrei und geschmeidig sein, die Artikulation deutlich, die Diktion natürlich. Das Bild der Sätze und ihrer Zusammenhänge soll sich klar gestalten. Umfang und Sprachmelodie müssen einen Bezug zur darzustellenden Figur bekommen. So wird die tessitura der Sprachstimme für den mädchenhaften Ernst der Marzelline im »Fidelio« sehr viel kleiner gehalten werden können, als es sich etwa das Ännchen im »Freischütz« erlauben könnte.

Was nun vom melodischen Gesang vor allem erwartet wird, das cantabile, ist in vollendeter Ausführung eine Seltenheit. Denn die Schulung stellt gewöhnlich das Interpretatorisch-Musikalische gegenüber der reinen Tonbildung, Textbehandlung und deklamatorischen Affektunterstützung in den Hintergrund. Gesang ist zwar gesteigerte Rede, aber die Stimme bleibt dennoch ein musikalisches Instrument. Ein makellos geführtes legato wirkt so leicht und natürlich, als gäbe es für die vorgetragene Linie gar keine Alternative. Die Stimme gleitet nicht nur, sie läßt vielmehr jeden Ton, klar umrissen und seinem Gewicht in der Phrase gemäß, aushalten. Obwohl Intervallstufen nicht notwendig ein portamento verbinden muß, vernimmt das Ohr die Tonfolge ununterbrochen – eben als eine Linie –, kein Nachdruck beschwert den einzelnen Ton, er scheint vielmehr noch den verklungenen in sich nachschwingen zu lassen. Dies ist nicht identisch mit Klangschwelgerei, die den Belcanto im 19. Jahrhundert vorübergehend in Verruf kommen ließ.

*1*957 nahm ich zum ersten Mal eine Strauss-Oper auf, *Capriccio*, Wolfgang Sawallisch dirigierte. Wie in ähnlichen Fällen häufig, stehen die Sänger – man erkennt von rechts nach links Elisabeth Schwarzkopf, Christa Ludwig, Eberhard Wächter, Hans Hotter und mich – über dem Orchester auf erhöhten Podesten.

»*A*rbeit« ist das Zauberwort, das den Alltag eines Sängers gliedert. Niemals darf ein Sänger darin nachlassen, seine Stimme zu vervollkommnen und seine Partien auszufeilen. Maria Callas – hier bei einer Plattenaufnahme – ist ein perfektes Beispiel für diese nie endende Verpflichtung, da sie ihr Leben lang an ihren stimmlichen, musikalischen und dramatischen Fertigkeiten weiterarbeitete.

*W*ird man als Sänger geboren? Säuglinge sind bei ihrer Ankunft auf unserer Welt eher »Schreier« denn Sänger, mit einer kräftigen Stimme ausgestattet und durchaus in der Lage, ihre »Stütze« richtig einzusetzen. Läßt sich ein Erwachsener auf das Singen ein, bedarf es manchmal jahrelanger harter Arbeit, um die Beherrschung dieser Muskelgruppen von neuem zu erlernen.

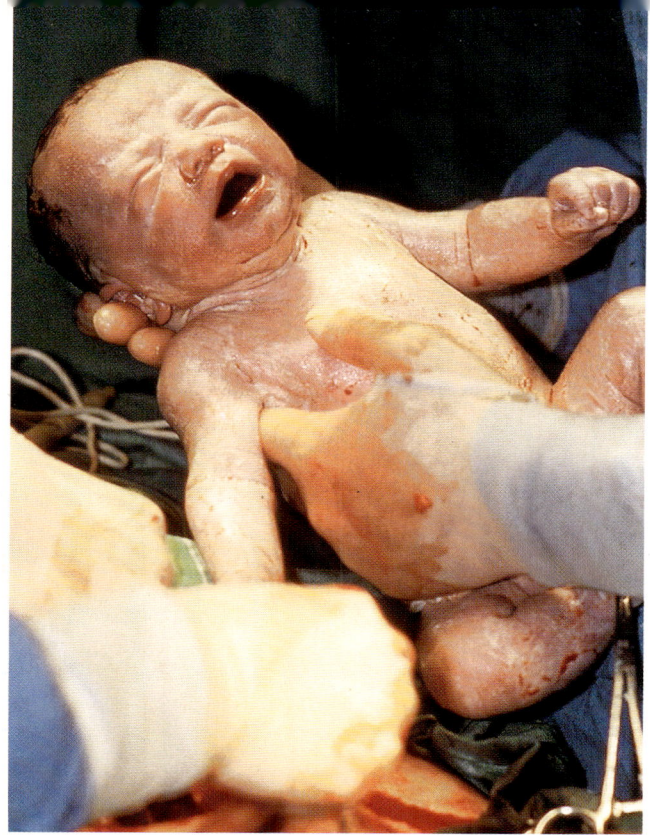

*A*lte, vielfach überlebte Formen der Belcanto-Technik wie »flautati«, »cercar il tuono« oder »portamenti« können gewiß nur in seltenen Ausnahmen den Ausdruck unterstützen. So bedeutet heute das portamento fast ausschließlich ein aufgesetztes Mittel, musikalisch-dramatisch zu charakterisieren. Aber fein und zurückhaltend angewendet, kann es auch heute den Ausdruck verinnerlichen. Die Stellen seiner Anwendung sollten es freilich als unumgänglich erscheinen lassen, sonst wäre sein Einsatz fehl am Platze.

Fähigkeit zum legato ist für Instrumente und Stimme gleich bindend, allen Verschiedenheiten der Sprachen und Sprecharten zum Trotz. Für den Instrumentalisten fordern die Noten zum legato auf, indem bruchlos der Stärkegrad von einer Tonhöhe zur nächsten übergehen

soll, gleichgültig, ob es sich dabei um konstante
Lautstärke oder um Wechsel von crescendo und decrescendo handelt. Meist ist die Intensität eines solchen
legato entscheidend für den künstlerischen Eindruck –
ihr Fehlen, da wo Bindung gefordert ist, macht viele
sängerische Leistungen unbefriedigend.

Was ihre Ausführung naturgegeben erschwert, liegt
für den Sänger (im Gegensatz zum Instrumentalisten)
im sprachlichen Element, das nicht nur die klingenden, sondern auch die stimmlosen Konsonanten, vielfach in Bündelung bis zu fünf auf einmal in den
Zeitraum eines einzigen, zwingen muß. Ein Irrtum
vieler Sänger – und leider auch Kritiker – läuft darauf
hinaus, entweder nur eine legato-Phrase gelten zu lassen oder eine klare Aussprache. Aber erst die
Gleichberechtigung von Vokalen und Aussprache
kann befriedigen, es darf kein Entweder-Oder geben.
Singen heißt für jeden Anfänger, eine neue Sprache zu
erlernen, gleichgültig, aus welchem Land er stammt.
Ausgleich der Vokale, Schliff der Konsonanten,
Beherrschung der Tonstärke, Bruchfreiheit der Lagen
– sie alle fördern eine einheitliche Klangfarbener-
zeugung, die erst das Gefühl für den Gesang frei
macht.

Was einst unter Belcanto verstanden wurde,
sollte nicht jenes Vorurteils wegen zu kurz kommen,
der geistige Gehalt einer Komposition werde
dem schönen Ton geopfert. Im Gegenteil: Die
völlige Souveränität über das Instrument, die in
erster Linie durch den Belcanto gewonnen wird,
befähigt den Sänger erst dazu, neben vollendeter
Sprachbehandlung auch zu charakterisieren und zu
modulieren.

Besser wäre von einer ideellen Differenz zwischen
»cantabile« und »declamato« zu sprechen, weil im

*D*ieser Kinderchor von Zwei- bis
Fünfjährigen an der St. Marks
Methodist Church von Brooklyn in
New York ist eindrucksvoll.
Die Kinder singen mit Freude und
haben offensichtlich schon
einiges gelernt. Man sollte Kinder
ruhig sehr früh singen lassen.
Die Tatsache, daß in den heutigen
Schulen das Singen nicht
mehr selbstverständlich ist,
wirkt sich nicht zum Vorteil
professioneller Sänger und
deren Publikum aus.

ersteren die instrumentale Behandlung der Singstimme eingeschlossen ist. Grundlage für kantable Übung bildet das Studium der »Messa di voce«, des Schwelltones mit sorgfältig abgestuftem Übergang vom pp ins ff und zurück ins pp. Ein solcher Schwellton ist mehr als nur technische Übung. Es kann in ihm Freude, Ergriffensein vom Klang oder die Suche nach absoluter Schönheit mitschwingen. Die hierdurch ermöglichte Dynamik überzeugt erst dann, wenn es seelische Momente sind, die den Klang bestimmen, wiewohl von musikalischer Intelligenz diktiert. Sie nimmt nicht nur vom Dichter, vom Wort, vom Textsinn ihren Ausgang, sondern spürt die Absichten des Komponisten auf. Ein solches Suchen kommt ohne verblüffende Äußerlichkeiten, ohne künstlerische »Knalleffekte« aus. Immer stellt die notierte Forderung der zu singenden Musik das Maß.

Die Italiener des Mittelalters und der Renaissance bezeichneten als das Non plus ultra künstlerischen Singens das »Singen auf dem Atem«. Darüber kann uns nicht die Länge des Atems, nicht die Art, wie er eingenommen wird, nicht die Muskeleinstellung des Körpers aufklären. Allein das Ohr kann uns untrüglich offenbaren, ob wir uns dem alten und ewig jungen Ideal genähert haben oder nicht. Es drückt sich in dem naiven Gefühl des Sängers wie des Hörers aus, als werde der Ton vom Atem getragen wie ein Körper, als löse er sich und schwebe. Wie beherrscht die Muskulatur sein muß, um dieses Ziel zu erreichen, läßt sich an der Seltenheit ermessen, mit der jene klangliche Wirkung erreicht erscheint, die an Schönheit und Reiz jedes andere Instrument aussticht.

Leicht, ruhig und frei soll der Atem ausströmen. Er kann dies nur, wenn der Kehlkopf nicht unter Druck gesetzt wird, etwa um Atemluft zu sparen. Schon die geringste muskulare Spannung stört das eher »passive« als aktive Führen sorgsam eingesetzten Atems. Er fließt ganz allmählich ab, bei angenehmer, leicht elastischer Spannung der Körperhaltung während des Singens. Atem und Technik sind im Gesang eines. Der schöne ruhige Fluß des Atems produziert den richtigen Ton. Und umgekehrt hilft der richtig empfundene, mit dem inneren Ohr vorausgehörte, gut vorgestellte Ton, korrekt zu atmen.

Wie Sätze in einem Atemzug und unter einem Bogen zusammengefaßt werden, wie also im Textgesang phrasiert wird, das bestimmt weitgehend der Textsinn. Die Zeit zum Einatmen wird, falls keine Pause notiert ist, von der letzten Silbe der voraufgegangenen Phrase abgezogen, damit der neue Einsatz rechtzeitig erfolgen kann. Dazu muß allerdings geräuschlos und schnell geatmet werden. Gleichzeitig frei und vollkommen streng, ähnlich der Atem-

*M*eine beiden Puppentheater aus Pappe mit ihren handkolorierten Dekorationen und Puppen stammten aus Neuruppin. Nicht die Spanische Hofreitschule war dargestellt, wie bei diesem Theater aus der Zeit um 1790, sondern der *Freischütz* und *Tannhäuser* und viele andere Stücke, die meine kindliche Vorstellungskraft prägten und mir die gerne rezitierten Texte deutscher Dichtung einprägten. Es handelt sich hier um Spiele für Kinder, die eine kindliche Persönlichkeit im Kern treffen und Weichen für spätere Lebensfragen stellen können.

Salzburg, Museum Carolino Augusteum

führung, fordert der Gesang, Tempo und Rhythmus zu behandeln. Das bedeutet, konsequent ein Tempo halten zu können und doch jeder bedeutungsgebundenen Dehnung oder Beschleunigung ihr Recht zu lassen. Nichts kann hinderlicher sein als faules, schleppendes Tempo beim Sänger (etwa in Bachs Koloraturen oder bei Schuberts drängenden Liedern). Für die Begleitung gilt das gleiche. Sänger sollten sich nicht hängen lassen, ihren Körper zu spannen verstehen. Energische Haltung, elastischer Gang sind dazu unbedingt – besonders beim Bühnenstudium – zu üben. Ein solches Gehobensein spiegelt sich dann in der Kunstausübung.

Oft wählen Sänger, die besonders ausdrucksvoll sein wollen, übermäßig breite Tempi, um so jede Einzelheit überdeutlich hervortreten zu lassen. Dabei kommt meist die Charakteristik des Grundtempos, die Gesamtheit des sinngebenden Ausdrucks zu kurz. Wortausdruck im einzelnen überwiegt. Aber genauso-

*Ä*hnlich wie Felix Mendelssohn Bartholdy als Kind auf einem Hocker stehend dirigierte, bin auch ich im Alter von kaum sechs Jahren bei meinem Musiklehrer auf einen Stuhl geklettert und habe begeistert das Sanctus einer Schubert-Messe dirigiert. Der Kreis schließt sich, da ich mich jetzt primär mit dem Dirigieren befasse.

Holzschnitt nach einer Zeichnung von Woldemar Friedrich (1846–1910),
Felix Mendelssohn-Bartholdy als Kind am Dirigentenpult

wenig sollte Hast einreißen. Schnelle Tempi wirken nicht deshalb lebendig, weil sie metronomisches Maß halten, sondern weil der Rhythmus deutlich herausgearbeitet ist. Rhythmisches Leben ist der wesentlichste Faktor im Gesang. Es bestimmt auch die Agogik.

Nicht so nebensächlich wie häufig vermutet ist jenes rhythmische Empfinden, das ein richtiges Verhältnis der Vokale und Konsonanten zueinander herstellt. Es ist an das Gesetz zu erinnern, das schon Hiller 1774 und ähnlich nach ihm viele andere aufstellten: Die Vokale sollten auf der Zählzeit erklingen; die Konsonanten sind im davor liegenden Taktteil unterzubringen. Es wird also nicht nach Sprachsilben, sondern nach Lautwerten getrennt. Solcherart durch Konsonanten vorbereitete Töne bergen das ganze Geheimnis rhythmischen Flusses in der gesanglichen Sprache. Begleiter oder Dirigenten werden am besten nachfühlen, wie es ein Nicht-Befolgen dieser Grundregel fast unmöglich macht, präzise mit dem Sänger einzusetzen und zusammenzubleiben. Tonträger sind ja doch die Vokale, und sie wollen in der Musik auch so behandelt werden. Hinzu kommt, daß die stimmhaften Konsonanten genau auf der Tonhöhe des Vokals, zu dem sie gehören, angesetzt werden sollen. So wird also auch die Note durch den Konsonanten ganz kurz vorausgenommen. Hierin ist eine absolut automatische Präzision durchaus anzustreben, die jegliches Bewußtmachen im Laufe der Zeit überflüssig werden läßt.

Bereits in der Geburtsstunde des Kunstgesangs hatte Conte Bardi den Sängern zugerufen: »Laßt Eure Erscheinung beim Gesange zierlich sein (in modo

acconico), behaltet Euer gewöhnliches Gesicht, so daß der Hörer kaum weiß, ob der Gesang aus Eurem oder aus eines anderen Mund kommt, und seid nicht wie andere, welche sich, ehe es ans Singen geht, beklagen und entschuldigen, sie seien erkältet, sie hätten die letzte Nacht nicht gut geschlafen – und was der widerwärtigen Ausreden mehr sind«. Hier konstituiert sich die Paradoxie gebotener Natürlichkeit des Hervorbringens von Tönen und der dazu notwendigen äußersten Beherrschung des Stimmapparates.

Übermittlung von Sprache schließt auch Nicht-Verbales ein, das dennoch textbezogen auftreten kann: Die Art der Intonation oder der Stimmklang, Dialekteinfärbungen, Tempo und Akzentuierung, Mimik, Gestik, Körperhaltung, die alle in der neuesten Musik zur kompositorischen Ausdrucksfindung herangezogen werden (vgl. D. Schnebel, »Denkbare Musik«, Köln 1972). Was an Angst, Freude, Erregung oder Ruhe vom Sänger außerhalb des Notentextes durch seine Person und die Darstellung eingebracht wird, ist von erregend komplexer Vielfalt, und jede Ungenauigkeit kann den Charakter einer Information beeinträchtigen, die Wirkung ins Gegenteil verkehren.

Dem scheint paradox entgegenzustehen, was wir hier an den Schluß stellen wollen: Nach allen Stilen und ästhetischen Regeln, die durch die Zeiten hin einander folgten, entsteht auch die Gesangsmusik, mehr als alle andere, in jedem Interpreten neu, wie noch nie dagewesen. Vor jeglicher Wiedergeburt der Töne muß die Idee des noch nicht bekannten Möglichen bestehen. Der Nachschaffende sollte durch alles Wissen hindurch sich zu der Utopie befreien, daß er Dinge tun will, von denen er noch nicht weiß, wie sie beschaffen sein könnten.

*L*inks singe ich den Falstaff in der Titelpartie der gleichnamigen Verdi-Oper – es war meine erste Rolle in der Regie von Carl Ebert – und rechts ist ein zur Zeit meines Rollendebüts gemalter Masken-Entwurf abgebildet.

*D*ank meiner Lehrer konnte ich mich zunächst der Einberufung zur Wehrmacht entziehen, wurde 1943 dennoch eingezogen und diente vier Jahre als einfacher Soldat, geriet dann in Italien in Kriegsgefangenschaft und kehrte erst 1947 wieder ins Zivilleben zurück. In der Gegend von Pisa und Livorno wurde ich unter der Aufsicht der Amerikaner zum Kulturbetreuer in den deutschen Kriegsgefangenenlagern ernannt. Ich suchte verzweifelt nach Musik, sang, spielte Orgel und Klavier, dirigierte. Meine eigenen Erfahrungen sahen deshalb etwas anders aus als bei den hier abgebildeten italienischen Partisanen, die im Juli 1944 ihre deutschen Gefangenen an französische Truppen in Siena ausliefern.

GESANG UND INTERPRETATION

*W*ir versuchten, Überlegungen zur Emanation der Sprache in der Gesangsmusik anzustellen und deren Voraussetzungen aufzuzeigen. Das Wort-Ton-Verhältnis ließ sich zwar in dem Prozeß musikalischer Metamorphosen historisch nur ästhetisierend andeuten. Alle mechanistische Beschreibung müßte jedoch in der These kulminieren, daß Sprache im Singen erst zu sich selber gelangt. Und wo die Sprache sich dem Kunstgesang verweigert oder im Bewußtsein der Menschen zur bloßen Information, zum Code reduziert ist und als Zeichenfolge verstanden wird, bleibt sie »Zeichen, d. h. Mittel zum Zweck« (Hanslick). Das stimmtechnisch Erreichte, der Schönklang wartet darauf, erhellt zu werden. Was zwischen den Noten

steht (mit Gustav Mahler das Wesentliche), soll befreit, und was mit ihnen rotiert ist, nicht vergewaltigt werden. Dabei sind Disziplin, Mißtrauen gegen mögliche Unreinheit des Zur-Schau-Stellens, Beherrschung der Leidenschaft unumgänglich. Wir würden gegen den hohen Anspruch der Einheit abfallen, wollten wir die Stimme davon isolieren, daß sie dezidiert gefaßten Ausdruck bekäme.

Der Interpret kann die Einheit Leib-Seele versinnbildlichen, wobei sich seine Eigenschaften sicht- und hörbar von denen anderer unterscheiden, einmal vorausgesetzt, es handele sich um den Stand gleicher technischer Voraussetzungen. Es wird darauf ankommen, ob sich sein Tun erhellt, sein Ausdruckswille auf das Werk gerichtet ist, um es anderen gleichermaßen erlebbar zu machen.

*D*iese Landschaft wird von demselben blaugrünen, schneeigen Licht beleuchtet, wie ich es mir es vorstelle, wenn ich die Lieder der sieben Jahre später entstandenen *Winterreise* von Schubert singe. Caspar David Friedrich (1774–1840), *Hünengrab im Schnee* Dresden, Staatliche Kunstsammlungen

Es ist zu fragen, woher die verbreitete Skepsis gegenüber künstlerischer Aufklärung durch Interpretation, also auch durch künstlerischen Gesang, stammt. Anders als in der Zeit des Aufkommens der Konzerte ist die Furcht verbreitet, dem denkenden Interpreten müsse das Beste seiner Leistung, das Unbewußte, verlorengehen. Das gleicht unziemlich dem Vorwurf, den man einst gegen Gottsched und Gellert machte, sie zerstückelten die Intensität des Gefühls, indem sie darüber nachdachten.

In diesem Kontext, nämlich der Verteidigung eines glatten, unpersönlichen Perfektionismus fallen Ausdrücke wie »manieristisch«, in deren Namen Künstlern vorgeworfen wird, sie hätten einzelne Züge übergewichtig auf Kosten des Ganzen herausgehoben. Hier wird eine darstellerische Konzeption verkannt, die sich gerade an der Idee von Ausgleich und Gewichtsverteilung mißt, also eigentlich klassizistischem Wesen huldigt. Das Kunstwerk soll nicht in Einzelheiten zersplittern, aber auch nicht im Unverbindlichen aufgehen.

Ähnlich fahrlässig mutet die Auffassung von Gesangslehrern und Kritikern an, Konzert und Oper seien in Unterricht und Praxis gegensätzlich zu behandeln, etwa unter der Überschrift: Hier verfeinerte Kultur, dort wie mit hartem Pinsel vorgetragene elementare Wucht. Ein Konzertsänger habe, wollte er seinem Renommee nicht schaden, mehr auf stimmliche Kultur Wert zu legen, während beim Opernsänger sich technische Mängel durch Aussehen, Temperament und einigermaßen mitreißende Aktion ausglichen. Aber jene deutliche Aussprache der Worte, die beim Lied so selbstverständlich scheint, ist auf der Bühne nicht gleichbedeutend mit Naturalismus (ohnehin ein irreführendes Gebrauchswort, denn es beschreibt im Grunde Übertreibung und Vergröberung des Ausdrucks, die in jedem Fall stimmschädigend wirken). Stimmkultur kommt auf dem Konzertpodium nicht etwa fader Leblosigkeit gleich. Der Körper, das Instrument des Sängers, darf sich nicht zu einer naturfeindlichen Erstarrung zwingen.

So kann das Studium von Opernpartien dem reinen Konzertsänger eine Bereicherung der Ausdrucksskala bringen, seine Kraftreserven mehren. Dem Opernsänger wiederum geht im Studium der Lieder eine Welt von gesangstechnischen Aufgaben auf, die er anders nicht hätte ahnen können. Ein Rangunterschied im Unterricht ist abzulehnen. Denn beide, der Operndarsteller und der Liedgestalter, sind gefordert, den Klang der menschlichen Stimme in Sprache und Musik zu bewahren, sich vom Hemmungslosen ebenso wie vom Nüchternen zu entfernen. Ein solcher Interpret kann freilich noch nicht erwarten, sich vom Bildungsbürger oder vom Rezensenten ohne längeren Prozeß der Vorbereitung richtig verstanden zu wissen. Diese interessiert primär der Ton des Geigers, die

Stimme des Sängers, die Normleistung. Ihnen ist zunächst die Technik überprüfbar, das Mittel wird in den meisten Fällen zum Selbstzweck.

Die hier vorausgesetzte Auseinandersetzung mit dem Werk birgt, wenn sie sich nicht auf die Wiederholung des zuvor Angelernten beschränkt, sondern Analyse und Erleben einschließt, eine Erneuerung in sich. Es ginge also darum, sich vorerst nicht mit irgendwelchen Interpretationen anderer zu befassen, sondern mit dem zu studierenden Werk. Nicht Hermann Preys Barbier oder Peter Schreiers Belmonte, nicht die Lady Macbeth der Callas gilt es nachzuahmen, so großartig eine jede dieser Leistungen für sich genommen auch sein mag, sondern die eigene Person mit den nachschöpferischen Gegebenheiten zu konfrontieren, die einem Musikwerk innewohnen. Da kommen Rezeptions-

Mit dem Tenor Walther Ludwig, der hier in der Partie des Alfredo 1935 in der Berliner Inszenierung von Verdis *La traviata* zu sehen ist, habe ich noch gemeinsam auftreten können. In diesem Bild aus dem zweiten Akt ist Alfredo im Begriff, Violetta zu beleidigen, die ihm trotz ihrer Liebe entsagen will – Alfredo weiß dies nicht –, um der Bitte von Alfredos Vater zu entsprechen. Die Freunde, die beide umgeben, nehmen für die verhöhnte Violetta Partei. Regisseure verlegten schon vor dem Zweiten Weltkrieg, wie man es auch bei dieser Inszenierung sieht, die Handlung eines Werks gerne in eine andere Epoche als die der Handlung. Eigentlich spielt die *Traviata* zwischen 1820 und 1850.

geschichte, Selbstverständnis des Komponisten in seiner Zeit und Material zum Hintergrundverständnis einschließlich der unterschiedlichsten Werkausgaben zu Hilfe, die uns viel von der Aufführungsgeschichte verraten.

Die eigenständige Erlebnisfähigkeit unterliegt jedoch jenen objektiven Kriterien der Vorbereitungen und der handwerklichen Fertigkeit nicht, mit denen Stimmtechnik, schauspielerische Bildung, Stimmumfang oder Repertoirekenntnis gemeint ist. Aus

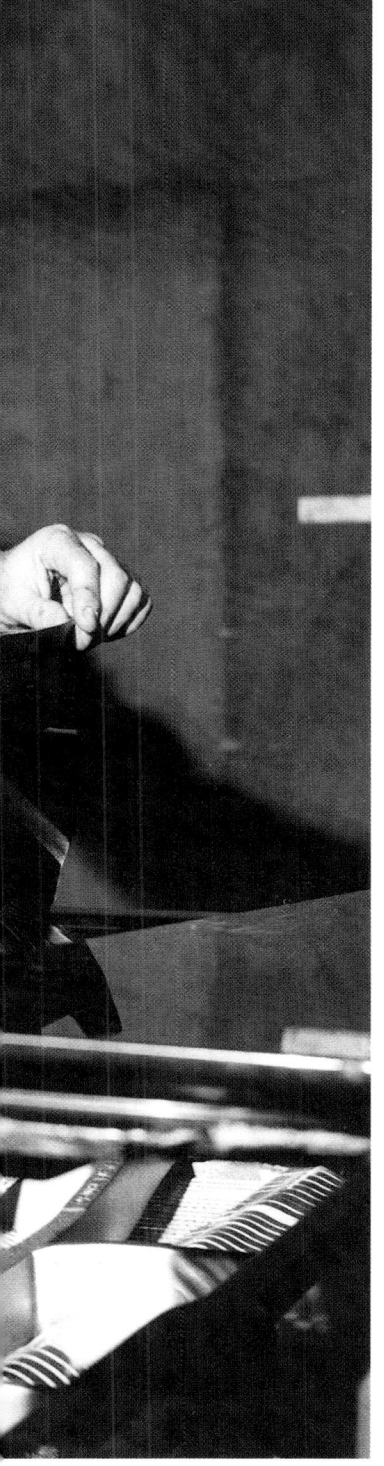

hinzugedacht werden muß, damit aus dem Notwendigen das Resultat hervorgeht: das Künstlerische.

*D*ie Überwindung dieses Konflikts liegt bereits darin, die Frage sichtbar zu machen. Das Kriterium für den Sänger ist dies: Die Frage nach dem Verhältnis Dichtung-Musik zu stellen, aus ihr den nachschöpferischen Impuls zu empfangen, ihr gegenüber immer offen zu bleiben, sich das Staunen und die Ergriffenheit zu bewahren und sich immer dem Ursprung zuzuwenden. Dem Suchenden wird sich die Spaltung als eine seit je zu überwindende darstellen. Die ursprünglichste und höchste Form nämlich, das gelungene Zusammentreten von Sprache und Gesang, muß vorausgesetzt werden, um die beiden früher unterschiedenen Ausformungen sängerischen Naturells zu scheiden, ja überhaupt nach ihnen zu fragen. Reichen auch die Erfahrungen meist nur von Monteverdi bis heute, so möchten wir doch behaupten, in Franz Schubert sei ein Ziel der Annäherung an die Vollkommenheit Ereignis geworden.

Seitdem hat es viel »neue Musik« gegeben, die ebenso viele neue Probleme aufwarf. Unter diesen ist gewiß das der Kommunikation mit dem Hörer eines der dringendsten. Eine Zeit, die mit Boulez den Interpreten als »gottgesegnetes Ungeheuer« sieht, wird es damit schwer haben. Verleugnete doch dieser scharfsinnige Deuter unserer Situation und seiner selbst zunächst alle Formen, um sie dann neu zu entdecken, aber in einer dem Interpreten feindlichen Widerborstigkeit, in der ästhetischen Wirkung einem unregelmäßig bestecktem Nadelkissen vergleichbar, jede Ästhetik im Grunde scheuend. Häufung des Tonmaterials und selbstbewußte Individualität möch-

*E*inen geschmeidigeren Bariton als den von Gérard Souzay kann man sich kaum vorstellen. Souzay hat unterschiedliche Opernpartien gesungen, den Orfeo von Monteverdi, Don Giovanni und den Grafen aus *Le nozze di Figaro* von Mozart oder den Golaud in Debussys *Pelléas et Mélisande*. Vor allem aber setzte er sich als unvergleichlicher Interpret französischer Lieder durch, die er als wahrer Botschafter dieser Kunst während langer Jahre weltweit sang. Häufig trat er dabei mit dem hervorragenden amerikanischen Pianisten Dalton Baldwin auf, mit dem er hier im Mai 1967 im Salle Pleyel in Paris, aufgenommen wurde.

dem für die Interpretation Notwendigen kann noch nicht folgen, was durch sie erreicht wird. Das künstlerische Wollen ist eine Selbständigkeit, von der nicht anzugeben ist, wie sie beschaffen sein sollte. Denn bei ihr handelt es sich just um das Spezifische, was noch

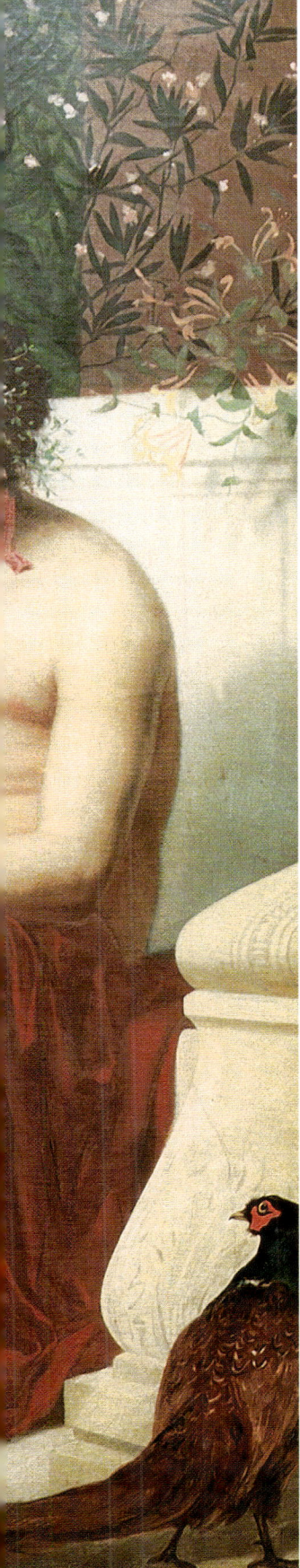

*A*uch ein ungewöhnlich begabter Sänger oder Musiker benötigt die Erfahrung, das Ohr und das Zuhören eines Lehrers – das ist wohl der tiefere Sinn dieses Gemäldes mythologischen Inhalts. Die Mutter des Orpheus, Kalliope, führt ihn in die Geheimnisse des Harfenspiels ein. Der Name dieser griechischen Göttin der Künste, die über Epos und Elegie herrscht, bedeutet in griechischer Sprache »Frau mit schöner Stimme«. Orpheus verdankt wohl seiner Mutter die Stimme, die auf alle Kreatur übernatürlichen Zauber ausübt. Auguste Hirsch (1833–1912), *Calliope enseigne la musique au jeune Orphée* (Kalliope unterweist den jungen Orpheus in der Musik) Périgueux, Musée du Périgord

ten mitsammen eine Musik ausschalten, die sich demütig und unambitiös als relativ einschätzt, als einen Sektor mathematischer und physikalischer Gesetzlichkeiten.

Dem kann eine Gesangskunst entgegenstehen, deren Erfolge nicht auf irgendeinem sensationellen, rein stimmlichen oder nur an der Person des Sängers orientierten Interesse gründen, sondern allein auf der zutreffenden Interpretation. Der schöpferische Künstler weiß, daß die Werke auch ohne ihn Leben und Sprache behalten. Aber der Reproduzierende ist selbst die Existenz seiner Kunstausübung, und was nach seinem Tode noch von ihm gewußt wird, besteht aus dem Schatten dessen, was auf Tonträgern oder Filmbändern von ihm konserviert ist, also eher einer dunklen Saga, die sich mit der Realität gewöhnlich nur flüchtig berührt.

Eine völlig authentische Interpretation gibt es nicht. Zwar tritt immer wieder einmal die Täuschung ein, es sei Vollendung gelungen. Aber daraus den Schluß zu ziehen, es handle sich unwandelbar um Endgültiges, ist mit nichts zu rechtfertigen. Noch weniger geht es an, eine Darstellung als Einwand gegen eine andere zu benutzen. Denn nicht zwei Stimmen gleichen sich, noch weniger zwei Talente. In dem Hinweis, es setze ein spezielles Talent voraus, Musik zum Sprechen zu bringen, ist nach allem Gesagten nichts Eindeutiges enthalten. Abgesehen von den Voraussetzungen stimmlichen Naturells, nach der kantablen oder deklamatorischen Seite hin, dürfte der Ansatz künstlerischer Begabung in einer Einstellung gründen, die durch Anlage und Einflüsse in der Kindheit vorbereitet ist.

Eine solche Einstimmung schafft Besessenheit, Bereitschaft, sich der Wirklichkeit des Künstlerischen

hinzugeben. Dies kontrastiert zur weitaus größeren Zahl jener Menschen, die in der Daseinsrealität befangen bleiben. Erst der Weg über Wertung, Auswahl und Qualitätsempfindlichkeit führt zu jener schöpferischen Phantasie, die gestaltet. Was dabei an speziellen Techniken zum Aufbau einer Wiedergabe gehört, verwechselt der unbefangene Hörer leicht mit dem Wesentlicheren, damit nämlich, daß sangliche Technik nur zur Aufhebung der Grenzen zwischen dem Subjekt Interpret und dem Objekt Kunstwerk dient

GESANG IN DER WERKSTATT

*M*eisterkurse spielen eine
wichtige Rolle in der Ausbildung
zukünftiger Berufssänger.
Sie können zwar die regelmäßige
und geduldige Arbeit mit
dem eigenen Gesanglehrer nicht
ersetzen, erlauben aber
Entdeckungen und wichtige
berufliche Kontakte.
Die bedeutende Sopranistin
Lotte Lehmann (links) erarbeitet
hier mit der Mezzosopranistin
Grace Bumbry allerdings
zweifellos kein Lied, sondern eine
Opernpartie. Die Bumbry
entstammte dem engeren
Schülerkreis von Lotte Lehmann
und machte international
Karriere. Bekannt ist,
daß Lotte Lehmann auch
der französischen Sopranistin
Régine Crespin ihren Rat
nicht verweigerte.

aus, ein Geheimnis der Tonformung, das zu enthüllen die Sprache ihren entscheidenden Beitrag leistet.

*G*esang überwand in geglückten Interpretationen am weitesten das nicht zu vollendende Suchen nach Einklang in der Mitteilbarkeit. Denn erst, wenn wir aus der ursprünglichen Einheit die Musik abziehen, treten Sprache und Gesang wirklich auseinander. Zuvor bildete das Lautmalende im Zusammenhang mit der Musik eine Einheit, die der Worte in vielen Fällen gar nicht mehr zu bedürfen schien. Hier liegt auch der Unterschied des Gesangs zur Sprache als Mitteilung, die sich nicht wissenslos und unwillkürlich vollzieht, sondern auf die Sache hin tendiert.

Wir sprachen von den übersteigerten Forderungen, die heute an Reife und Übersicht des Interpreten wie die des Hörers gestellt werden. Dabei geht es um nichts weniger als den geistigen Akt des Zusammenfassens der Erscheinungen und ihrer Verhältnisse zu einem geordneten Miteinander, ohne daß sich die Sinnlichkeit des Sängertypes als medial untauglich dazwischenstellen kann. Denn ist dies der Fall, müßte das Nacheinander der Phänomene im Ablauf einer musikalischen Interpretation als zufällig zusammengeraten empfunden werden. Künstlerische Organisation stellt das Gegenteil dar. Wer den Intellekt gesangsfeindlich schilt, verachtet Denken ebenso wie sicher geleitetes Tun, das über den Durchschnitt hinaus will. Es ist ein absichtsvolles und zielstrebiges Wollen, das die teleologischen Strukturzusammenhänge ausmacht, zugleich aber den Sinn des Künstlerischen an sich.

Zum Künstler, der formt und ein Werk tiefer erschließt, gehört ein Anteil von Wissen, der im

und somit für die Freiheit der Vereinigung beider sorgt. Wie der Dichter in Goethes Formulierung das Bild der Welt antizipiert, ohne es doch zu kennen, so nimmt der Sänger dank schöpferischer Phantasie das Bild der sich im Gesang äußernden Leidenschaft vor-

Augenblick der Interpretation vergessen werden darf, auf den aber bei der Erarbeitung der Darstellung nicht zu verzichten ist. Die Presserezension ist häufig ganz auf die Ästhetik des Interpreten fixiert und macht sich leichtsinnig nicht die Mühe, Verbindungslinien zur Gegebenheit des Werkes zu ziehen. Resignierend könnte der Leser solcher Besprechungen zu einem jener Reinheitsenthusiasten werden, die Schuberts oder Weberns Lieder lieber in der Lade ließen und jede Interpretation überflüssig finden. Schon im Erklingen allein liegt für sie eine Verfälschung. Aber gehört nicht zu jeder Komposition auch das Wissen um ihre Interpretation? Hat einer Sorge vor der Vieldeutigkeit wie Sokrates, so schreibt er lieber gar nichts. Das Schaffende muß hingegen kommunikativ davon ausgehen, daß in anderen Tagen Menschen leben werden, deren Auffassungsgabe sich adäquat äußert.

*F*ür den Sänger kann die Musik erst dann sie selbst sein, wenn er sie in ihren immanenten Stimmigkeiten und Unstimmigkeiten wahrgenommen und geprüft hat. Sie ist nicht Anlaß zu folgenloser Unterhaltung. Ohne es wahrzunehmen, verschwenden zahllose Sänger ihre Zeit an eine Sache, die ihnen unzugänglich bleibt, und dies auch schon deshalb, weil sie alle Kraft daran vergeuden, schlackenlos zu singen, so wie es der Zeitgeist in den internationalen Musikzentren fordert. Der Prozeß des Werdens scheint aus den Interpretationen oft wie ausgeklammert – jenes den Werken innewohnende Wachsen, das ein verpacktes Endresultat niemals präsentieren kann. Das Greif- und Meßbare wird zum Maßstab gemacht und vom Gesetz des Konsums noch sanktioniert, während das Kunstwerk sich dem leise entzieht.

Die ausschließlich schönen Stimmen dringen interpretativ nicht ein. Sie begnügen sich mit der entzückenden Hülle und tarnen sich mit Naturhaftigkeit, die doch erst dort entstehen kann, wo alle Elemente ineinandergreifen. Das Gesagte richtet sich nicht gegen die Macht der Stimme, weniger noch gegen Gründlichkeit der Vorbereitung, gegen Sorgfalt im Umgang mit dem zu erarbeitenden Werk. Akustische Extreme widersprechen der allgemeinen Vorstellung von Sinnlich-Wohligem. Wer sich diesem Klischee anschmiegt, muß unweigerlich an der Sache der Musik vorbeihören, weil er lieber bequem und erfreulich bleibt und auf artikulierte Musiksprache verzichtet.

*D*er berühmteste Gesangslehrer aller Zeiten ist zweifellos Manuel Garcia, hier in fortgeschrittenem Alter – er starb als Hundertjähriger. Zu Recht trägt er diesen Titel, denn nach eigenen katastrophalen sängerischen Erfahrungen – er wurde von seinem Vater, einem guten Sänger aber gewissenlosen Theaterleiter überanstrengt – lernte er aufgrund seiner eigenen stimmlichen Probleme, anderen Sängern dabei zu helfen, Schwierigkeiten von vorneherein auszuweichen. Von unersättlicher Neugierde getrieben wollte er alles über unsere Stimme, dieses versteckte Instrument, wissen, erfand den Kehlkopfspiegel, schrieb Lehrbücher, die man auch heute noch verwendet, und bildete vor allem zahlreiche Schüler aus, die ihrerseits Karriere machten und selber zu wichtigen Gesangslehrern wurden.

Es sollten ohne Zweifel für den Sänger die gleichen sachlichen Forderungen hinsichtlich der Musik gelten wie für jeden anderen Musiker. Auch Opernsänger sollten einsehen, daß schöne Stimmen nicht Selbstzweck sind, sondern immer dienend die Komposition vermitteln sollen.

*D*azu allerdings stehen Vorurteile quer. Es hilft wenig, wenn der kritische Hörer das, was er sängerisch von früher her und von anderen Werken weiß, in den Moment des Geschehens hineinprojiziert. Sein Urteil kann nicht vorurteilsfrei ausfallen. Hier liegt just die Schwierigkeit für den Interpreten. Ein Glücksergebnis stimmiger Wiedergabe kann man nicht wollen, denn es handelt sich um ein Ingenium künstlerischen Hervorbringens, das über die umfassendste Vorbereitung hinaus willenlos in der ursprünglichsten Nachschöpfung besteht. Das Besondere des jeweils Darstellenden ist mit Deutungen nicht faßbar. So gibt es Sänger und Schauspieler, die sich in theoretischer, reflektierender Vorbereitung nicht genug tun können und dann auf der Bühne eine unerklärliche, sich nie trübende Naivität ausstrahlen. Andere zeigen sich in den Proben frisch und spontan, um dann doch den Eindruck einer wohl abgewogenen, durchkalkulierten Darstellung zu hinterlassen.

Blicken wir auf das Klavierlied: Hier verbietet sich körperliche Bewegung und Gestik als gewolltes »Vorzeigen« eines dramatischen Impetus. Handlungsschauplatz ist das Gesicht des Sängers, das vom inneren Erleben durchleuchtet jede aufgesetzte Mimik scheuen sollte. Schließlich läßt ein fast nicht wahrnehmbares Mitgehen der Körperhaltung auf das Spannungsfeld der Musik schließen. Wer aber solch

eine Begrenzung äußerlicher Art auf sich nimmt, trifft andererseits im Lied auf Gestaltungsmöglichkeiten, wie sie wohl kaum ein anderes Gesangsgebiet bereithält. Um sie zu erschließen, sind einige Forderungen zu erfüllen.

Dem Bühnensänger, der einen ganzen Abend lang in den lichten oder finsteren Umrissen einer handelnden Gestalt verharrt, steht der Liedsänger mit dem Zwang zum häufigen Farbwechsel gegenüber. So viele Stücke das Programm eines Liederabends enthält, so viele Rollen sind zu verkörpern, und jede von ihnen hat ihren eigenen Farbcharakter. Mignon, Gretchen, Thekla, Ellen, Suleika, die junge Nonne oder der Hirt auf dem Felsen, sie und viele andere umspannen das Weibliche durch alle Fächer hindurch allein bei

*E*lisabeth Grümmer, aus dem Sprechtheater kommend, wurde von dem großen Entdecker von Talenten, Herbert von Karajan, zu einer Sängerlaufbahn bewogen und debütierte 1940. Hier ist sie in einer der Partien zu sehen, der sie ihren Erfolg verdankt, als Marschallin im *Rosenkavalier* von Richard Strauss, in dem sie einige Jahre vorher einen beeindruckend maskulin gedachten Octavian gegeben hatte. Sie bedeutet für mich die Verkörperung künstlerischer und menschlicher Integrität. Als Sängerin verfügte sie über eine zugleich samtweiche und tragende Stimme, verständliche Diktion und außerordentliches interpretatorisches Talent. Als große Pädagogin übernahm sie die Nachfolge ihrer Lehrerin Franziska Martienssen-Lohmann, als diese sich nicht mehr in der Lage fühlte, ihre vielbesuchten Meisterkurse in Luzern zu geben, und in Paris leitete sie eine zeitlang das Opernstudio.

Schubert, dem als männliche Gestalten etwa der Harfner, Ganymed, Prometheus, der Müller, Symbolfiguren des Totengräbers, Wanderer aller Gemütsschattierungen, Memnon, Atlas, Philoktet, Orest, Fischergestalten jeden Alters, Barden und Sänger gegenüberstehen, die unverwechselbar und darum persönlich sein müssen.

Einer solchen Gestaltenfülle entspricht der Reichtum dynamischer Werte im Lied, die dennoch im Gegensatz zur Bühne auf feinster Abstufung beruhen, wenn sie nicht den Strom der Intensität zum Stocken bringen sollen. Hierzu bedarf es mannigfacher technischer Voraussetzungen. So unterbrechen abrupte Atemstöße die Linie, portamenti suggerieren ungewollte Gefühlsseligkeit. Nachlässig oder explosiv vor-

gebrachte Konsonanten können, wo sie nicht angebracht sind, die Folge der Vokale unterbrechen. Undeutliche Vokale ohne formende Kontrolle bedeuten fast immer sinnlosen Spannungsabfall.

*W*esentlichster Faktor der Darstellung bleibt das Tempo. Im Lied ist der Sänger sein eigener Dirigent, diese Verantwortung kann ihm auch vom Pianisten nicht abgenommen werden. Denn es heißt ja, am Abend auch den leisesten Anhauch von Willkür zu bannen, und Tempo im Verein mit Rhythmus sind die Garanten dafür. Ob nun Synkopen, Punktierungen, Zäsuren oder Freiheiten agogischer Art gefordert sind, sie müssen einer in Dichtung und Musik immanenten Notwendigkeit entsprechen, haben mit Wirkungssuche oder Umgehung technischer Probleme nichts zu tun. Der Gestalter eines neuen Programms sollte, entscheidet er sich für nur einen Komponisten, dessen Musik für eine Weile ausschließlich betreiben und auch seine Kompositionen anderer Werkgattungen kennenlernen, deren Umkreis abstecken. Nur das bringt wirkliche Konsequenz, dauernde Selbstkritik, Systematik und schließlich auch Effektivität. Mit anderen Worten: Methode und Ziel verschmelzen auf diese Weise.

In der Gesangsmusik tritt die gedankliche Konzeption des Musikers neben die des Dichters. Wirkt dies jedoch als sinnlich nicht erfahrbar, schwächt sich die Wirkung von Dichtung und Musik ab. So ist ein Gedanke niemals adäquater Ersatz für ein gesungenes Wort. Läßt sich der Hörer vom Komponisten an die Hand nehmen, so erschließt sich ihm die Tiefe, und er wird sich nicht im Diffusen verlieren. Unabdingbare Hilfe leistet dabei das sinnliche Element, es schafft erst die Wirkung der Kommunikation.

*D*ie Malibran (1808–1836) gehört zu den herausragenden, fast mythischen Figuren des Gesangs. In den ungezählten Partien, die sie während ihres zu kurzen Lebens sang, begeisterte sie ganz Europa. Zweifellos war ihre Stimme – sie verfügte über ein seltenes Timbre, halb Mezzo, halb Sopran – nicht nur außerordentlich schön, sondern auch technisch makellos ausgebildet. Gelernt hatte sie bei ihrem Vater Manuel Garcia, nicht zu verwechseln mit dessen Sohn, dem gleichnamigen Gesanglehrer. Ihre mit komödiantischem Talent gepaarte Stimmschönheit revolutionierte das Bild der Sängerin zu Anfang des 19. Jahrhunderts in vergleichbarer Weise, wie es die Callas 150 Jahre später tun sollte.

Henri Decaisne (1799–1852), *Portrait de Maria Felicita Garcia dite la Malibran* (Portrait der Maria Felicita Garcia, genannt Malibran) Paris, Musée Carnavalet

Ein Gegensatz zum Unterhalten ist hier gemeint, zur allgemeinen Passivität, zum Unernst des Genusses, der per se ja nicht verächtlich ist, aber ein völlig anderes Bedürfnis befriedigt. Bedeutet es nicht eine Steigerung, daß ich mich als Hörer nicht nur ästhetisch erbaue, sondern beteiligt bin, da ich hörend das in der Darstellung sich offenbarende Wissen als ein mich betreffendes nachvollziehe?

Den Ausführenden sei gesagt: Dazu genügt das Gedachte, Pathetische, Sentimentale, das eingesehene Klischee nicht. Es muß immer wieder aus neuem Grunde gestaltet werden. Nehmen wir uns doch Brechts »Glotzt nicht so romantisch!« zu Herzen! Wir sind mit Zerspaltenheit von Wort und Ton, mit mehrfacher Wahrheit konfrontiert, die auch in der Interpretation von Gesangsmusik als Essenz des Widersprüchlichen, des Zwiespalts erkennbar werden darf. Wahrheit steht gegen das Recht aus anderer Wahrheit. Kantabler und deklamatorischer Gesang scheinen sich gegenseitig zu bekämpfen und sollen doch gemeinsam wirken. Das für die Musik Notwendige trägt die Schuld der Behinderung des anderen ebenso Notwendigen, der Dichtung, schon in sich. Aber nur auf gemeinsamer Ebene wird die Konfrontation möglich. Bedeutet nun Erlebnisfähigkeit die wesentlichste Vorbedingung für den Interpreten?

Gesang setzt wohl ein unnormales, gesteigertes Ausdrucksbedürfnis voraus. Er ist niemals als etwas »Gegebenes« zu behandeln. Nicht die Art des Singens ist zunächst interessant, sondern der Anlaß. Dies steht der Praxis entgegen, in der das Hauptaugenmerk zunächst dem Ton, der Melodie zugewendet ist, wobei das Wort vernachlässigt wird. Die übliche Anweisung von Dirigenten, Gesangslehrern oder Regisseuren, doch deutlicher zu sprechen, hilft hier wenig. Konsonantenspucken ist auf der Bühne oft notwendig, um sich über die Massen des Orchesterklanges hin verständlich zu machen. Aber wie steht es mit dem Sinngehalt?

*E*inheit von Wort und Ton kennzeichnet Sprache wie Vokalmusik. Wird die Melodie wesentlich wichtiger als der Text empfunden, so wird diesem nicht mehr als eine Musik auslösende Funktion zugebilligt, die Einheit ist nicht zu erreichen. Von einer Mitteilung an ein Gegenüber, um die es sich ja auch in der Volksmusik handelt, kann dann kaum die Rede sein. Um Gemeinsames und Trennendes zwischen Sprache und Musik zu erkennen, sollten wir uns vergegenwärtigen, daß das Wort vom rationalen Unterton, die Töne vom Emotionalen überwiegend bestimmt sind.

*D*en Mythos des unermüdlichen Verführers Don Juan, der weder Gott noch die Moral fürchtet, findet man in allen Kulturen. Das »Dramma giocoso«, wie Mozart seine Oper »Don Juan oder der Steinerne Gast« nannte, ist die einzige Oper des Komponisten, die nie auch nur zeitweise von den Theaterzetteln europäischer Opernhäuser verschwunden ist. Mit dieser von dem hervorragenden Ferenc Fricsay dirigierten Inszenierung feierte man 1961 die Eröffnung der Deutschen Oper in West-Berlin nach ihrem Wiederaufbau. Die schöne und empfindsame Pilar Lorengar war meine Donna Anna. Diese bedeutende spanische Sopranistin war auch als Regina in Paul Hindemiths Oper *Mathis der Maler* meine Bühnenpartnerin.

*H*ans Hotter und Martha Mödl,
die beiden überragenden
Wagner-Interpreten, im zweiten
Akt von Wieland Wagners
Bayreuther Inszenierung
der *Walküre* aus dem Jahr 1955 als
Wotan, König der Götter
von Walhall, und Brünnhilde,
seine Lieblingswalküre.

*E*s widerspricht sich selbst, den Begriff »abstrakt«
auf die Kunst des Sängers anzuwenden. Denn was er
künstlerisch zu sagen und zu singen hat, bleibt an das
Instrument seines Körpers gebunden, an sein Ich, zu
dem der Körper gehört, die lebensdurchpulste Natur
des Menschen. Soll die Stimme gesund und blühend
bleiben oder sich dahin entwickeln, wird sie sich der
Abstraktion im Sinne der Negation des Menschlichen,
des Individuellen, entziehen. Unnatürliches bedeutet
im Gesang auch Ungesundes für das Instrument, die
Stimme.

Man geht fehl, den Begriff »abstrakter Gesang« für
maßvolle Distanz von übertriebenem Ausdruck, für
den Verzicht auf Überladenheit der Interpretation, auf
freizügige Ausdruckszutaten, auf klangliche Nur-
Schwelgerei zu bemühen. Dem Sänger, der Sprache
und Musik zu vermitteln hat, ist es wie wenigen ver-
gönnt, in Bezirke des Geistigen vorzudringen, ohne
sich dem Diktat des prüfenden Intellekts vollständig
unterwerfen zu müssen.

Ein Sänger, dessen geschliffene Diktion vorbildlich,
dessen Rhythmus und Phrasierung durchdacht, dessen Tempi korrekt, dessen Ausdrucksnuancen sicher
gesetzt sind, kann unter Umständen klanglich wenig
überzeugen, da es ihm an einheitlichem Timbre und
der Ausgeglichenheit des Stimmklanges mangelt. Ein
anderer mag resonatorisch durchgebildet, mit Timbre
und Stimmvolumen gesegnet sein, sein Organ mag in
allen Lautstärken leicht ansprechen, die Vokale
mögen in allen Lagen rein erscheinen – er kann dennoch unbeholfen und wirkungsarm vor seinem
Publikum stehen. Der Klangbegeisterte und der
getreue Erarbeiter des Kunstwerks, sie müssen sich in
einer Person gegenseitig steigern und ergänzen.

Ein solches Nachschöpfertum bezieht sich auf die

*R*ichard Strauss gratuliert hier der Sopranistin Lotte Lehmann, offensichtlich nach einer Aufführung des *Fidelio*. Strauss verehrte die Lehmann, bei den Uraufführungen von zweien seiner Opern mitwirkend (als Komponist in *Ariadne auf Naxos*, als Frau des Färbers in *Die Frau ohne Schatten*), und zu Strauss' Lebzeiten die berühmteste Marschallin in seinem *Rosenkavalier*. Ihre Strauss-Einspielungen für die Plattenfirma Odeon ermöglichen uns hervorragende Einblicke in das Wirken des (Opern)Komponisten.

Proben finden nicht immer
auf der Bühne statt, wie hier 1978
an der Metropolitan Opera
in New York, sondern häufiger
in einem eigenen Probenraum.
Man sollte seine Sänger eigentlich
nicht warten lassen, das Aufstellen
eines Probenplans ist aber
ein schwieriges Unterfangen, vor
allem wenn die Premiere
immer näher rückt und
unvorhergesehene Zwischenfälle
die Arbeit zunehmend zu
erschweren scheinen (so sind
Bühnenbildner und musikalischer
Leiter nicht immer erreichbar,
es kann Beleuchtungsprobleme
und Schwierigkeiten mit
den Kostümen geben, etc.)
Da die Sänger den Raum nicht
verlassen dürfen, überbrücken
sie die Wartezeit mit den
verschiedensten, entspannenden
Beschäftigungen (Stricken,
Kreuzworträtseln), um dann zum
Singen frisch zu sein.

große Linie der Gestaltung ebenso wie auf den Klang eines einzigen Details. »Dürft' ich euch nicht geleiten?« Durch diesen Satz Wolframs in Wagners »Tannhäuser« kann ein – mit Worten kaum zu erklärender – Zusammenklang von Liebe, Verzicht und Helfenwollen hörbar werden. Es geht in der Interpretation immer um eine Phantasie, die nicht bloß das Schöpferische des Komponisten wie gerade eben erst geschaffen lebendig macht, sondern auch den dichterischen Gedanken, seine Macht über die Musik. Freilich: Ohne Sensibilisierung der Phantasie, ohne unablässige Übung inneren Nacherlebens geht es für den Künstler nicht ab.

*D*ies bedingt, daß Selbstkritik einsetzt, sobald die Produktion beginnt, sei sie schöpferisch oder nachschaffend. Die bloße Kenntnis der historischen Gegebenheit etwa kann die Interpretation nicht ersetzen. Nichts ist gegen das Zusammentragen aller objektivierbarer Fakten zu sagen. Erst aus dem Wissen um sie entsteht jenes Feld unendlich vieler Möglichkeiten für die Reflexion, in dem sich der Interpret bewegen kann.

Wie hilft sich dieser nun im Gewahrwerden der eigenen Ohnmacht angesichts sich stetig wandelnder stilistischer Situationen? Denn wenn wir auch auf dem geschichtlichen Grund der Überlieferung in Sprache und Musik bauen, es gibt keine Verläßlichkeit. Jeder Interpret muß aus eigenem Ursprung entdecken, was für ihn gewiß ist. Für den Sänger liegt erleichternde Gewißheit in der physischen Beschaffenheit seines Organs. Aber auch wenn er noch so gut weiß, was und wie er singt, so sollte er doch stets eigenschöpferischen Anfang setzen, über Stil, über zeitgeistige Tendenz, ja über den Komponisten, über die musika-

lische Form, über das Verhältnis zum jeweiligen Hörer hinaus, den ihm gemäßen, den unvermittelten Zugang finden. Das macht immerhin seinen Charme, seinen persönlichen Reiz aus.

Überlegungen zur Ästhetik des Gesangs sollten aber nicht bloß Kulissen sein, durch die hindurch dann letztlich doch ohne Hemmung persönliche, unobjektive Leidenschaft und Eitelkeit des einzelnen an die Rampe drängt. Ein Bedürfnis, die eigene Emotionalität mitschwingen zu lassen, liegt in jeder künstlerischen Produktion. Sie kann dann förderlich sein, wenn mit Hilfe individueller Färbung ein bestimmter sensueller Eindruck und Charakter entsteht. Aber sein Raum innerhalb der Werkdarstellung fällt enger aus, als allgemein zugegeben. Denn der Interpret soll dank seiner am Werk erzogenen Disziplin Eitelkeit so dosieren, daß sich ein Überhandnehmen ausschließt. Klingt die persönliche Interpretation mit der erforderlichen Stimmfarbe zusammen, so kommt das Ideal näher.

Sänger und Schauspieler sind besonders gefährdet, weil sie sich mit ihrer ganzen Körperlichkeit dem Aufnehmenden aussetzen. Der Schreibende von Worten oder Noten dagegen hat seinen Kosmos in und um sich und bringt ihn in eine Vorform des Mitteilens. Der zur Mitteilung selbst Aufgerufene dagegen setzt sich gleichsam der Überprüfung des Spiegelbildes aus. Unmittelbare Publikumsresonanz fügt persönliche Bestätigung hinzu. Wer sich da selbst überschätzt, stumpft gegen den Reiz des künstlerisch Ursprünglichen ab, was interpretatorisch verhängnisvoll sein muß. Pure Selbstdarstellung führt zur Fehlinterpretation.

Es ist unsinnig, Fermaten nach Wunsch und Laune in Verdis Musik hineinzuzwingen, nur weil sie an ande-

*S*eit meiner Kindheit verdanke ich der Beschäftigung mit Zeichen-, Farb- und Kompositions-studien entscheidende Impulse. Wo immer ich mich befinde, befasse ich mich mit diesem gegenüber dem Gesang so ganz anderen Medium. Als ich die Sopranistin Lotte Lehmann, auch sie eine begeisterte Malerin, in ihrem Haus in Santa Barbara in Kalifornien besuchte, zeigte sie mir ihre 24 Aquarelle, in denen sie Schuberts »Winterreise« bildlich umgesetzt hatte. Ich habe aus dem Zyklus lediglich das siebte Lied *Auf dem Flusse* gemalt, in dem der Erzähler angesichts des einst »so lustig rauschenden« und jetzt zu Eis erstarrten Flusses verzweifelt. Dietrich Fischer-Dieskau, *Auf dem Flusse* (1989)

ren Stellen auch vorgeschrieben sind. Man sollte nicht »Embellissements« der unsinnigsten Art in Schuberts Musik wieder einführen, nur weil Schubert sie einst durchgehen ließ und »Originelles« gerade wieder einmal en vogue ist.

*F*reiheit ist für den Interpreten ein prekärer Begriff. Die Unabhängigkeit wird fragwürdig, wenn nur Stolz in ihr liegt, denn das Bewußtsein der Eigenständigkeit wird von der Ohnmacht begleitet, Enthusiasmus des Könnens von Entsagung vor dem Nicht-Können, Hoffnung auf Neuland vom Blick auf das frühe Ende stimmlicher Möglichkeiten. Interpret zu sein bedeutet also eher bewußt abhängig zu sein. Eine solche bewußte Abhängigkeit wird auch vor Überheblichkeit dem Werk gegenüber schützen, die ja immer in die Irre führt. Eigenmächtigkeit nimmt dem Interpreten, was ihn eigentlich zum Mittler macht. Sie beschneidet seine medialen Möglichkeiten. Davon auszunehmen wären Übergangsnöte bei Stilumbrüchen, wenn der Interpret etwas Neuem, Kommendem Hilfestellung leistet. Daß der schöpferische Musiker sich in der Abhängigkeit vom Nachschaffenden findet, beinhaltet fruchtbaren Dialog, ja, er setzt ihn voraus.

Die Grenze zum Selbstgestalterischen erkennen bedeutet andererseits, nicht in Sklaverei zu verfallen. Weit verbreitet ist die Ansicht, der durch die Musik vorgegebene Tonfall sei die alleinige Richtschnur für den Sänger. Aber gleicht ein bloßer Vollzieher des Komponistenbefehls nicht jenem Schauspieler, der in beklagenswerter Weise darauf verzichtet, das Wort zu aktivieren, es darzustellen? Beschränkt sich ein reines Absingen von Hebungen und Lautstärken nicht auf eine ähnliche Rhetorik, wie wir sie – heute immer

noch – der hohltönenden Manie gewisser Burg-schauspieler anlasten? Lediglich nach Vorschrift zu weinen, zu lachen, sich zu freuen oder zu leiden schließt den selbstschöpferischen Akt aus, ohne den keine nachschöpferische Tätigkeit auskommen kann. Es gilt, sich von der Konvention zu lösen und der Ursprünglichkeit, dem Unmittelbaren zu stellen. Und das bedeutet keineswegs, den Notentext zu vergewaltigen. Die Rufer nach sogenannter Werktreue meinen

meist etwas ganz anderes: Aus der Unzulänglichkeit eine Tugend zu machen, Schablonenarbeit als Werktreue auszugeben, Außerordentliches als Willkür zu verleumden.

In jeder Sekunde ihrer Existenz und bei der Arbeit an ihr muß vielmehr um das Leben jeder Phrase gerungen werden, um ein Leben, das der Stiltreue trotzt. Schönheit der Tonproduktion und Genauigkeit sind gefordert, nicht minder gewichtig Aufrichtigkeit dem

Ausdruck. Jede menschliche Regung, aus der ein Kunstwerk entstand, wird eine Form finden, die zum Ausdruck drängt und, über die Rampe gehend, zum Eindruck wird.

*D*er Künstler macht – mit Hegel – eine Sprache der »Zerrissenheit«, der »Anbetung«, des »Rates und Dienstes« bewußt, um sich in ihr zu bewegen und sich zugleich zu befreien. Aber Zerrissenheit der Sprache ist immer nur vor dem imaginierten Hintergrund sichtbar, daß sie eine Einheit darstellt. Fehler oder Abweichungen werden nur erkannt, wenn insgesamt eine Normalität als Horizont vorhanden ist, vor dem sich das Zerrissene erst als solches erweist. Gesang kann sich zerklüften, naturalistisch, überdeklamierend zum größten Exzeß steigern, aber eigentlich nur deshalb, weil Harmonie den Horizont dahinter bereitstellt.

Alles geistige Tun scheint zugleich bewußt und unbewußt vor sich zu gehen, also auch die Musik. Aus unbewußten Ursprüngen muß gewählt und geplant werden. Der Passivität des Reifens gesellt sich die Aktivität des Wiedergebens. Bedeutet stete Beschäftigung mit dem Wesen einmal niedergelegter Werke, wie sie das Leben des Interpreten füllt, nicht Aneignung? Hat der Interpret nicht sogar die Hoffnung, sich bewußt zu machen, was der Entwerfende vielleicht nicht wußte? Kann er nicht Schönheiten erschließen, Sinn und Sinnesgrenzen erfassen, gerade weil er nicht hervorbringt, sondern wiedergibt? Hier kommen uns Aussagen schöpferischer Menschen ins Gedächtnis wie die, daß sich ein Bild, eine Komposition »von selber« zu Ende male, weiterschreibe. Unbewußte Form- und Stilkontrolle des Hervorbringenden haben hier nicht etwa ausge-

---

*M*ir ist wohl nie so heiß gewesen wie im Juli 1976 in London, als wir dort unter dem zum Filmregisseur gewandelten wunderbaren Jean-Pierre Ponnelle Mozarts *Le nozze di Figaro* drehten. Graf Almaviva macht der ausgelassenen Susanna den Hof, die von Mirella Freni gesungen wird. Diese von ihrer Arbeit besessene Italienerin, mit einer wunderbaren Naturstimme begabt, hat große Karriere gemacht.

Wort und seinem Sinn gegenüber. Hinter den Worten und Tönen steht der Mensch, der sie singt. Mit komfortabler Gewissensbesänftigung dem Text gegenüber ist nichts geholfen. Jede Ausdrucksschablone, die leichtfertig »imitiert«, komme sie auch von einem noch so großen Komponisten, ist entwertet. Das künstlerische Erlebnis des Publikums lebt aus Vorgeformtem und Nachvollzogenem. Es gibt keine Gebraucht-Erlebnisse als Ware, keinen Second-hand-

*V*iele Kritiker haben es mir
übelgenommen, daß ich
die Partie des Hans Sachs in
Wagners *Meistersingern*
riskierte. Diese anspruchsvolle
Rolle, deren Ausstrahlung
weit über das Gesangliche allein
hinausreicht, hatte mich seit
1952 gereizt, als Thomas Beecham
sie dem damals Siebenund-
zwanzigjährigen antrug.
Mein Debüt in dieser Rolle,
ein Wendepunkt meiner Karriere,
machte ich 1976 in Berlin.
Die Aufnahme zeigt
mich 1979 mit meiner Frau
Julia Varady als Eva.

setzt. So beschäftigte Schuberts gelegentliche Tages-
ration von acht Liedern nachschaffende Generationen
von Sängern mit einem Tausendfachen an
Arbeitsstunden. Das negiert keineswegs die absolute
Beherrschung der formenden Mittel durch den
Meister, die er alsbald in musikalischen Ausdruck
umzusetzen wußte. Im Vorgang des »Nachschaffens«
liegt Bewußtmachen und Erschließen von Quellen,
die dem Komponisten nicht unbedingt erschlossen
gewesen sein müssen.

Neben aller berechtigten Skepsis ist der durchleuch-
tende, der die Selbst- und Werkanalyse förderliche
Einfluß des Rundfunk-, Fernseh- und Schall-
plattenstudios nicht zu überschätzen. Jener Begriff
von der höheren Einheit, die sich erst beim
Durchmusizieren von Anfang bis Ende herstellen

kann, ist hier einmal zurückzustellen. Er gliche ja auch einem Mißverständnis des Mediums. Studio-Produktion unterscheidet sich vom Konzertsaal oder der Opernbühne wie der Film vom Theater. Es gibt immer eine »zweite Chance«, wie es Glenn Gould ausdrückte. Sie schließt auch die Möglichkeit ein, für jeden Takt der Musik die entsprechende emotionale Bereitschaft zu mobilisieren, vorausgesetzt natürlich, die Idee des Werks, seine ideelle Einheit hat sich im Interpreten vorher konstituiert.

Andererseits führt konservierte Musik als reines Sammelobjekt, als abrufbare Perfektion zum Abstumpfen der Erfahrungsfähigkeit, auch zur Beeinträchtigung des Beurteilens frischer Höreindrücke. Für den ausübenden Sänger (und nicht nur für ihn) ist es nachgerade zum Risiko geworden, voneinander unterschiedene Interpretationen ein und desselben Stückes anzubieten und nicht lieber dem trügerischen Begriff der »Perfektion« im Sinne einer »fehlerfreien«, möglichst glatten, vor allem aber

immer gleichlautenden Standardwiedergabe zu vertrauen. Ecken und Kanten, Frische des Aufnehmens durch sich erneuernde Notwendigkeiten des Nachvollziehens beim Hörer werden in Richtung auf den sicheren Hafen des Mechanischen gemieden. Empfindliche und ehrgeizige Künstler haben zwar schon immer über solche Tendenzen geklagt – hatten sie aber je so viel Veranlassung dazu wie heute? Mag auch die Zuhörerschaft etwa in Liederabenden gewachsen sein, sind ihr Verstehen und ihr wirkliches Aufnehmen mitgewachsen?

Der lebendige, sich stets erneuernde künstlerische Gesang kann überzeugen und durch Menschen, aus denen er spricht, glaubwürdig sein. Er ist fähig, die Denkungsart zu wandeln, wenn es auch schwerfällt, dies heute einzusehen, wo die Voraussetzungen für nachvollziehbare, verständliche Musik aus Traditionsverlust nicht gegeben erscheint. In Rock und Pop wird ja nicht zum Verstehen, sondern zu Verhaltensweisen aufgerufen. Materialien und Macharten kunstgewerblicher Produktion von Musik brauchen Interpretation nur im Sinne von After-Aktivität, sie kommen ohne Vermittlung durch Künstler aus.

Es kann angenommen werden, daß das Verhältnis von Künstler und Aufnehmendem ehedem produktiver war, daß sich ein imaginärer oder realer Dialog spontaner herstellte. Da bilden Sololiederabende, also die lebendige Begegnung der Hörenden mit dem Sänger gerade auch durch das hinzutretende Wort, eine Möglichkeit, die starre, passive Hörgewohnheit, die Haltung bloßen Entgegennehmens zu modifizieren. Voraussetzung wäre, daß der Hörer die Bereitschaft, sich zu wandeln, mitbringt. Wie oft verschließt er sich gegen den Anspruch eines Kunstwerks, nicht nur,

Anläßlich der Münchner Opern-Festspiele 1965 sang ich erstmals die Partie des Goldschmiedes Cardillac aus Paul Hindemiths (1895–1963) gleichnamiger Oper. Cardillac ist so von den eigenen Werken fasziniert, daß er die Käufer seiner Schmuckstücke ermordet und schließlich vom Volk gelyncht wird. Der Komponist lebte schon nicht mehr, als ich sein im Jahr 1926 geschriebenes Werk sang. Leider habe ich diesen lebensfrohen Menschen erst in seinen letzten Lebensjahren kennengelernt. Mit großer Freude habe ich mehrfach sein wunderbares *Requiem* und die Titelpartie der Oper *Mathis der Maler* gesungen.

indem er die Augen zum Einschlafen schließt oder an anderes denkt. Gerade der totale Anspruch des Kunstwerkes an die Stimmgebung kann Bewußtseinswandlung auslösen. Gesang muß insofern als besonders exponierter Repräsentant der Musikausübung gesehen werden, als er der Urform menschlicher Äußerung nahesteht und zusammen mit dem Instrument des menschlichen Körpers intensivst und direkt auf den Hörer einwirkt.

Gegen solche Anschauung wenden sich manche jungen Menschen augenscheinlich gerade deshalb, weil es sich um ein Ideal von früher handelt. Der Zweifel entspricht ziemlich exakt der Haltung jener, die ein wohlbegründetes Ressentiment gegen den Musikbetrieb hegen, die für die Kultivierung »alternativer« Musik (so der Meta-Musik) sind und neue Arten des Praktizierens anstreben. Sie bringen gegen das Herkömmliche vor, es sei zu oft gehört worden,

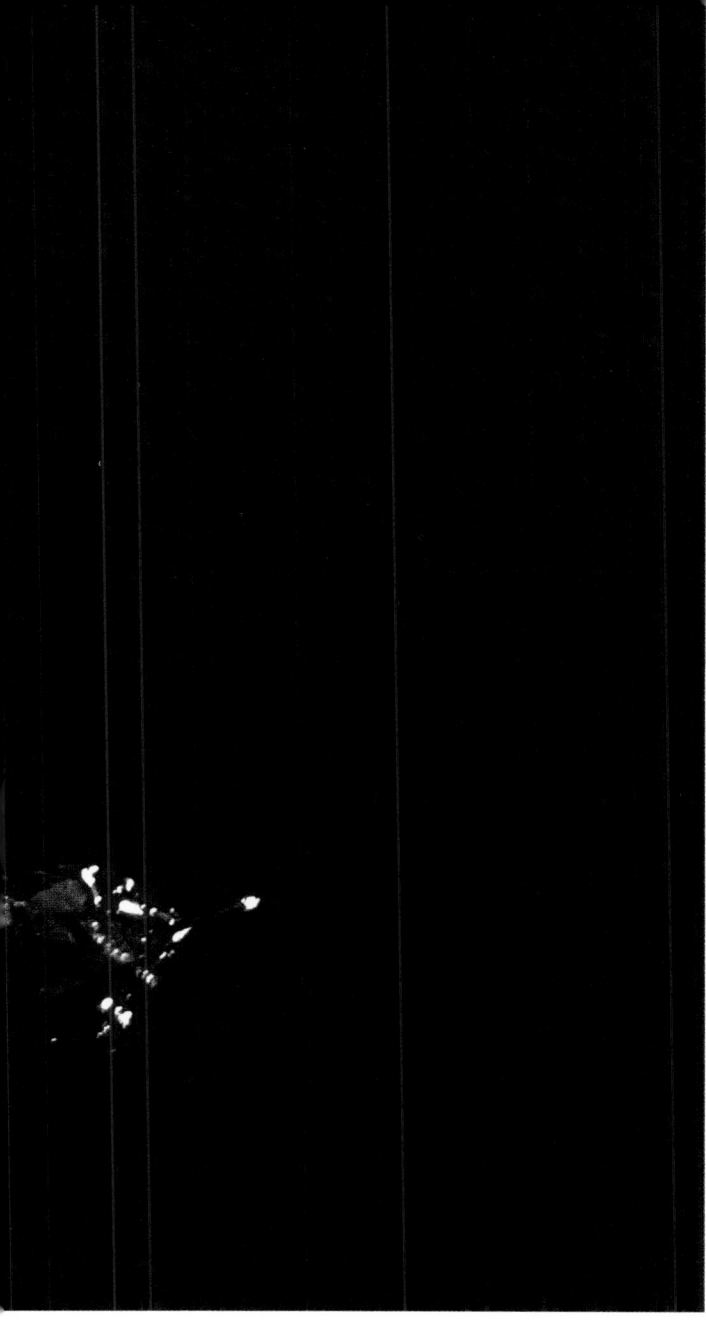

Gefühlstendenzen, die sich in »konventioneller« Musik aussprechen, seien abzulehnen.

Besonders aufmerksame und interessante Charaktere gehören zu dieser kleinen Schar Aufsässiger. Es dürfte freilich auch ihnen kaum gelingen, begehbare Wege für das Weiterkommen zu finden. Nur muß auch gelten: Im angestrebten Verzicht auf das Künstlerische läge das Nichts. Wo auch immer wir scheitern, wir sollten uns ein – wenn auch nicht faßbares – Vertrauen in den Grund künstlerischen Tuns bewahren. Wir sollten uns klar darüber sein, daß Kunstmusik Bemühen um Entgegenkommen erfordert. In jedem Fall echter Kommunikation wird deutlich, wie sehr sich die Mühe lohnt. Es winkt jener Idealzustand, den Furtwängler eine »Liebesgemeinschaft« zwischen Künstler und Publikum genannt hat. Sie bedeutet keine Ausnützung der Verehrungsbedürfnisse gewisser Teile des Publikums. Die Vergötterung einzelner

Sänger hinterläßt ja bei diesem Spuren. Die Menschen zwingen den von ihnen seiner Stimme wegen Angehimmelten dazu, sich ihren Idealen entsprechend zu verhalten. Sie erwarten von ihm, daß er sich fügt, in Programmgestaltung, in Stimmeinsatz, gar in seinem Äußeren. In dieser Welt gibt es freilich niemanden, der Gegenstand eines solchen Kults sein dürfte. Der Drang, den Sänger (oder Schauspieler) mit dem zu identifizieren, was er hervorbringt, war als idealisierendes Moment immer vorhanden. Daher auch der Versuch, in Biographien zu »schönen« oder den Künstler auch als »Menschen« in seiner Alltäglichkeit vorzustellen.

*D*er Interpret tritt nur im – zugegeben befohlenen – außerordentlichen Moment in sein Recht ein. Er stellt etwas vor sich, was nicht unbedingt mit ihm identisch oder gar ein Stück seiner eigenen Biographie ist. Dieses Bedürfnis mancher Hörer, den Interpreten in die eigene Sphäre hinüberzuzwingen, ist nur eine andere Form offenen Mißtrauens gegen den Künstler, einer nivellierenden Glaubenslosigkeit. Inhalte sind ihr hinfällig, Auslegungen will sie als Täuschung entlarven, der sinnliche Konsum bedeutet ihr mehr. Solche Art des Nihilismus verfährt im Grunde so, daß sie Kunst verwirft.

Ein enger, wenn auch ungewollter Zusammenhang mit dem andererseits geschmähten Konsumverhalten leuchtet ein. Alles hat in gleicher Qualität lieferbar zu sein, es wird nicht zur Kenntnis genommen, daß jedes Kunstwerk im Augenblick der Verlebendigung neu erschaffen wird, daß der Lesende, Hörende oder Schauende seinen Teil daran hat.

So gilt für die Musik der Romantik, die noch immer den Hauptanteil solistischen Singens ausmacht, daß nicht die Privatperson Träger des Ausdrucks sein

*D*as Einstudieren einer Rolle oder eines Liederabends verlangt lange Stunden einsamer Geduld und stiller Konzentration. Dieses Gemälde zeigt meine ganz ins Rollenstudium versunkene Frau Julia Varady. Dietrich Fischer-Dieskau, *Rollenstudium* (1990)

kann, wie es die entstellte Meinung der Trivial-Ästhetik will, vielmehr »ein intelligibles, ästhetisches Subjekt, das in empfindsamer oder romantischer Musik ebenso gegenwärtig ist, wie das ›lyrische Ich‹ in einem Gedicht« (Dahlhaus, »Musikalischer Realismus«, München 1982).

Und doch wird es dem nachschaffenden Sänger immer wieder aufgegeben sein, gegen inneres Unbetroffensein anzugehen, das seit der Französischen Revolution die Formulierung des bereits Eingefahrenen, die Traditionsschlamperei begünstigt. Man könnte an Chopin denken, der lange auf die Erlösung aus der Vermengung mit nachfolgenden Zeitstilen warten

mußte. Auch bei ihm stieß sinnvolle Darstellung auf gleichbleibenden Widerspruch. Trägheit wird nur mit der Zeit überwunden, denn sie wartet immer nur darauf, wieder einzutreten.

Wer sich nicht selbst immer wieder in Frage stellt und die eigene Unsicherheit als Stimulans in die künstlerische Arbeit einbringt, ist nicht nur gefährdet, er kann durchaus seiner künstlerischen Strahlkraft ganz verlustig gehen. Keine Erfahrung kommt je auf ihren Höhepunkt, und Sisyphos müht sich immer nur ein Stück mit seinem Stein die Felswand hinauf, nie aber gelangt er ganz nach oben.

Gesang ist wechselnden Schönheitsbegriffen unterworfen, kann zur Chiffre eines Stils werden. Großer Gesang – wie alle große Kunst – offenbart das Sein selbst. Verherrlichen wir Kunst ohne Sichtbarmachen, so begünstigen wir bloß Dekoration, Hervorbringung des sinnlich Reizvollen in isolierter Könnerschaft. Aber den Gesang durchzogen vor der Wortmagie in der Opferhandlung über die Hymnen an die Götter, über das Gebet zur Darstellung des Menschenschicksals alle Äußerungen des Menschseins. Trat doch in seiner Form die Philosophie zuerst auf.

Dem Darstellungswillen des Interpreten steht

entgegen, daß von großer Musik keine interpretatorisch bis auf den Grund zu durchschauen ist. Es kann sich immer nur um Linien der Interpretierbarkeit handeln. Wo aber klare Intentionen herausgearbeitet werden, steigert dies die Erfaßbarkeit aus der Tiefe eines ungedeuteten Erlebnisses.

Auch ist ja das Kunstwerk vieldeutig. Wäre es dies nicht, würde Interpretation unmöglich, die Darstellungen müßten einander gleichen. Der Gehalt eines Werks offenbart sich im Offenlassen nach der Tiefe zu, so daß jede Auseinandersetzung mit ihm danach verlangt, neuen Zugang zu finden. Wissenschaft rückt den Gehalt von Kunstwerken nicht näher, ja sie darf den Kern nicht erfassen, denn es ist das Numinosum von Kunst, daß sie in ihrem Zentrum vieldeutig bleibt. Schon die Andeutung der Dimension durch den Interpreten wird zu einem erlebnishaften Blick nicht nur ins Chaos oder die Leere, sondern in eine nicht erschlossene Fülle. Der nivellierenden Trägheit der Aufführungspraxis ist entgegenzuwirken und Dinge, die einmal im rechten Licht konzipiert waren, sind immer wieder an den ihnen zustehenden Platz zu rücken.

ZUR PERSON: DER GESANGS- INTERPRET

LIEDERABEND-PROGRAMME

*B*ei meiner Interpretation
des dem äußerem Anschein nach
so lebhaften und kraftvollen
Grafen Almaviva bemühte ich
mich darum, seine Verletzlichkeit
und Einsamkeit zu zeigen.
Abgebildet bin ich hier in
einer Produktion der Deutschen
Oper in Berlin.

*E*s bleibt uns noch, einen Blick auf die Person des Gesangsinterpreten zu werfen. Den Liedersängern obliegt die schwierige Aufgabe der Programmgestaltung. Die Planung richtet sich nach den Wünschen oder Notwendigkeiten des Ortes, der Räumlichkeit, des Festivals, der Veranstalter oder – wenn solche Wünsche ungeäußert bleiben – nach eigenem Dafürhalten.

Auf Überraschungen aufgrund Akustik, Flügelqualität, Beleuchtung oder anderem sollte nicht gewartet werden. Spätestens eine Stunde vor Beginn des Konzerts muß festgestellt sein, ob der Scheinwerfer, der die Augen des Sängers dem Publikum sichtbar machen soll, stattdessen etwa auf dem Bauch des Vortragenden ruht oder gar auf die erste Hörerreihe fällt. Sollte sich nichts den Schall Reflektierendes auf dem Podium finden, muß ein Paravent, eine Zwischenwand, ein eiserner Bühnenvorhang oder einfach eine rückwärtigere Postierung des Flügels nachhelfen.

Die Akustik des Saales mit voller Stimme zu prüfen, wenn er noch leer ist, erfüllt nur den Zweck, die untere und obere Laugstärkegrenze klarzulegen. Farbgebung, Schattierung und Stärkerelation im einzelnen zu wählen, wird erst der Moment der Aufführung möglich machen. Ein immer neues Va-banque-Spiel

»*F*inalmente mia!« – so der triumphierende Scarpia in dieser Szene des zweiten Aktes in Giacomo Puccinis *Tosca*, voller Freude, endlich den lang anhaltenden Widerstand der schönen Floria Tosca gebrochen zu haben.
In den Rollen der Protagonisten sind hier zwei meiner langjährigen Vorbilder zu sehen:
Aufgrund seines überragenden Spiels gab der Bariton George London, mit dem ich alternierend den Amfortas in Wagners *Parsifal* sang, einen unglaublich realistischen Scarpia. Von Tosca erdolcht, fiel er plötzlich und mit der Wucht eines umgehauenen Baumes zu Boden. Trotz der von ihr gesungenen schweren Partien und im Kontrast zu ihrer imponierenden Figur, gelang es Ljuba Welitsch, die mich sehr berührende jugendliche Frische ihrer Stimme lange zu erhalten.

mit höllischem Energieeinsatz, denn zwei qualvolle Stunden mit schlechter Akustik – zu starkem Nachhall oder nachhallfreier Trockenheit – zuzubringen, kann selbst dem ärgsten Feind nicht gewünscht werden, vor allem, wenn es keinen gibt.

Es ist ein Glück, schon früh – mit neun Jahren – von Liederabend-Eindrücken »überfallen« zu werden, die sich dauerhaft einprägen. Dazu gehörten bei mir die von Emmi Leisner, der großen Lied-Interpretin aus den zwanziger und dreißiger Jahren, die es sich, weil sie ein festes Intellektuellen-Publikum in Berlin hatte, leisten konnte, alljährlich einen Abonnements-Zyklus abzuhalten. Sie sang ausschließlich geschlossene Programme, Zyklen oder auf einen Komponisten abgestellte Folgen. Ansätze dazu finden sich schon bei Julius Stockhausen, dem Brahms-Freund, die dann von Raimund von Zur Mühlen und Johannes Messchaert auf konsequentere Höhe geführt wurden. Messchaert wandte häufig die List an, um einen Zeitgenossen herum Schubert oder Brahms zu stellen.

NEUE DIMENSIONEN

Auf dem Gebiet der Aufführungspraxis erlebten wir seit der vorigen Jahrhundertwende enorme Wandlungen, was sich nicht nur instrumental niederschlug. Zum Beispiel wurden die Konsonanten deutlicher mit den Vokalen vermählt, von weit verbreiteten Stau-Vorstellungen wandte man sich ab. Ich strebte eine erweiterte Identifikation mit Musik und Text an, die versuchte, dem Musiker wie dem Poeten volle Gerechtigkeit zukommen zu lassen, auch stilistisch …

Diese Wandlung des Interpreten zum alter ego des singenden Mediums soll bei den Jungen nicht wieder

Lassen sich Einbildungskraft und Phantasie eines Malers mit der eines Sängers vergleichen? Dieses Bild der Verwüstung, noch vor dem Ersten Weltkrieg entstanden, scheint in schrecklicher Ahnung die Erfahrungen zweier Weltkriege im 20. Jahrhundert vorwegzunehmen. Als ich 1947 in meine Heimatstadt Berlin zurückkehren konnte, lag die alte Hauptstadt des anmaßenden Reichs in Schutt und Asche.
Ludwig Meidner (1884–1966), *Apokalyptische Landschaft* (1912/13) Stuttgart, Staatsgalerie

abreißen. Nach dem von den Komponisten einmal vollzogenen Abbruch der Beziehungen zur Vergangenheit sollten wir bei dem wieder anknüpfen, was einst gut war.

»Stars« unter den Liedersängern werden immer selten sein, denn die hier geforderten Qualitäten treffen

nur in wenigen Naturen zusammen. Viel wird von einer Flaute in der Zeit nach dem Zweiten Weltkrieg gesprochen – es gab sie nicht. Wer von denen, die sie hören durften, wird die ersten Abende der Erna Berger, des Karl Schmitt-Walter, des Hans Hotter, des Karl Erb vergessen?

Das Genrebild, das Lieder immer einmal auch darstellten, verfing schon lange zuvor nicht mehr. Am ehesten überzeugte die gültige Spiegelung des Menschlichen. Größere Bögen innerhalb der Programm-Gruppen herzustellen, gehorcht einem Gesetz, das oft die Komponisten selbst, innerhalb von Opuszahlen oder als veritable Zyklenkomposition, aufsuchten, ohne daß sich die Interpreten daran hielten.

Aber nie soll Lehrhaftes leiten; es kann dem künstlerischen Erlebnis nur im Wege stehen. Bietet sich in vielen Fällen die Chronologie als Leitidee an, so geht es dabei um das Auffinden und Einkreisen der Komponistenpersönlichkeit. Man klopft nicht bei vielen Liedschöpfern flüchtig an die Tür, um sich dann nach kaum vertiefter Bekanntschaft anderen zuzuwenden. Besser hört man sich ein, um dann schließlich zu Tische gebeten zu werden.

Für Beethoven oder Mahler habe ich nachgewiesen, daß sie einen ganzen Abend tragen. Bei Bach sieht die Sache schon von der Besetzung her ganz anders aus. Alle Schemelli-Gesänge in getragenem Choraltempo wird sich kaum jemand hintereinander anhören wollen. Aber Solokantaten mit Orchester zu reihen, wie ich es einmal mit Karl Richter tat, ist vorstellbar. Der Wagner-Sänger Eugen Gura, auf dessen Grund ich im Augenblick lebe, machte mit reinen Loewe-Programmen Furore. Ob das heute noch ginge, wage ich zu bezweifeln. Aber ein Abend mit Othmar Schoeck ist jedem Liedersänger zu empfehlen, wenn er den Mumm hat, sich mit seinem Wunsch durchzusetzen. Leider ist es wahr, daß nicht alle Programme beim selben Sänger auch gleichen Zuspruch finden. Das soll aber niemanden davon abhalten, Seltenes zu versuchen und dem Betriebs-Trott auf seine Weise zu trotzen.

IST ALLES GESUNGEN?

Neugier sollte ein Hauptantrieb für den Interpreten sein, neu geschürte oder wieder angefachte. Wie damals, als ich mich mit Liebe und Staunen dem Liedwerk von Carl Maria von Weber näherte. Natürlich halten sich vor allem gelungene Würfe in den Programmen, aber davor steht die Neugier. Es kann nicht ohne Belang sein, ob sich die Psyche nunmehr einem zu erarbeitenden Stoff anders nähert oder was die Physis nun erst völlig ermöglicht oder – unmöglich macht. Lieder verhalten sich wie besonders geliebte Bücher. Sie wollen immer wieder in die Hand genommen werden, um neu zu wirken. Natürlich geben Aufnahmen wichtige Hilfestellungen. Einmal war etwas zu larmoyant, vielleicht zu überspitzt geraten, die Sprache kam zu kurz oder die Kantilene, ein zu rasches Tempo war angeschlagen – oder ein langatmiges.

Wechselnde Programme tun wohl, auf einer Tournee mit zweien von ihnen zu arbeiten, heißt ja nicht, immer die gleichen Spulen abrollen zu lassen. Es vertieft die Einstellung zu den Werken, macht sie selbstverständlich, gibt neuer Intuition Raum. Sich auf weit vorausliegende Termine festzulegen, überfordert nicht. Es sollte den Sänger freuen, sich auf ein bestimmtes Werk zu bestimmter Stunde einzustellen, um als Gegengabe – seinen Daseins-Sinn zu bekommen.

Mit Brahms konnte ich lange durch die Lande ziehen, wohl weil bei ihm Qualität im Ganzen garantiert ist. Zu allerletzt wird bei ihm das Neue um seiner selbst willen gesucht. Es würde sich auch gerade bei Brahms etwas seltsam ausnehmen, der doch – bei aller Originalität – nicht gerade der Neuerer schlechthin war. Aber Unterschiede stellen sich von Aufführung zu Aufführung ein, es darf kein gleiches, abgeklatschtes Wiederholen geben. Für mich liegt das Wesen des echten Musikers darin, daß ihm gute Musik – so voller Leben und unentdeckter Wesenszüge – unersättliche

Neugier entlockt. Es kommt nicht auf das gesucht Außergewöhnliche an, sondern auf das dem Werk Immanente. Und wer kann das bei großen Werken je ausschöpfen?

DIE KRITIK

*I*gor Strawinsky, der hier sicherlich die schweißtreibende Probe eines seiner Werke dirigiert hat, ist im Begriff, dem Sologeiger des Orchesters zu danken. Dieser bahnbrechende Komponist, Erfinder kompliziertester Rhythmen, sogar polyrhythmischer Strukturen, gehörte leider nicht zu besten Interpreten der eigenen Werke.

*D*en Ausführenden müssen Kritiken natürlich tangieren, weil sie mitunter allen Interessierten Vorurteilen vorsetzen, sie festschreiben, ohne sich auf die Verbindungslinien zum jeweils aufgeführten Werk zu besinnen. Natürlich ist aus jeder sachlichen Rezension etwas zu entnehmen, sei es auch nichts als das, wie ein Teil des Publikums über die Darbietung denkt. Voreilig, wer daraus eine echte Funktion der Kritik ableiten wollte. Als tagesaktuelle, subjektive Meinung ohne gründliche Vorbereitung, die die

Rezension eines Buches wie selbstverständlich voraussetzt, ist sie einfach nicht fundiert, von persönlichem Geschmack diktiert und deshalb für die Übernahme durch Tausende von Lesern ungeeignet.

In Fällen von Betroffensein mögen die »Stars« etwas unternehmen und sich öffentlich zanken. Wer sich als Künstler nicht zu ihnen zählt, lasse es lieber bleiben. Ob lobend oder tadelnd, gibt es geistreiche Essays, an denen man sich freuen kann und die ruhig in die Mappe gelegt werden sollten. Kommt Kritik von einem geistreichen, sachkundigen Kopf, kann sie, auch wenn sie irrt, größten Anklang finden und mithin Folgen haben.

Als ich jung war und etwas über die nachlassende Stimmkraft älterer Kollegen las, lehnte sich jedesmal etwas in mir gegen solche Unhöflichkeit auf. Wer will

des Interpreten zu tun haben. Zwar stehen am Kopf der Begleithefte zumeist Notizen über den Qualitätsstand der Aufnahme. Dennoch werden etwa vielkanalige, spätere Verschiebungen der Balance oder entstellende neue Mikrophonerfindungen mit übertriebenen Hoch- und Tieffrequenzen nur selten überhaupt diagnostiziert.

Die Funktion der Kritik ist deshalb in Frage gestellt, weil Wahrnehmen, Denken und Urteilen ein »Gleichsetzen« im voraus impliziert, davor noch ein Gleichmachen, das in unserem Arbeitsgebiet einfach nicht treffen kann. Ein Urteil besteht in dem Willen, daß etwas so und so sein soll. Dem gegenüber steht der Zauber einer völlig entgegengesetzten Denkweise des Interpreten.

*W*as steht in den Noten außer Strukturen, Zeiteinteilung und Grammatik? Daß die »Buchstaben« einzuhalten sind, wer wollte das bestreiten? Aber wo der Sinn anfängt, beginnt auch die Interpretation. Daraus, wie im »klassischen Fall« der Bach-Interpretation die Meinungen über die Praxis von Spitta über Schweitzer zu Hausegger oder auch Bekker und schließlich Harnoncourt aussehen, ersieht der ratlose Ausführende, daß er sich für eine Welt zwischen den Noten zu entscheiden hat, in der sich Versteck spielend die Gedanken des Komponisten tummeln und auf ihre Entdeckung warten.

Hinzu kommt, daß jeder Interpret nur sein eigenes Subjekt als Medium zur Verfügung hat. Wie ist Musik angesichts der diversen zeitgeschmäcklerischen Aufführungsweisen zu zeitlosem Sprechen zu bringen? … Da stocken wir schon! Hat nicht Adorno darauf hingewiesen – als ein Zeitgenossen von Boulez oder Stockhausen –, daß es gar nicht um Kom-

leugnen, daß wir älter werden! Das Epitheton »Stimmglanz« ist bereits als Abstraktion aus dem Ganzen zu verstehen, während es der Kritiker, so er ihn vermißt, gewiß als generellen Anwurf gemeint haben dürfte.

Bei Besprechungen von Aufnahmen lassen sich die Rezensenten immer noch von technischen Täuschungen überrumpeln, die nichts mit der Leistung

*A*strid Varnay, die hervorragende
Wagner-Interpretin, war sich
der Gefahren, die diese Musik
für die Stimme bedeuten kann,
durchaus bewußt. Sie riet uns,
»eiskalt« zu bleiben und niemals
die Stütze zu vergessen. Hier ist sie
die Senta im zweiten Akt
des *Fliegenden Holländer*s der
Bayreuther Inszenierung von
Wolfgang Wagner im Jahr 1956.

munikation zu gehen braucht? Dieser Asketismus
scheint zwar weitgehend überwunden – aber der
Bereich zwischen Notenbild und Hörbarmachen
wurde dennoch nicht kleiner.

Vergleiche sind problematisch. Es mag nützlich sein,
sich die eigenen Produktionen von einst anzuhören.
Es mag lehrreich sein, was andere mit dem gleichen
Stoff anfingen. Aber wirklich entscheidend für den
Moment der Wiedergeburt, für die Neugier auf den
Verlauf, für die stets neu gerichtete Inspirations-
antenne ist es wohl nicht. Diskographische Vergleiche
sind eine hübsche Spielerei, ein heraklitisches
Vergnügen, aber keine künstlerische Tätigkeit. Die
Aufnahme gibt vom Darstellenden nur einen Schatten
– nicht wie das Buch die Essenz.

OBJEKT DER REGIE

*W*agners »Kinder, macht Neues!« hat schon selt-
samste Folgen gezeitigt! Natürlich kümmert
sich der Sänger in erster Linie um die gesangs- und
regietechnische Seite einer Inszenierung. Kann er sie
verwirklichen oder nicht? Turnkunststücke während
eines ruhigen Adagiosatzes, Schnellauf-Rekorde bei
schwierigen Atempassagen, Travestien aller Art weg
von der Rolle, wären für mich abzulehnen, da sie den
Höreindruck – das Wichtigste – immer zum Negativen
beeinflussen.

*I*nge Borkh war eine hervorragende Salome in der
gleichnamigen Strauss-Oper.
Hier interpretiert sie anläßlich
einer Produktion der Deutschen
Oper in Berlin um 1957,
in der ich den Jochanaan sang,
den »Tanz der sieben Schleier«
vor dem entzückten Herodes.
Für die ausgebildete
Schauspielerin und Tänzerin war
das eine dankbare Aufgabe.
Die Thematik der das Haupt
des Johannes begehrenden
jungfräulichen Sünderin
hat vor allem Maler, Schriftsteller
und Komponisten der Dekadenz
um die Wende zum
20. Jahrhundert fasziniert.
Strauss gibt dem Mythos durch
seine Orchestersprache,
die Kraft und den Glanz der
Musik eine eigene Dimension,
die vom Publikum sofort
mit Begeisterung aufgenommen
wurde.

*U*nter den Werken von
Hans-Werner Henze,
die ich gesungen habe, schätze
ich besonders die Oper
Elegie für junge Liebende,
an deren Uraufführung ich
1961 bei den Schwetzinger
Festspielen mitwirkte.
Der egozentrische Dichter
Mittenhofer schöpft literarische
Inspiration aus der Tatsache,
daß er ein junges, vom
Unwetter überraschtes Paar
dem sicheren Tod überläßt.

Seit Max Reinhardt wurde es üblich, daß der Regisseur seinen Dickschädel weit über den Wasserspiegel des Werks erhebt, um neue Ufer zu entdecken. Inzwischen wurde es ihm am liebsten, wenn diese Gestade wenig mit dem Sinn des Aufzuführenden zu tun haben. Er fühlt sich als Neuschöpfer – hoch erhaben über die ihm anvertrauten Künstler einschließlich des Dirigenten – und wischt jeden Einwand mit einer Handbewegung fort. Es werden Richtlinien der regieführenden Partei ausgegeben, denen sich jede künstlerische Frage unterzuordnen hat.

Die »Ideen« werden ideologisch untermauert, so daß in erklärenden Interviews widersinnige Argumente und falsche »historische« Tatsachen bemüht werden müssen. Es liegt beim Darsteller, alles nicht Akzeptable so ins Spiel zu bringen, daß es die eigene Leistung nicht desavouiert, vorausgesetzt natürlich, er hat ein eigenes Konzept. Aber das ist ihm schon durch die Einstudierung der Partie vorgezeichnet. Immer noch ist die Musik im Musikdrama das Vordringliche.

*N*icht nur Schauspielregisseure blättern bei den Proben verlegen in den Seiten des Klavierauszugs, wie es denn nun eigentlich mit der störenden Musik weitergeht. Oder sie nehmen eine Stoppuhr zur Hand, um nach eigenem Zeitmaß – nicht nach dem der Musik – einen Gang »auszutimen«.
Im Liegen, im Hocken zu singen, dagegen ist nichts einzuwenden, sofern das Hocken eine Stunde nicht überschreitet oder der Kopf nicht nach rückwärts herunterhängen soll. Aber beim Laufen sieht das schon anders aus. Wo ist die Methode, die die Stöße, denen das Zwerchfell nun einmal beim Laufen ausgesetzt

Man sieht hier Chester Kallman
(links) und Wysten Hugh Auden,
die beiden Librettisten der *Elegie
für junge Liebende*, im Gespräch
mit dem Komponisten
Hans-Werner Henze (ganz rechts)
anläßlich der Aufnahme des Werks
in einem Studio der BBC.
Der Dichter und Dramaturg Auden
emigrierte von England aus
in die Vereinigten Staaten, wo er
sich besonders für das Sprechtheater einsetzte. Allen dreien ist
es gelungen. im Grenzbereich
zwischen Vorstellung und
Wirklichkeit eine faszinierende
Welt zu erschaffen.

ist, auffängt? Fühlt sich der Bauch beim Singen
solchermaßen gestört, entstehen Probleme.

Natürlich gibt es Ausnahmen. Weder beim »Lear«
noch beim Sachs erschien ich mit einem szenischen
Konzept, und in beiden Fällen – bei Jean-Pierre
Ponnelle und Peter Beauvais – gab es eine
Personenführung, die sich nahtlos mit dem musikalischen Plan deckte. Heute wird es übrigens als selbstverständlich vorausgesetzt, daß die Sänger mit fertig
studierter Partie zur ersten Probe erscheinen. Denn
der Operndarsteller muß sich auf vielen »Gleisen«
zurechtfinden und wäre außerstande, Notentext und
Worte neben den hinzukommenden Einstellungen auf
Gesangstechnik, Inszenierung, Choreographie, Aus-
drucksangleichung an des Regisseurs Vorstellungen,
Einstellen auf den Dirigenten (Tempo, Agogik,
Dynamik) zu leisten. Da hat es der Schauspiel-
regisseur leichter, und genau das ist es auch, was die
vom Schauspiel kommenden Opernregisseure
verwirrt und ärgert.

Die strahlend schöne Maria Callas
verbeugt sich am Ende einer
konzertanten Aufführung
im Opernhaus von Philadelphia im
Jahr 1959. Als sie achtzehn Jahre
später starb, erfüllte sie vollends
den Mythos, der sie schon
zu Lebzeiten umgeben hatte.
Sie ertrug den absehbaren
Niedergang ihrer stimmlichen
Möglichkeiten und das Ende einer
Laufbahn, der sie alles geopfert
hatte, nicht. Und dabei hätte diese
passionierte Sängerin es sicher
vermocht, jungen Anfängern
die Geheimnisse ihre ganz eigenen
musikalischen und dramatischen
Kunst zu vermitteln, wie sie
es voller Schwung anläßlich eines
Meisterkurses in New York tat.
Wie andere Künstler auch, konnte
sie nicht auf ihr Publikum – man
sieht es rechts in den Logen
der Oper in Rom – verzichten,
das auf sie wie eine berauschende
Droge wirkte.

WAREN DIE STIMMEN FRÜHER GRÖSSER?

*B*ei der Forderung nach «großen» Stimmen, besonders im Wagner-Fach, kommt es nicht so sehr auf Lautstärke als auf Schallkraft an, für die es des technischen Rüstzeuges bedarf. Wer das Riesengewässer des »Rings« in großen Rollen durchschwimmen will, muß zuvor das Schwimmen gelernt haben. Nicht jede laute Stimme ist auch groß. Es gibt schmale und schneidende, breite und ölige Organe, leuchtende und verhangene, verbildete und gut durchgearbeitete, nicht unbedingt von ihrer Körperlichkeit bestimmte. Als Birgit Nilsson mit schlankem Sopran in Bayreuth als Elsa debütierte, war bereits alles in ihrer Stimme beschlossen, was dann folgen sollte.

*E*ine Opernaufführung ist ein »Gesamtkunstwerk« und bedeutet immer Erfolg – oder Mißerfolg – eines ganzen Teams. Deshalb nimmt das ganze Ensemble den Applaus des Publikums entgegen, wobei der Regisseur die Folge der einzelnen Vorhänge häufig genau geplant hat. Im Verlauf des Finales zum vierten Akt von *Le nozze di Figaro*, der hier im Pariser Théâtre du Châtelet im Jahr 1993 gerade seinen Abschluß findet, hat der Graf, der die Gräfin betrügen wollte, seine Frau eben um Verzeihung gebeten, läßt den Zuschauer hinsichtlich der Dauer dieser Reue aber ein wenig im Zweifel.

Die Mär von den großen, einst so viel häufiger verfügbaren Stimmen rührt von den Aufnahmen der 20er und 30er Jahre her, als das Orchester noch – von Mono-Mikrophonen – in respektvoller Ferne vom Sänger placiert und aufgenommen wurde. Lauritz Melchior oder Frida Leider, Renato Zenatello oder Eva Turner, Dusolina Giannini oder Aureliano Pertile würden mit der heutigen Aufnahmetechnik anders wirken.

KAPELLMEISTER UND STIMME

*D*ie Bedeutung des Dirigenten, nicht erst von Richard Wagner unterstrichen, hat nichts an elementarer Gültigkeit eingebüßt. Sängerfreundlich, was ja wohl heißen soll nachgiebig und Schwächen aufhelfend, sind aus Mangel an Können nicht allzu viele Kapellmeister. Furtwängler, Beecham, Karajan, Walter, Bernstein oder Fricsay, sie alle konnten mit den

Sängern umgehen, verlangten von ihnen mehr »Natur«, wollten, daß sie gleichgerichtet und flexibel, will sagen kammermusikalisch musizierten. Nicht weniger können das die großen »Objektiven« Böhm, Szell, Ozawa, Abbado oder Sawallisch, schon weil sie das Atmenmüssen beim Sänger verinnerlichen und die Phrasierung in den Kern der Aufmerksamkeit rückten. Uninteressant die Dirigenten, die unauffällig hinter dem Rücken ihrer Solisten verschwinden.

IN DER OPER

Es gibt keinen Fall, in dem der Anfänger nicht mit dem Lied ausgiebige Bekanntschaft schließen sollte. Es birgt wie keine andere Gattung alle Ausdrucksbezirke und technischen Probleme gleichsam en miniature. Der umgekehrte Weg, der von der Oper zum Lied, ist in fast allen Fällen, die mir bekannt wurden, gescheitert.

*D*ie Stiftung France Télécom signalisiert mit dieser großartigen Plastik, einer Gruppe singender Kinder von Luca della Robbia (1400–1482), ihre mäzenatische Unterstützung zahlreicher Institutionen und Bereiche, die mit der Stimme, dem Kommunikationsmittel schlechthin, zu tun haben. In den Vereinigten Staaten ist das private Mäzenatentum, unterstützt durch eine günstige Steuergesetzgebung, schon seit langem einer der Hauptmotoren des kulturellen Lebens, auch wenn das manchmal unselige Folgen für die künstlerischen Entscheidungen der auf diese Weise geförderten kulturellen Einrichtungen bedeuten mag. So kann man bei Vorstandssitzungen der Metropolitan Opera in New York auf Mäzene stoßen, die in diesem Gremium Sitz und Stimme haben und für Repertoire- oder Inszenierungsfragen Verantwortung tragen. In Europa wird das private Mäzenatentum in den nächsten Jahren sicherlich in zunehmendem Maße bisher öffentlich finanzierte Aufgaben übernehmen.

Florenz, Museo dell'Opera del Duomo

Was heißt Operngesangsstil? Vermählung von Gesang und Spiel und eine Bindung an den Dirigenten, dazu eine Stimme, deren Volumen für die geforderte Expansion ausreicht. Darüber hinaus die allen gemeinsamen Probleme: Stilsicherheit, Registerausgleich, Aussprache und Atemführung.

Die Grenze zwischen Lied und Oper liegt im Stilistischen, in der Erkenntnis der Komponisten und ihrer Werke. Nirgends sollte der Einfluß des Liedes enden. Der Einfluß der Oper endet spätestens bei der Bewegung. Kein Opernsänger steigt ohne Aktion je so in ein anderes Seelenkostüm ein wie der Liedsänger.

Im Alltag

*M*it der Singeinstellung, einem »gestellten« Kehlkopf, den ganzen Tag zu sprechen, wie es immer wieder zu hören ist, ja zu einem Markenzeichen für Gesangsheroen wurde, kann empfindlich schaden. Gegen sehr zartes, kurzfristiges Einsprechen in der Singstellung ist nichts zu sagen, es bleibt aber eine ideale Lösung, die Stimme so lange wie möglich in Ruhe zu lassen. Besondere Medikamente – außer denen zur Behandlung akuter Erkältungserscheinungen sollte man – wie der Sportler die Doping-Mittel – meiden.

Kaum eine Abonnements-Veranstaltung mit Orchester, bei der es sich vermeiden läßt, an zwei aufeinander folgenden Abenden zu singen! Sonst aber sollte das Gewissen – und die Aussprache mit dem Intendanten – dafür sorgen, daß die Stimme recht lange ihren Dienst tut. Spannt der Vielbeschäftigte einmal aus, so sollte er mindestens eine Woche für das Wieder-Einsingen einplanen. Immer geht es ja »um Leben oder Tod« und um die Fähigkeit, sich ganz im

Gesang aufgehen zu lassen. Wachsender Ruhm kann nur den irritieren, der selbstzufrieden die Selbstkritik verliert. Mit rechten Dingen geht es nur zu, wenn der tägliche Umgang mit Meisterwerken es unmöglich macht, sich seiner selbst zu sicher zu fühlen.

AM ANFANG

*I*n vielen Fällen ohrenfälliger Gesangsbegabung, die sich durch kindliche, unbewußte Übung meist vorbildet, kann schon kurz nach der Geschlechtsreife beurteilt werden, ob sich die Stimme für den Beruf eignet. Schauen wir aber nicht verachtungvoll auf jene, die erst eine Weile brauchen, um sich zu stabilisieren und ihr Organ reifen zu lassen.

Zwar ist die erste Ausbildung prägend, aber oft folgt eine Korrektur, wenn der Blick sich dafür schärfte, wo ein Unterricht in etwa ansetzen könnte. Es kommt nun einmal zu gleichem Teil auf den Schüler an, was als Ergebnis aus einem Unterricht mitgenommen wird. Die eingerissene Unsitte, von einem Lehrer zum anderen zu schwirren, um von jedem ein Tröpfchen Weisheit zu ergattern, hindert die kontinuierliche Arbeit an den eigenen Schwächen, auf die ja der Schüler (ganz wie in der Psychoanalyse der Patient) den Lehrer hinführt.

ORIGINALSPRACHE ODER NICHT

*S*ingen in der Originalsprache kommt der Aufführung in originaler Instrumentierung nahe. Der Komponist hatte genaue Klangvorstellungen, die das Wort einschlossen und es in die Musiksprache integrierten. Helle Vokale bleiben in den meisten Übertragungen nicht hell, dunkle nicht dunkel.

*I*m 19. Jahrhundert stand die Oper im Mittelpunkt gesellschaftlichen Lebens. Andere Unterhaltungsmedien haben im Verlauf der letzten Jahrzehnte an Gewicht gewonnen und bedeuten für die Oper wie für Theater und Film zunehmende Gefahr. Auch heute noch drängt man sich für üppige Opernfeste aber in jenen heiligen Hallen der alten Opernhäuser. Angesichts der goldgeschmückten großen Theater, die einem großen Publikum offenstehen, vertauscht man erfreulicherweise einen Abend lang die Jeans, das uniforme Kleidungsstück der Jungen wie der schon weniger Jungen gegen eine dem Geist und der Würde des äußeren Rahmens eher angemessene Kleidung. Diese Photographie entstand anläßlich eines Balls in der Wiener Oper.

Zu schweigen von den rhythmischen Verschiebungen, die slawische Musik oft völlig entstellen. Übrigens muß selbst ein Töneschmied nicht unbedingt die Sprache sprechen, die er gerade vertont. So gestand mir Strawinsky, daß er weder lateinisch noch hebräisch sprach.

Selbst in Opern, die rasch aufeinander folgende Pointen und Situationskomik enthalten, würde ich das Original doch vorziehen. Jeder Sänger sollte Lateinisch, Italienisch, Französisch und Englisch als »Grundausstattung« beherrschen. Der Rest ist »Papageiennatur«, wie es uns die vielen Ausländer beweisen, die jetzt mit meist einwandfreiem Deutsch deutsche Lieder zu uns bringen … Im Ungarischen bestand beim deutschen Singen die Notwendigkeit, rhythmische Fehler des Übersetzters wieder auszu-

merzen. Die ungarische Sprache strotzt von Bildern und ist von den Vokalen her so plastisch, daß es gerade dem strukturell Interessierten den Magen umdreht, wenn er falsche Worte hört. Der Symbolist Balász setzt in Bartóks »Blaubart« seine ganz spezifische Wortbildsprache ein, die an manchen Stellen gar nicht zu übersetzen ist.

AUFNAHMEN

*I*n den Aufnahmen bleiben Erinnerungen an Einzelheiten bestehen. Nichts schult besser darin, alte Fehler zu vermeiden oder frühere Vorzüge zu pflegen, als die diversen Tonträger. Haben Dynamik, Agogik, Artikulation gestimmt? Alle Überraschungen, ob böse oder angenehme, sind willkommen, letztere

natürlich auch, weil sie kostbare Momente für die Nachwelt aufbewahren.

Historische Sängeraufnahmen regen an und sollten gehört werden: Caruso – Pertile – Gigli – Domingo – Pavarotti – Granforte – Bechi – Stabile – Gobbi – Bruson – Prey – Souzay – Arrangi-Lombardi – Giannini – M. Müller – Lotte Lehmann – Callas – Tebaldi – Varady – Leisner – Onegin – und alle die gegenwärtig Brillierenden – die Liste ist lang!

Technik soll den Klang nicht entstellen, sondern die Klangfrequenzen so belassen, wie sie geplant und hoffentlich realisiert wurden. Manipulationen, die nachträglich vorgenommen werden, rächen sich. Es kann den Technikern hilfreich sein, wenn auch einmal ein Hinweis vom Interpreten kommt, der ja in langer, leidensreicher Erfahrung gelernt hat, sich kritisch zuzuhören. Auch die neueste Super-Technik verheißt nur auf dem Papier naturgetreuen Klang. Live-Mitschnitte sind mit ganz eigener Berechtigung auf dem Markt. Manchmal geben sie auch von der »Wahrheit« mehr wieder als ein technisch ausgepichtes Studioverfahren.

KOLLEGEN

*G*ute Rivalen sitzen einem als gesunder Pfahl im Fleisch. Aber die Säle der Welt bieten genug Raum für viele Eigenarten, Talente, Mitteilungsvarianten. Niemand soll glauben, er sei unersetzlich oder unvergleichlich. Viel habe ich von meinen Konkurrenten gelernt, natürlich auch, was nach meinem

Urteil nicht in ihrer Art zu machen war. Wer erfolgreich ist, muß mit Konkurrenzneid rechnen, spürt ihn auch häufig, nicht nur unter Sängern, eher noch aus diversen Blickwinkeln bei Kritikern.

Daß der singt, dem Gesang gegeben, sollte ihn dankbar machen. Keine schönere Verbindung von Seele und Sinn läßt sich denken, und wir brauchen uns zum Glück keinem Pessimismus für die Zukunft hinzugeben. Die Zahl der jungen Menschen, die sich dem Gesang widmen, wächst ständig. Wünschen wir ihnen Glück!

*D*er amerikanische Komponist und Dirigent Leonard Bernstein führte als erster Konzerte ein, die sich von Programm und didaktischer Aufbereitung her gezielt an ein junges Publikum wenden. Die Liebe zur Musik müssen Eltern und die Schule den Kindern einpflanzen; das Orchestre de Paris gibt hier im Théâtre de Châtelet in Paris 1995 ein Konzert für ein jugendliches Publikum.

ZUR PERSON: DER GESANGSINTERPRET

*D*er Vorhang fällt über dem Ausschnitt der Musikgeschichte, der durch die Oper bestimmt wird, und überläßt der Phantasie des Zuschauers alles weitere. Wir sehen hier den Schluß von Mozarts *Le nozze di Figaro* in der Inszenierung des Argentiniers Jorge Lavelli. Ziel unserer Betrachtung war es, einen Überblick über die Welt des Gesangs zu geben; die physiologischen und akustischen Besonderheiten des klassischen Gesangs zu vermitteln, Hinweise zum gesungenen Repertoire zu geben, die bunte Welt aufzuzeigen, die den Sänger umgibt und seine persönlichen und alltäglichen Erfahrungen vom Beginn einer Karriere bis zu deren Abschluß, von der Einstudierung eines Werkes bis zur öffentlichen Aufführung zu vermitteln.

INHALT

BILDNACHWEIS

ADAGP, Paris, 1998/AKG: 28-29 (Dijon, Musée des Beaux-Arts), 154-155 (München, Städtische Galerie im Lenbachhaus), 184-185 (Hannover, Niedersächsisches Landesmuseum), 248-249 (Stuttgart, Staatsgalerie).

ADAGP, Paris, 1998/nach Orten: 36 (Rom, Galerie Nazionale d'Arte Moderna), 89, 163 (Rouen, Musée des Beaux-Arts).

ADAGP, Paris, 1998/Magnum: 117 (Foto Erich Lessing, Prag, Národná Galerie), 160-161 (Foto Erich Lessing, Wien, Museum Moderner Kunst), 166-167 (Foto Erich Lessing, Paris, Musée d'Orsay).

AKG/Estate Imre Goth: 158-159.

AKG/L & M Services B. V. Amsterdam 980606: 56 (Stockholm, Moderna Museet).

AKG: 22 (Windsor Castle, Royal Library), 25 (Neapel, Galleria Nazionale di Capodimonte), 28-29 (Dijon, Musée des Beaux-Arts), 30 (Aachen, Suermondt-Ludwig-Museum), 44-45 (Bourges, Musée du Berry), 48-49, 53 (Kairo, Museum Gezireh), 54 (München, Alte Pinakothek), 56 (Stockholm, Moderna Museet), 78-79 (Wien, Kunsthistorisches Museum), 83 (Dresden, Gemäldegalerie Neue Meister), 85 (Edinburgh, National Gallery of Scotland), 92, 94, 95 (Berlin, Archiv für Kunst und Geschichte), 106 (Wien, Historisches Museum der Stadt Wien), 116, 126 (Wien, Graphische Sammlung Albertina), 131 (Düsseldorf, Heinrich Heine-Institut), 135, 136, 139 (Kopenhagen, Statens Museum for Kunst), 140 (Wuppertal, von der Heydt-Museum), 148 (Privatsammlung), 150-151 (Paris, Bibliothèque de l'Opéra), 154-155 (München, Galerie im Lenbachhaus), 158-159 (Privatsammlung), 168-169 (Foto Weegee), 175 (Paris, Bibliothèque de l'Opéra), 176-177, 184-185 (Hannover, Niedersächsisches Landesmuseum), 204-205, 213, 216-217 (Périgueux, Musée du Périgord), 223, 228, 244-245 (München, Schack Galerie), 248-249 (Stuttgart, Staatsgalerie), 254-255, 264-265 (Florenz, Museo dell'Opera del Duomo).

AKG/Cameraphoto Epoche: 198.
AKG/Horst Maack: 227.
AKG/Jean-Louis Nou: 10.
AKG/Gert Schütz: 256-257.

BNF: 86-87 (Paris, Bibliothèque de l'Opera Garnier), 96-97 (Paris, Musée de l'Opéra Garnier), 146-147.

Bulloz: 142-143 (Paris, Musée Carnavalet).

Nach Orten: 9 (Paris, Musée Carnavalet), 19 (Paris, Privatsammlung), 20-21 (Venedig, Biblioteca Marciana), 35 (Bologna, Conservatorio di Musica), 36 (Rom, Galleria d'Arte moderna), 64 (Tolentino, Capella St. Nicola), 70-71 (Capua, Museo Campano), 89, 112 (Santiago de Compostella, Archiv der Kathedrale), 123 (Schloß Neuschwanstein), 132 (Wien, Historisches Museum der Stadt Wien), 163 (Rouen, Musée des Beaux-Arts), 171 (Paris, Bibliothèque des Arts décoratifs), 224 (Paris, Musée Carnavalet).

Enguerand: 26-27 (Foto Sophie Steinberger), 50 (Foto Colette Masson), 65 (Foto Colette Masson), 68-69 (Foto Collette Masson), 98-99 (Foto Brillouin/Masson), 102-103 (Foto Colette Masson), 179 (Foto Colette Masson), 240-241 (Foto Colette Masson), 261 (Foto Agostino Pacciani), 272-273.

Erlinger/Archiv der Max Reinhardt-Forschungs- und Gedenkstätte Salzburg: 194.

Festspielleitung Bayreuth: 91 (Foto Rudolf Betz).

Giraudon: 3 (Madrid, Real Academia de Bellas Artes de San Fernando), 66-67 (Madrid, Real Academia de Bellas Artes de San Fernando).

Hulton Getty/Fotogram Stone Images: 12-13, 60, 76-77, 108-109, 152-153, 156, 188 (beide Fotos), 189, 197, 200-201, 218-219, 220, 259.

Ilse Buhs: 82, 90 (rechts).

Littkemann: 243.

Karl Bayer: 234.

Krapich Photo: 90 (links).

Lipnitzki-Viollet: 214-215.

Magnum: 5 (Foto Nicolas Tikhomiroff), 6 (Foto Erich Lessing, Lyon, Musée des Beaux-Arts), 8 (Foto Erich Lessing, Theben, Grab des Anhour), 14 (Foto Erich Lessing, Albi, Musée Toulouse-Lautrec), 16-17 (Foto Dennis Stock), 18 (Foto Erich Lessing, Wien, Österreichische Galerie), 32-33 (Foto Dennis Stock), 39 (Foto Erich Lessing, Nürnberg, Stadtgeschichtliches Museum), 58 (Foto Erich Lessing, Oslo, Munch Museet), 63 (Foto Erich Lessing, Paris, Musée du Louvre), 72 (Foto Erich Lessing, Neapel, Museo Archeologico Nazionale), 75 (Foto Erich Lessing, Wien, Kunsthistorisches Museum), 80 (Foto Erich Lessing, Wien, Schloß Schönbrunn), 105 (Foto Erich Lessing, Wien, Österreichische Galerie), 110-111 (Foto Abbas), 114 (Foto Erich Lessing, Prag, Universitätsbibliothek), 117 (Foto Erich Lessing, Prag, Národná Galerie), 118 (Foto Erich Lessing, Moraca, Kirche Mariä Himmelfahrt), 124 (Foto Erich Lessing, Wien, Österreichische Galerie), 128-129 (Foto Erich Lessing, Wien, Historisches Museum der Stadt Wien), 149 (Foto Bruce Davidson), 160-161 (Foto Erich Lessing, Wien, Museum Moderner Kunst, 164-165 (Foto Herbert List), 166-167 (Foto Erich Lessing, Paris, Musée d'Orsay), 180 (Foto Erich Lessing, Washington, Dumbarton Oaks Research Library and Collection), 182-183, 186-187 (Foto Martine Franck), 190-191 (Foto Erich

Lessing), 203 (Foto Erich Lessing, Salzburg, Museum Carolino-Augusteum), 210-211 (Foto Erich Lessing, Dresden, Staatliche Kunstsammlungen, Neue Meister), 230-231 (Foto Burt Glinn), 247 (Foto Erich Lessing), 251 (Foto Eugene W. Smith), 252-253 (Foto Erich Lessing, Wien, Niederösterreichisches Landesmuseum), 260 (Foto René Burri), 267 (Foto Erich Lessing), 268-269 (Foto Erich Lessing).

Marie-Noëlle Robert: 262-263, 270-271.

RMN: 4 (Paris, Musée Gustave Moreau), 47 (Foto J. G. Berizzi, Paris, Musée du Louvre), 145 (Foto H. Lewandowski, Schloß Versailles), 192-193 (Foto Michèle Bellot, Paris, Musée du Louvre).

Roger Viollet: 208-209, 229.

Sabine Toepffer: 100, 170, 172, 206, 236-237, 258.

Scala: 120-121 (Pompeji, Villa dei Misteri).

Sygma: 199.

TOP: 42-43 (Foto Michel Desjardins).